UNIVERSITÉ DE FRANCE

FACULTÉ DE DROIT DE RENNES

DES MODES VOLONTAIRES

DE

TRANSMISSION DE LA PROPRIÉTÉ FONCIÈRE

PAR ACTES ENTRE VIFS

THÈSE POUR LE DOCTORAT

PAR

P. KERRAND

L'Acte public sur les matières ci-après sera soutenu
le 13 juillet 1885, à onze heures et demie

PARIS

L. LAROSE ET FORCEL

LIBRAIRES-ÉDITEURS

22, RUE SOUFFLOT, 22

1885

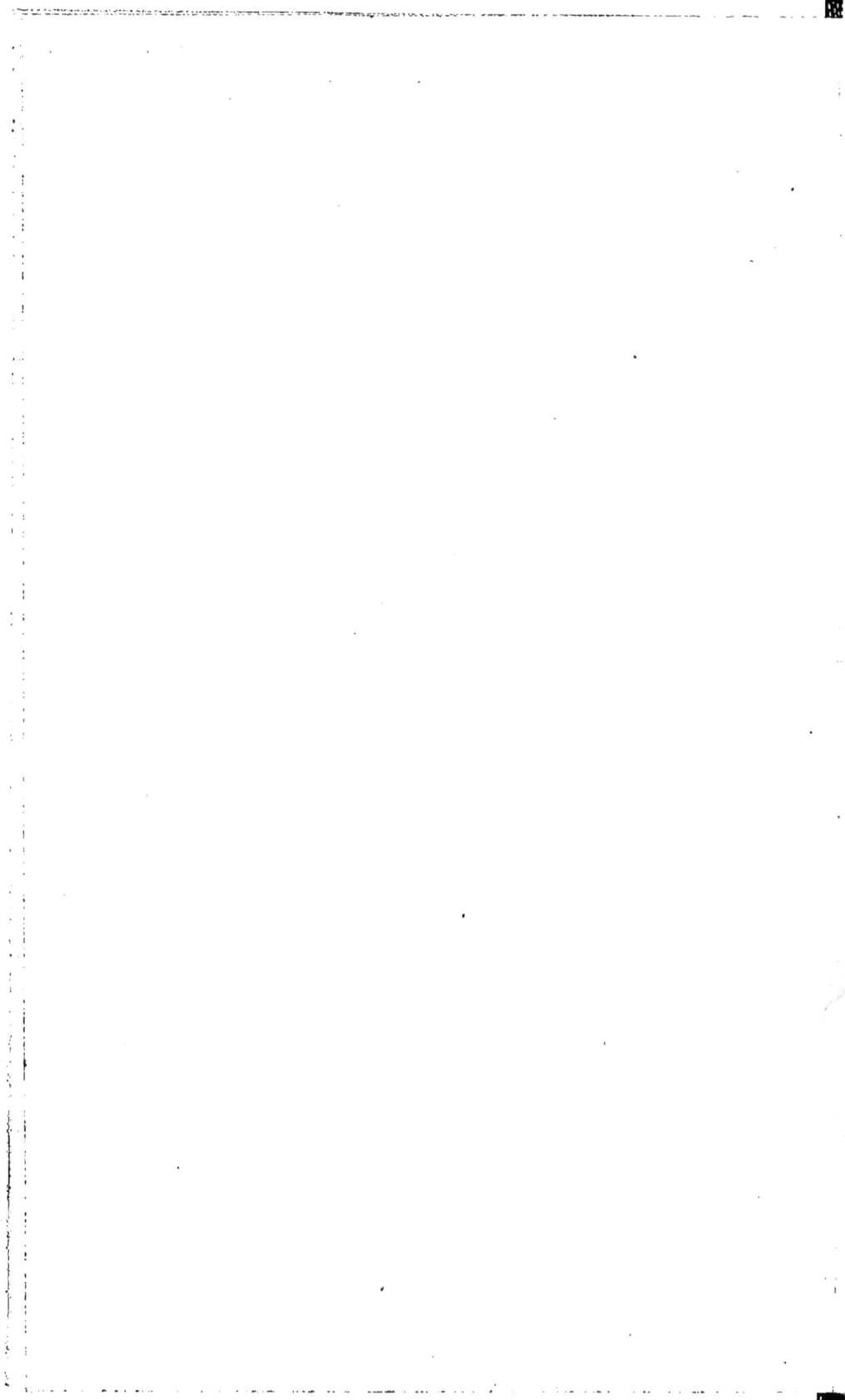

THÈSE

POUR LE DOCTORAT

Tours. Imp. ROUILLÉ-LADEVÈZE, rue Chaude

UNIVERSITÉ DE FRANCE

FACULTÉ DE DROIT DE RENNES

DES MODES VOLONTAIRES

DE

TRANSMISSION DE LA PROPRIÉTÉ FONCIÈRE

PAR ACTES ENTRE VIFS

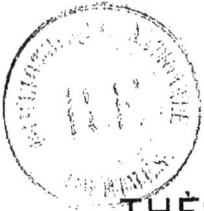

THÈSE POUR LE DOCTORAT

PAR

P. KERRAND

*L'Acte public sur les matières ci-après sera soutenu
la 13 juillet 1885, à onze heures et demie*

EXAMINATEURS

MM. BODIN, doyen; MARIE, professeur; PLANIOL, CHÉNON, agrégés

PARIS

L. LAROSE et FORCEL, LIBRAIRES-ÉDITEURS

22, rue Soufflot, 22

1885

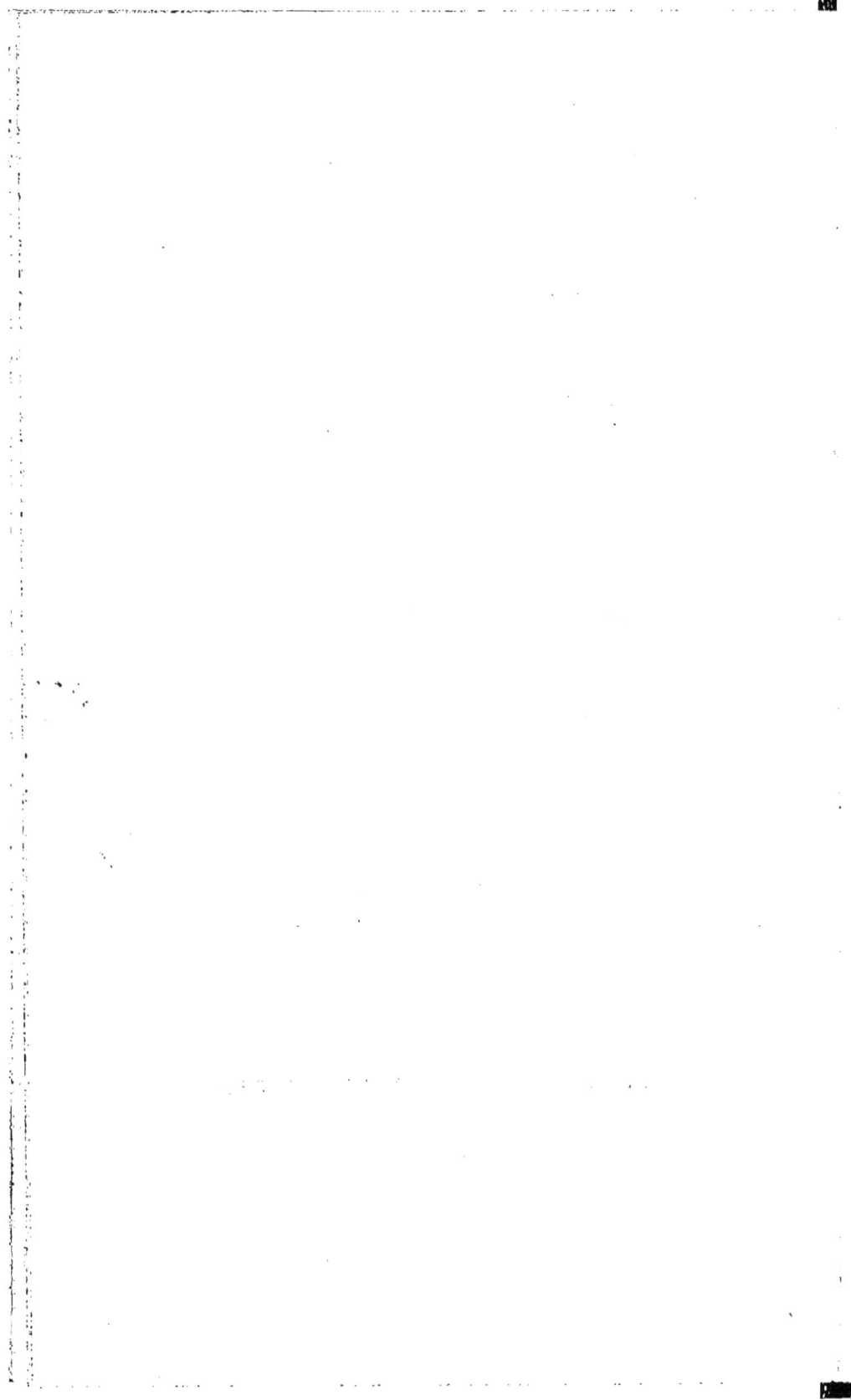

A MON PÈRE, A MA MÈRE

A MON FRÈRE, A MA BELLE-SŒUR

ET A LEURS ENFANTS

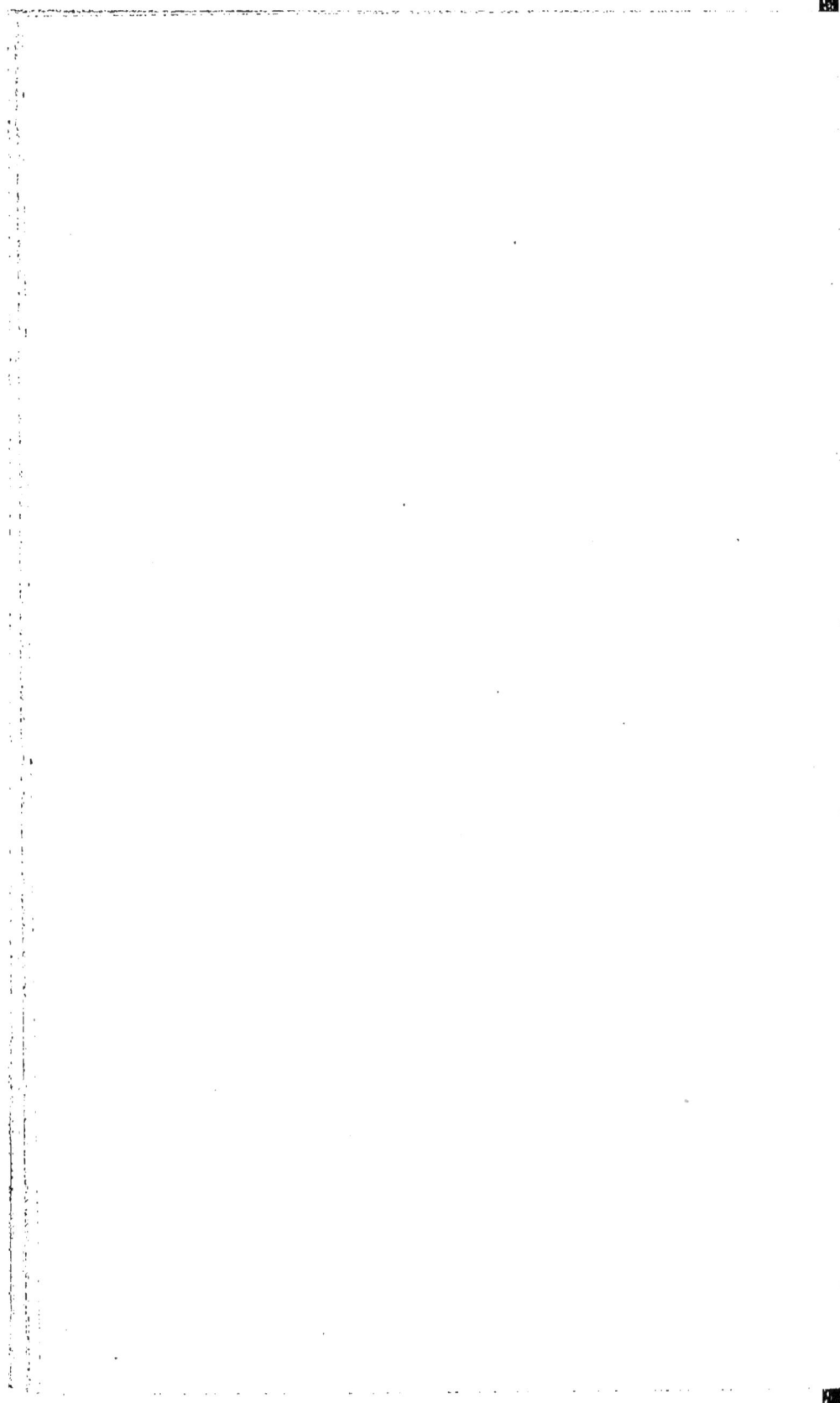

DES MODES VOLONTAIRES

DE

TRANSMISSION DE LA PROPRIÉTÉ FONCIÈRE

PAR ACTES ENTRE VIFS

PRÉAMBULE

Les progrès atteints par la science moderne révèlent, dans la transmission de la propriété, deux sortes d'intérêts d'une nature très diverse que les anciens législateurs n'ont pas nettement aperçus. Le premier est l'intérêt des parties entre lesquelles s'opère la transmission de propriété; l'autre, l'intérêt des tiers à qui il importe de connaître l'acte qui a fait passer cette propriété d'un patrimoine dans un autre.

Transmission de la propriété entre les parties et transmission de la propriété à l'égard des tiers, telles sont les deux théories que nous allons étudier. Mais ce n'est pas tant au point de vue du droit actuel qu'au point de vue historique que nous allons nous placer.

Historiquement, la seconde théorie présente beaucoup moins d'intérêt que la première. La notion du crédit et de la publicité des transactions qui en est l'âme n'a été mise en lumière que par la science moderne.

Le symbolisme primitif présentait un caractère utilitaire qui suppléait dans une certaine proportion à l'absence d'une organisation de la publicité; la transmission réelle et physique, souvent entourée de formes solennelles, renfermait en elle une certaine notoriété, qui pouvait indirectement profiter aux tiers. Mais il serait inexact de voir dans le formalisme d'une législation naissante une théorie scientifique qui n'a pu être que l'œuvre d'une civilisation avancée. Il est plus vrai de dire avec M. von Ihering que le formalisme est le fait général de l'histoire de la civilisation. « Il désigne une phase nécessaire dans l'histoire du développement de l'esprit humain. Emprisonné dans les liens de la pensée perçue par les sens, l'esprit, lorsqu'il s'agit d'exprimer une chose interne, a recours à des moyens d'expression sensibles, il appelle à son aide les images de son langage..., il forge les symboles de ses idées. Grâce à cette langue qu'il comprend, il rachète son impuissance à penser et à parler d'une façon abstraite (1). »

Ces préliminaires posés, indiquons, avant d'aborder le sujet même de cette étude, les limites dans lesquelles nous devons nous renfermer.

Nous traiterons uniquement du droit de propriété immobilière, laissant de côté, d'une part, la propriété mobilière et, d'autre part, les autres droits réels immobiliers.

Parmi les modes translatifs de propriété immobilière, nous n'envisagerons que les modes volontaires d'aliénation par actes entre vifs, sans distinguer entre les actes à titre onéreux et les actes à titre gratuit ; nous écartons, par conséquent : 1° le mode originaire d'acquérir, l'occupation ; 2° les ventes forcées sous forme de saisie ou autrement ; 3° les ventes amiables en justice ; 4° les actes purement déclaratifs de propriété ; et 5° les transmissions par décès.

(1) Von Ihering, *Esprit du droit romain* (traduit par Meulenacre), III, p. 189.

DROIT ROMAIN

A Rome, la simple convention n'a jamais suffi pour transférer la propriété : *Traditionibus et usucapionibus dominia rerum, non nudis pactis transferuntur*, tel est le principe nettement formulé au *Code*, loi 20, *de pactis;* bien que les règles sur la transmission de la propriété se soient modifiées au cours de l'histoire, ce principe s'est maintenu et est commun aux différentes époques de la législation romaine.

La simple convention ne peut avoir pour effet que de créer une obligation de *dare* à la charge de celui qui veut aliéner, un droit de créance au profit de celui qui veut acquérir. Sans doute, l'exécution de l'obligation pourra être obtenue par des moyens de coercition mis à la disposition du créancier; mais par cela seul que les parties sont tombées d'accord sur la mutation qu'elles se proposent d'opérer, la propriété ne se trouve pas déplacée. Le concours des deux volontés, si formel qu'il soit, est impuissant à créer un droit réel, et aussi long-temps qu'un fait plus matériel, plus apparent n'intervient pas, la partie qui a voulu aliéner continue à exercer ses droits de propriétaire et peut par conséquent valablement disposer au profit d'un tiers. Les contrats engendrent des obligations; *seuls*, les modes organisés ou reconnus par le droit civil sont capables de transfé--rer la propriété. De là, deux conséquences principales :

1° entre deux acquéreurs en conflit, la propriété doit rester à celui qui le premier a procédé suivant les formes légales; 2° l'acquéreur d'une chose ne peut la revendiquer, tant que les formalités essentielles du transfert n'ont pas été accomplies.

Quant au motif qui inspira le législateur, nous avons déjà dit que ce serait se faire illusion que de le chercher dans sa sollicitude pour l'intérêt des tiers.

Quel est l'acte matériel indispensable pour opérer le déplacement de la propriété? Dans une première période, c'est d'abord la *mancipatio* et l'*in jure cessio*, actes solennels, symboliques, aux formes compliquées et obligatoires sous peine de nullité. Puis, les transactions deviennent plus fréquentes, les relations du peuple romain s'étendent, on sent le besoin de s'affranchir du joug étroit et tyrannique du droit civil, et c'est alors que le préteur, s'inspirant de l'équité et du droit des gens, introduit peu à peu un mode de transmission plus pratique, l'acte même de transmission de la possession, la *tradition*. Mais les deux premiers modes, jusqu'à la fin de l'époque classique, sont seuls dans le sens strict du droit civil constitutifs de la propriété civile immobilière.

Sans doute, la propriété bonitaire créée par la tradition du droit prétorien diffère peu de la propriété civile et l'infériorité de la première ne s'accuse que dans les détails. Mais enfin, quelque superficielle qu'elle soit, la différence existe, les anciennes distinctions et les vieilles formules restent encore debout et les jurisconsultes romains craignent toujours de déclarer que le droit de propriété d'une chose *mancipi* pouvait être immédiatement transféré par la simple remise de l'objet.

Dans une seconde période, la disparition de la *mancipatio* et de l'*in jure cessio* est législativement consa-

crée ; Justinien supprime la distinction des *res mancipi*
et des *res nec mancipi*, et désormais la tradition, mode
du droit des gens, règne en souveraine dans le domaine
juridique de la transmission.

C'est cette consécration législative de la tradition qui
détermine la division de notre étude du droit romain en
deux parties.

Dans la première, nous étudierons la *mancipatio*, l'*in
jure cessio* et la tradition prétorienne, nous bornant à
faire son historique et à déterminer son étendue d'application ; nous exposerons dans la seconde partie, consacrée au droit de Justinien, la théorie même de la tradition, sa nature et ses conditions, qui, d'ailleurs, ont
peu varié aux différentes périodes du droit romain.

I. — DROIT PRIMITIF

CHAPITRE I

MANCIPATIO

§ I. — Du *nexum* (1)

Au commencement du droit de Rome, le terme employé à la place de « contrat » était le mot *nexum*, lien, chaine, et les contractants étaient qualifiés de *nexi*. Que voulait dire le *nexum*? Une définition, qui nous vient des antiquaires latins, le définit ainsi : *Omne quod geritur per æs et libram*, « toute affaire faite avec le cuivre et la balance. » L'intervention de la balance avait lieu dans trois actes juridiques qui, tous les trois, fondaient un rapport de droit sur une prestation en argent : payement à titre de prix de vente, livraison de monnaie pour cause de prêt (*mutuum*), et payement à l'effet d'éteindre une créance.

Cette analogie de forme et de fond conduisit à leur donner une dénomination générale et commune. La *nexi datio* était une forme de mutation effectuée par vente symbolique; la *nexi obligatio*, un contrat de prêt caché sous cette même forme pour créer une obligation rigou-

(1) Voy. un mémoire de M. Giraud couronné (1843) par l'Académie des sciences morales et politiques, t. V, *Des nexi ou de la condition des débiteurs chez les Romains.*

reuse ; la *nexi solutio*, un payement symbolique qui donnait l'efficacité civile, soit à un payement effectif, soit à un payement simulé.

Le pesage ne constituait pas tout l'acte lui-même ; il fallait que l'intervention du pontife et du temple lui donnât un caractère religieux (1), et on peut définir le *nexum*, ou *gestum per æs et libram*, un certain acte solennel dont la partie principale était l'emploi de la balance et de l'airain par un *libripens* pontife en présence de cinq témoins citoyens romains.

Ainsi accompli, l'acte avait des conséquences rigoureuses. Celui qui acquérait avait la garantie de la religion et du peuple ; le contrevenant était coupable, *reus*, et le créancier avait envers lui tous les droits de la puissance publique.

La balance devint un jour un appareil symbolique, et son emploi, dit M. Giraud, permet de supposer qu'une prestation réelle était tout à fait indifférente pour l'acte.

La définition : *Omne quod geritur per æs et libram*, semblait confondre les contrats et les transferts, qui, dans la philosophie du droit, sont choses non seulement distinctes, mais opposées. Les transferts font le droit de propriété, les contrats créent des obligations. Le développement de la science juridique mit en lumière la différence des deux conceptions ; déjà dans le texte suivant des XII Tables, l'opposition est manifeste entre les deux grands domaines du commerce des choses : *Cum nexum faciet mancipiumque. uti lingua nuncupassit ita jus esto* (2). » Un terme spécial, *mancipium, mancipatio*, fut donc créé pour désigner le transfert effectif de propriété.

(1) Varron, *De lingua lat.*, V, 180.
(2) *Tabula sexta.*

Nous trouvons dans les auteurs romains différentes définitions du *nexum ;* les unes y comprennent la *mancipatio*, les autres l'en excluent.

Festus s'exprime ainsi : *Nexum est, ut ait· Gallus Ælius, quodcumque per æs et libram geritur, idque necti dicitur, quo in genere sunt hæc : testamenti factio, nexi datio, nexi liberatio.*

D'autre part, on lit dans Varron : *Nexum Manilius scribit omne quod per aes et libram geritur in quo sunt mancipia ; Mucius, quæ per æs et libram fiunt ut obligentur præter quæ mancipio dentur* (1).

Il n'y a qu'une contradiction apparente entre ces définitions. Gallus Ælius et Manilius se placent à un point de vue très large, et comprennent dans le *nexum* toute application de l'*æs et libra*, fût-ce aux fins de transport de propriété ; le *nexum* est le genre, la *mancipatio* est l'espèce. Aux yeux du peuple, l'*æs et libra* avait acquis une plus grande importance que l'appréhension de la chose, laquelle sautait moins aux yeux (2). Mais dans une acception plus précise, le *nexum* est l'acte dans lequel le but essentiel des parties est de créer une obligation ; alors il est opposé à la *mancipatio*, dont la fin est le transfert de propriété.

§ II. — *Res mancipi* et *res nec mancipi*

La distinction des biens en choses *mancipi* et en choses *nec mancipi* est fondamentale en droit romain, et M. Sumner-Maine (3), dit avec raison, que l'histoire du droit de

---

(1) Varron, *De Lingua lat.*, VII, 105.
(2) Ihering, *loc. cit.*, III, note 277. — Cicéron, *Top.*, 5, appelle la *mancipatio* une *traditio alteri nexu.*
(3) Sumner-Maine, *l'Ancien droit* (traduction de M. Courcelle-Seneuil), p. 257.

propriété à Rome, est l'histoire de l'assimilation de ces deux classes de biens.

Sont *res mancipi*, d'après Ulpien : 1° les fonds italiques; 2° les servitudes rurales italiques; 3° les esclaves et les bêtes de somme ou de trait, *quæ dorso collove domantur, quoniam bestiarum numero sunt* (1), dit Ulpien.

Les éléphants et les chameaux sont donc exclus de la troisième catégorie, quoique ces animaux soient des bêtes de somme; mais le motif donné par Ulpien est-il exact? N'est-ce pas plutôt que la classe des *res mancipi* fut fermée dès sa formation, et que les animaux exclus n'étaient pas connus des Romains à l'époque où la distinction fut introduite?

L'énumération d'Ulpien soulève une autre observation. L'étendue qu'il donne aux deux premières catégories est certainement exacte au moment où il écrit; mais à l'origine elles ne comprenaient que le territoire beaucoup plus restreint de *l'ager romanus*.

Quel est le caractère dominant des *res mancipi*? A quel signe distinctif les reconnaît-on? Pourquoi cette division dont le rôle est si considérable? Les sources nous disent seulement qu'elle est très ancienne, et qu'elle existait certainement avant les XII Tables (2); quant à son origine et à ses motifs, elles sont complètement muettes. L'imagination des interprètes modernes s'est ici donné libre carrière, et nous ne saurions exposer tous les nombreux systèmes (3) qui ont été bâtis sur cette question si controversée; nous nous bornons à indiquer les plus ingénieux.

(1) Ulpien, *Reg.*, XIX, 1.
(2) Gaius, II, § 47.
(3) Blondeau, *Chrestomathie*, t. I, p. 193 et ss.

Dans un premier système, on a prétendu que les choses *mancipi* ont été les biens pris à la guerre sur l'ennemi, le butin (*manu capere*) : ces biens étaient distribués entre les particuliers par l'État, en vertu d'une loi, et l'acquéreur s'appelaient *manceps*.

M. Fresquet (1), attribue la distinction à Servius Tullius, qui partagea les citoyens en cinq classes, en prenant pour base de ce classement la fortune individuelle de chaque contribuable. Mais devait-on prendre en considération toutes les valeurs mobilières et immobières sans distinction ? Non, la fortune dut s'apprécier d'après les biens qui avaient une assiette solide et une origine facile à constater; or les *res mancipi* seules répondaient aux conditions exigées.

Quelque ingénieux que soit ce système, il est inadmissible. Il est d'abord en opposition avec les progrès naturels de la civilisation ; le droit ne débute pas par la simplicité, pour se transformer plus tard en une législation d'images et de symboles. Il est ensuite contredit par les enseignements de l'histoire, et par les témoignages des auteurs romains : Denis d'Halicarnasse, Tite-Live, Cicéron, Aulu-Gelle ; il n'y a pas identité, dit M. Mispoulet (2), entre les biens imposables et les *res mancipi*, et l'argent monayé lui-même était inscrit sur les tables du cens.

Une explication fondée sur certaines relations entre les *res mancipi* et la propriété quiritaire a été donnée par certains auteurs (3). Ils prétendent que les choses

(1) *Revue hist.*, 1857, p. 509. — Cette opinion a été soutenue, avant lui, par Puffendorff, et depuis, par M. Huc, *Du formalisme chez les Romains*.

(2) Mispoulet, *Institutions politiques des Romains*, Paris, Pedone-Lauriel, 1882, in-8, 1, p. 101, note 28.

(3) Heineccius, *Antiq. roman. syntagma*, édition Humboldt,

mancipi étaient seules susceptibles de la propriété de droit civil et que les choses *nec mancipi* en étaient exclues. Ce système repose sur une confusion : les choses hors du droit civil ne rentrent pas dans la division que nous étudions, et elles forment une classe à part ; cette division ne porte que sur les choses comprises dans la sphère de la propriété romaine.

Comment d'ailleurs concilier ce système avec le témoignage de Gaius, d'après lequel il n'y eut à l'origine qu'une seule espèce de propriété : *Unusquisque dominus erat aut non intelligebatur dominus* (1)? Comment le concilier avec la *cessio in jure*, qui transférait bien et dûment le domaine civil, et cependant s'appliquait aux *res nec mancipi?* Comment enfin comprendre l'exclusion totale du droit romain pour toute cette immense quantité d'objets et de produits, choses de consommation et autres? Ce système est à peu près abandonné aujourd'hui.

Il ressort de l'énumération des *res mancipi* que les objets qu'elle comprend étaient les instrument du travail agricole, chose de la plus haute importance pour un peuple primitif ; Gaius les appelle *res pretiosiores*, et c'est bien dans leur importance économique qu'il faut chercher la raison de la division romaine. Ces biens empruntèrent leur nom au mode employé pour leur aliénation : *res mancipi*, choses qui exigent une *mancipatio*. D'après Mommsen, ce mode est sans doute la forme primitive et générale de transfert; elle s'appliquait à toutes choses, et quand la loi plus tard a dit que telles et telles choses devaient être aliénées par la *mancipatio*, elle a donné lieu à un véritable malentendu, comme

p. 369. — Giraud, *Recherches sur le droit de propriété chez les Romains.*

(1) Gaius, II, § 40.

si seules elles devaient être à l'avenir tenues pour *res mancipi* (1).

§ III. — Formes de la *mancipatio*

Formule. — La *mancipatio,* disent les textes, est une vente fictive : *Mancipatio est imaginaria quædam renditio* (2). Gaius et Ulpien (XIX, §§ 3 et 6) en ont décrit les formalités. L'opération se fait en présence des parties contractantes, de cinq témoins citoyens romains et pubères et d'un huitième personnage de même condition, qui tient à la main une balance, *libra,* et que pour cette raison on appelle *libripens.* L'acquéreur, saisissant la chose qui fait l'objet de la *mancipatio,* prononce ces paroles : *Aio rem meam esse ex jure Quiritium, eaque mihi empta est hoc ære æneaque libra.* Puis il frappe la balance avec un lingot de cuivre, *æs,* qu'il remet à l'aliénateur, et que celui-ci reçoit en guise de prix.

D'après Maynz (3), la *mancipatio* avait lieu à l'origine en présence du peuple, devant les comices. Ce n'est là qu'une conjecture ; mais elle n'a rien d'invraisemblable, si on en rapproche la transmission germanique devant le *mallus* ou assemblée du peuple.

De l'æs et du sestertius. — Primitivement, dit Mommsen, les pièces de cuivre étaient pesées et non comptées. Pendant longtemps, le lingot de cuivre informe, *æs rude, raudusculum,* fut la monnaie courante, et fut, à ce titre, employée de préférence comme symbole juridique. Le bétail, *pecus,* d'où *pecunia,* fut d'abord le

(1) Mommsen, *Hist. romaine* (traduct. d'Alexandre), l. I, ch. xiii.
(2) Gaius, I, § 119.
(3) *Geschichte des Rom. Münzw,* p. 170. Berlin, 1860.

régulateur des valeurs ; le métal brut lui succéda, et fut remplacé lui-même par l'*æs signatum*, attribué par Pline (1) au roi Servius, et qui était frappé d'une marque officielle. Cette marque ne garantissait que la pureté, et la véritable monnaie, dont l'État garantit et le poids et la pureté, n'apparaît qu'au début du IV° siècle de Rome (2).

La *mancipatio,* dans sa forme définitive, remonte à la période de l'*æs signatum ;* l'usage de la balance et le simulacre de la pesée se maintinrent, le respect pour les formes étant plus puissant que le progrès des mœurs et de la civilisation.

Dans le dernier état du droit, la formule mentionne une expression nouvelle, *sestertio nummo uno* ou *nummo uno* (3). Quand la *mancipatio* avait sa cause dans la vente, le prix était, a-t-on dit, indiqué dans la formule, cette indication devant servir de base à une action au double, qu'on appelait *auctoritatis actio ;* mais les parties pouvaient réduire l'obligation de garantie, même la faire disparaître, et, dans ce dernier cas, on ne faisait figurer dans la formule, au lieu du prix réel, qu'une pièce de monnaie, le *sestertius nummus unus.* Cette explication est ingénieuse ; mais on pourrait objecter que la mention du *nummus unus* se rencontre surtout dans les mancipations qui interviennent à la suite d'une donation (4).

---

(1) Pline, *H. N.,* 18, 3 : *Servius rex oviumque boumque effigie primus æs signavit.*

(2) Mispoulet, *loc. cit.,* II, p. 299.

(3) Voyez l'inscription rapportée ci-dessous. — Vitruve, *De architect.,* I, 4, *in fine.*

(4) *Inscr. lat. select.,* éd. Orellius (Turic. 1828), n° 4947 : *Donatio Juliæ Monimes : Mancipio, acceperunt immunes et curator..... de Julia Monime et sociis ejus sestertio nummo uno donationis causa.* — Voy. Leist, *Mancipation und eigenthumstradition,* Iéna, Frommann, 1865, in-8, pp. 159 et s.

Rôle des témoins. — Au temps de Gaius, le *libripens* reste inactif ; mais antérieurement, au dire de Festus (v° *Rodus*), le *libripens* invitait l'acquéreur à frapper la balance avec le lingot de cuivre par ces paroles : *Raudusculo libram ferito*. Le *libripens* était une sorte de personnage public : des textes le représentent, tantôt comme un prêtre, tantôt comme un magistrat (1).

Les textes parlent aussi de l'*antestatus*, et un passage de l'*Epitome* de Gaius semble voir en lui un neuvième personnage : *Ubi quinque cives romani in præsenti erunt ; et pro illo qui libripens appellatur, et qui antestatus appellatur* (2). Mais partout ailleurs il n'est question que de huit personnages, et on ne saurait substituer l'*Epitome*, qui n'est qu'un résumé des *Commentaires*, à l'original lui-même. L'*antestatus* était peut-être le plus âgé des témoins, et à ce titre, le seul qui jouait un rôle actif dans l'opération, le seul qui répondait à l'interpellation que, suivant quelques-uns (3), l'*accipiens* adressait aux témoins.

Dans le testament *per æs et libram*, cette interpellation, *rogatio*, existait ; on peut conclure de la forme du testament à celle de la *mancipatio*. La formule était ainsi conçue : *Ita testor itaque vos, Quirites, testimonium mihi perhibetote*. Les mêmes raisons d'analogie portent à croire que les témoins, ou l'un d'eux, devaient répondre à l'interpellation : *a*) un muet ne pouvait être ni témoin ni *libripens* dans un testament, ce qui n'aurait eu aucune raison d'être, si tous deux n'avaient eu à parler ; *b*) Paul nous dit que l'aveugle, à la différence du sourd, peut faire

(1) Fustel de Coulanges, *Cité antique,* l. II, ch. vi, p. 75.
(2) *Epit.*. l. I, t. VI.
(3) Ihering, *loc. cit.*, III, p. 226.

son testament, parce que, dit-il, *testes testimonium perhi-*
bentes, audire potest (1).

Les témoins étaient au nombre de cinq ; ils représen-
taient les cinq classes du peuple créées par le roi Servius
Tullius : la pensée du législateur était que la propriété
des choses les plus importantes ne devait pas se déplacer sans l'intervention de l'autorité publique.

Si la présence des témoins avait un caractère symbolique, elle présentait en outre l'avantage d'assurer la
preuve et l'authenticité de l'acte ; et, comme pour mieux
fixer cet acte dans le souvenir des témoins, on leur touchait
l'oreille : *Fidem tacta auricula testabatur* (2).

Plus tard on dressa des tables où étaient rapportées les
formalités qui avaient été accomplies, et les conventions
qui étaient intervenues. En voici un exemple : c'est une
inscription trouvée en 1867 à San-Lucar de Barrameda,
vers l'embouchure du Guadalquivir. Elle relate une mancipation suivie d'un contrat de fiducie (3).

FIDUCIÆ FORMA

Dama L. Titi servus fundum Baianum qui est in
agro, qui Veneriensis vocatur pago Albensi uti opti-
mus maximusque esset, HS nummo uno, fidei fiduciæ
causa, mancipio accepit ab L. Baiano, — libripende,
— antestato, — ad fines fundo dixit L. Baianus L. Ti-
tium et L. Seium et populum et si quos diceret oportet.

Présence de la chose. — Aussi longtemps que la puissance romaine ne s'exerça que sur un territoire restreint,

---

(1) *Sentences*, l. III, t. IV, A, § 4.
(2) Heineccius, *Antiq. Roman.*, II, 19, sur la loi 27, prolog.,
Dig., l. XLVII, t. II. — Cfr aussi Pline l'Ancien, *H. N.*, l. XI, p. 103 :
In aure ima memoriæ locus, quem tangentes antestamur.
(3) *Revue hist.*, 1870, p. 74.

le préteur dut sans aucun doute se transporter sur les lieux avec les parties. En effet, la formule prononcée par l'acquéreur dans la *mancipatio* est identique, au moins dans sa première partie, à celle de la revendication sous les *legis actiones ;* or on sait qu'alors la revendication supposait essentiellement les parties en présence de la chose revendiquée. L'étymologie du mot *mancipatio, manu capere,* fournit en outre un argument péremptoire. Mais lorsque le territoire romain devint de plus en plus vaste, l'ancienne organisation ne put se maintenir, et Gaius dit : *Prædia vero in absentia solent mancipari.* La *mancipatio* se fit à distance et il suffisait selon toute probabilité de représenter l'immeuble par les signes symboliques usités dans l'*in jure cessio* et dans la revendication par le *sacramentum.* D'après M. Gide (1), la tradition manuelle des meubles était probablement remplacée à l'égard des immeubles par une désignation précise et détaillée, c'est-à-dire par une indication de tous les confins : *AD. FINES. FUNDO. DIXIT (ad fines fundo dixit).*

Présence des parties. — Il résulte de la nature de l'acte que la présence des parties est indispensable ; d'une part, la revendication du droit par une *extranea persona* serait un mensonge juridique, et, d'autre part, la *mancipatio* étant un *actus legitimus,* le principe : *Nemo alieno nomine lege agere potest,* exclut l'intervention d'un mandataire. Mais le fils et l'esclave ne représenteraient-ils pas valablement le père ou le maître ? Il faut répondre négativement en ce qui concerne l'aliénateur ; le fils et l'esclave ne représentent le père ou le maître que lorsqu'il s'agit d'améliorer leur position (2).

(1) *Revue historique,* 1870, p. 74.
(2) Maynz, *loc. cit.,* p. 95, texte et note 26.

Il en est différemment de l'acquéreur qui peut parfaitement acquérir par son fils ou par son esclave : *Adquiritur autem nobis etiam per eas personas quas in potestate, manu mancipiove habemus* (1). Il leur suffit de prononcer les paroles : Gaius (2) rapporte que la formule était légèrement modifiée pour l'esclave. Ce ne sont point là des exceptions à la règle qui exclut la représentation ; le fils et l'esclave ne sont pas, à vrai dire, des *extranœ personœ*.

La forme de la *mancipatio* est telle encore qu'elle ne saurait être affectée d'une condition *expresse ;* les paroles prononcées contiennent en effet l'affirmation d'un droit certain et actuel : *J'affirme que cette chose est à moi*, et l'introduction d'une condition dans la formule constituerait une contradiction qui aurait pour effet d'annuler l'acte. Mais l'opération comporte très bien une condition *tacite*, c'est-à-dire celle qui est simplement convenue entre les parties en dehors de l'acte solennel.

§ IV. — Conditions relatives à l'immeuble et aux parties

La *mancipatio* s'appliquait exclusivement à une catégorie de choses appelées *res mancipi*. Parmi les immeubles, l'*ager romanus* à l'origine rentrait seul dans cette catégorie ; mais la conquête donna de l'extension à ce territoire, qui finit par comprendre tout le sol italique. Depuis la fondation de l'empire, un privilège spécial lui assimila souvent des fonds situés dans les provinces, en les rendant susceptibles de la propriété quiritaire. C'é-

---

(1) Ulpien, *Reg.*, tit. XIX, § 18.
(2) Gaius, III, § 167.

tait le *jus italicum* ; nous y reviendrons à propos de la tradition des fonds provinciaux.

La même rigueur régnait dans la détermination des personnes qui pouvaient figurer dans la *mancipatio*, soit comme parties, soit comme témoins ; elles devaient avoir la qualité de citoyen romain, ou tout au moins jouir du *commercium* (1), qui était la capacité de contracter, d'acquérir et d'aliéner entre vifs suivant les formes établies par le droit civil de Rome. Ulpien (2) nous dit que le *jus commercii* appartenait aux citoyens romains, aux Latins Coloniaires, aux Latins Juniens et aux pérégrins, qui l'avaient obtenu par une concession spéciale. Les Latins Coloniaires étaient les habitants des colonies latines qui avaient été fondées en grand nombre dès les premiers temps de la République. Quant aux Latins Juniens, ils constituaient une classe d'affranchis, qui devaient leur liberté à un affranchissement irrégulier ; cette classe fut créée par la loi Junia Norbana en l'année 772.

La constitution de Caracalla concéda le droit de cité, et par là même le *jus commercii*, à tous les sujets de l'Empire.

§ V. — Effets de la *mancipatio*

La *mancipatio* transfère la propriété quiritaire, le *dominium ex jure Quiritium*. Un seul fait est nécessaire pour produire cet effet : l'accomplissement des formalités légales.

1° Elle transfère la propriété indépendamment de toute *justa causa*, et par ces mots nous entendons ici le motif contractuel qui a déterminé la *mancipatio*, le fait juri-

(1) *Reg.*, XIX, 4.
(2) Voy. Mispoulet, *loc. cit.*, II, pp. 13, 16 et 18.

dique qui l'explique et la motive, comme la vente, la donation... Dès le début les Romains ont connu les transferts *abstraits* de propriété, c'est-à-dire les transferts où il est fait abstraction de l'idée de cause. La séparation de l'élément de cause avait plus d'une utilité pratique ; notamment elle simplifiait la preuve dans la *reivindicatio*, et la cause n'était un sujet de contestation ni quant à la preuve principale ni quant à la preuve contraire (1). Une seule circonstance était prise en considération ; c'était la volonté abstraite de transférer la propriété, et dans la *mancipatio*, cette volonté était, pour ainsi dire, *matérialisée* par la forme et n'avait pas besoin de s'induire des circonstances.

« Il ne peut y être question, dit M. de Savigny, de la nécessité d'une *justa causa*. La manifestation la plus précise de l'intention des parties de transférer la propriété était une partie essentielle de la formule. L'acquéreur devait dire : *J'affirme que ce fonds est à moi ; je l'ai acheté moyennant la pièce de cuivre que voici.* Puis il remettait la pièce de cuivre à l'aliénateur et la vente symbolique était consommée. C'est pourquoi la mention de la *justa causa*, dont on eût pu déduire l'intention de transférer la propriété, aurait été ici absolument superflue (2). »

2° L'effet translatif de la *mancipatio* est aussi indépendant de toute tradition effective. Trois textes établissent clairement que la *mancipatio* et la tradition sont deux actes complètement distincts. — *a*) C'est d'abord le paragraphe 204 du *Commentaire* II de Gaius, où le jurisconsulte décrivant l'effet du legs *per damnationem*, dit que l'héritier est tenu, si la chose léguée est une *res*

---

(1) Ihering, *loc. cit.*, IV, p. 203.
(2) *Oblig. Recht*, II (1853), p. 255-261.

mancipi, d'en faire *mancipatio* ou *cessio in jure* et d'en livrer ensuite la possession, tandis que si la chose est une *res nec mancipi*, il lui suffit d'en faire tradition. — *b*) D'après un second texte, qui se réfère à la loi Cincia, le paragraphe 313 des *Fragments du Vatican*, une donation est parfaite, entre personnes non exceptées, par la *mancipatio* suivie d'une tradition pour une *res mancipi*, et par une simple tradition, s'il s'agit d'une *res nec mancipi*. — *c*) Un autre texte de Gaius, le paragraphe 131 du *Commentaire* IV, achève de séparer nettement les deux opérations et de montrer leur indépendance absolue. Gaius suppose qu'un acheteur d'une *res mancipi* a droit de suite à la *mancipatio* sans pouvoir exiger la tradition, et il donne à l'acheteur qui veut actionner le vendeur en revendication le moyen de restreindre sa demande à la *mancipatio* au moyen d'une *præscriptio* insérée dans la formule. Cette hypothèse prouve surabondamment que la *mancipatio* se comprend sans tradition.

3° En cas de vente, l'acheteur devient propriétaire par le seul fait de la *mancipatio* avant tout payement.

D'après une disposition des XII Tables reproduite par Justinien (1), la tradition faite par le vendeur n'opère translation de propriété qu'autant qu'elle est suivie du payement réel et intégral du prix. On a prétendu que cette loi se référait à la *mancipatio* ; mais alors dit M. Accarias (2), de deux choses l'une, ou la *mancipatio* n'a pas toujours été une vente imaginaire, et ce n'est là qu'une conjecture sans fondement, ou la disposition viserait la remise réelle du lingot de cuivre, formalité essentielle, et alors on a cette proposition naïve que la *mancipatio* ne transfère la propriété qu'autant qu'elle est une véritable *mancipatio*.

(1) *Inst.*, l. II, t. 1, § 41.
(2) Accarias, *Précis*, I, p. 546, note 1, 2ᵉ édition.

Ihering (1) pense aussi que le transfert est indépendant du payement. D'après lui, le payement fictif a été introduit dans la *mancipatio* pour satisfaire à l'exigence des XII Tables, et pour écarter dans la preuve de la propriété la question de payement du prix. La forme de ce payement se présentait d'elle-même ; à cette époque où on ne réalisait plus les payements par une pesée, mais par la numération des espèces, la pesée était employée comme expression d'un simple payement fictif, mais tenu pour réel. L'*æs et libra* fut emprunté au *nexum* et ainsi en remplissant dans la *mancipatio* la condition du payement, on coupa court à toute contestation sur l'efficacité du transfert. Ihering appuye son opinion sur la composition de la formule. Elle commence par l'affirmation du droit, par le *manu capere* de la chose, qui est l'élément propre, caractéristique et primitif de la *mancipatio*. Le payement et la partie de la formule qui lui correspond n'occupent que le second rang, comme addition plus récente et en qualité de simple accessoire.

Ce système est fort ingénieux, mais il ne repose sur aucun fondement sérieux. Quelle que soit d'ailleurs la formation successive de la *mancipatio*, elle nous apparaît comme un mode d'une efficacité absolue, non pas limité au cas d'une opération de vente, mais pouvant servir à l'exécution des conventions qui, comme l'échange ou la donation, n'impliquent pas de prix proprement dit, ou même excluent l'idée d'un équivalent fourni ou à fournir (2), non subordonné à l'exécution d'un acte postérieur, comme la tradition ou le payement, mais produisant tout son effet par le seul accomplissement des formalités, sans qu'il y ait à se préoccuper d'aucune autre circonstance extérieure.

(1) Ihering, *loc. cit.*, III, p. 224 et ss.
(2) Accarias, *Précis*, I, p. 499, note 2.

CHAPITRE II

CESSIO IN JURE

§ I. — Formes

La *cessio in jure* est la revendication fictive devant un tribunal d'une propriété qu'on veut acquérir. D'une antiquité probablement moins haute que la *mancipatio*, son existence est certainement antérieure à la promulgation des XII Tables ; la preuve en est dans ce texte de Paul : *Et mancipationem et in jure cessionem lex Duodecim tabularum confirmat* (1). Cette juridiction contentieuse venant concourir au but de la juridiction volontaire, est mentionnée pour la première fois au sujet d'une application à la *manumissio* dans la première année de la République (2). En réalité, dit M. Sumner-Maine, c'est un expédient qui se présente à l'esprit, aussitôt que les tribunaux fonctionnent constamment, sans altération des idées primitives (3) ; c'est ainsi que nous retrouvons dans le droit germanique la procédure symbolique de la juridiction des rois francs.

La *cessio in jure* est ainsi nommée, parce que c'était une cession de propriété qui se passait devant le magistrat, et qu'entre autres significations, *jus* désignait le tribunal du préteur (4). Aussi M. Pellat propose-t-il, non sans raison, de traduire *cessio in jure* par cession juridique ; l'épithète *juridique*, opposée à l'épithète *judiciaire*, s'applique assez bien à ce qui se passe *in jure*

(1) *Fr. Vat.*, § 50, *in fine*.
(2) Ce fut en l'année 245 que le gouvernement consulaire succéda à la royauté.
(3) Sumner-Maine, *l'Ancien Droit*, p. 273.
(4) L. XI, *de jus et jure.*, I, D., 1.

devant le magistrat *qui jus dicit*, par opposition à ce qui se fait *in judicio*, devant le juge *qui judicat* (1).

La translation de propriété avait lieu par fiction ; c'était l'abdication qu'une personne faisait de son droit au profit d'une autre, sous la forme d'un acquiescement à la revendication exercée par celle-ci. Primus et Secundus se rendent devant le magistrat ; là *in jure* Secundus, touchant la chose, la revendique dans la forme solennelle de l'ancienne procédure des actions de la loi : *Hunc fundum ex jure Quiritium meum esse aio*. Le magistrat demande ensuite à Primus si de son côté il revendique ; s'il revendiquait, il y aurait véritable procès et le magistrat renverrait l'affaire devant le juge ; mais les parties étant d'accord, Primus répond qu'il ne revendique pas ou garde le silence, par conséquent il cède et se retire, *cedit*, et à la suite de cet acquiescement exprès ou tacite, en vertu de la règle : *Confessus in jure pro judicato habetur*, le magistrat rend une déclaration conforme, *addictio*, par laquelle il attribue à Secundus la propriété de l'immeuble.

Ulpien résume en quelques mots toute cette procédure : *In jure cessio fit per tres personas cedentis, vindicantis, addicentis. In jure cedit dominus, vindicat is cui ceditur, addicit prætor* (2).

La *cessio in jure* s'effectue sur le Forum devant le magistrat entouré de licteurs ; le magistrat compétent est le *magistratus populi romani*, qui a la plénitude de la juridiction ; cela exclut les magistrats municipaux, qui ne sont pas les « magistrats du peuple romain », les édiles et les censeurs, qui n'ont pas la plénitude de la juridiction.

A l'origine, l'acte s'accomplissait sur l'immeuble lui-

(1) Pellat, *De la Propriété*, 2ᵉ édition, 1853, pp. 18 et s.
(2) *Reg.*, XIX, 9, 10.

même objet de ce litige symbolique; mais dans le droit classique, il est certain que l'opération se fit en l'absence du fonds à aliéner, et le fonds dut être représenté par un symbole, à l'exemple de la revendication dont l'*in jure cessio* n'était que l'image: une motte de terre pour un champ, une tuile pour une maison, etc. (1).

Les cinq témoins représentent le peuple dans l'aliénation de la propriété comme concession de l'État; dans l'*in jure cessio* également, mais d'une façon plus nette et plus énergique, le peuple intervient dans la personne des magistrats, ses élus.

Y avait-il des témoins? Gaius et Ulpien n'en parlent pas, il est vrai : mais cela est probable, leur présence ayant de l'utilité au point de vue de la preuve (2).

§ II. — Application et effets

L'*in jure cessio* est d'une application plus générale que la *mancipatio*, comme l'indique ce tableau comparatif emprunté à l'*Esprit du droit romain*, de M. von Ihering.

| | CHAMP D'APPLICATION | |
DE LA « *mancipatio* »	Commun	DE LA « *cessio in jure* »
Mancipium.	Transfert des *res mancipi.*	Transfert des *res nec mancipi.*
Manus.	Servitudes rustiques.	Servitudes urbaines et perpétuelles.
Testament.		*Manumissio.*
		Émancipation.
		Adoption.
		Transfert de la *tutela legitima mulierum* et de l'*hereditas legitima.*

(1) Gaius, IV, § 17.
(2) Ihering, *loc. cit.*, I, p. 146.

Plus spécialement, en ce qui concerne la transmission immobilière, la *cessio in jure* ne sert, comme la *mancipatio*, qu'à l'aliénation des fonds italiques. Mais son emploi est bien moins fréquent que celui de la *mancipatio*; elle exige, en effet, un déplacement des parties, qui doivent se transporter auprès du préteur ou du président de la province, et il était beaucoup plus simple, comme nous le dit Gaius, de procéder à une aliénation par soi-même et en présence de ses amis (1).

La *cessio in jure* exige, comme la *mancipatio*, le droit de cité ou le *jus commercii*, et la présence des parties. Mais elle rejette d'une façon encore plus absolue la représentation juridique et n'admet pas que le fils ou l'esclave puissent acquérir pour le père ou le maître. L'accès du prétoire est interdit à l'esclave : quant au fils, il est formellement exclu par un texte de Gaius : *In summa sciendum est iis qui in potestate, manu mancipiove sunt, nihil in jure cedi posse, cum enim istarum personarum nihil suum esse possit, conveniens est scilicet ut nihil suum esse in jure vindicare possint* (2). Mais le motif que donne Gaius est-il exact? S'il en était ainsi, il ne tendrait à rien moins qu'à faire exclure le fils et l'esclave de tous les actes juridiques ; or le fils ne figure-t-il pas souvent en justice comme défendeur (3) ? Cette raison ne peut donc être invoquée et on n'en peut donner de sérieuse que l'inflexibilité de la formule.

Comme la *mancipatio*, l'*in jure cessio* exclut aussi l'apposition expresse d'une condition.

Enfin, les effets des deux modes symboliques sont les mêmes: *quod valet mancipatio idem valet et in jure*

(1) Gaius, II, § 25.
(2) Gaius, II, § 22.
(3) L. 38, *D.* XLIV, 7.

cessio (1). L'*in jure cessio* est, pour employer le langage des juristes allemands, un acte formel, et il ne faut pas confondre l'acte formel avec l'acte solennel ; car nous verrons que la tradition est un acte formel, bien qu'elle soit dénuée de formes. Par acte formel, il faut entendre une opération à laquelle le droit positif reconnaît le pouvoir translatif de propriété sur le seul fondement de l'élément volontaire, c'est-à-dire de la volonté conforme des parties. L'élément de cause, le fait juridique à l'occasion duquel intervient l'opération symbolique n'est pas à prendre en considération. Le seul point dont on doive tenir compte est l'*animus transferendi et accipiendi dominii ;* or le concours de volontés est parfaitement établi par l'affirmation du revendiquant et la réponse négative ou le silence du propriétaire, et l'instant où la propriété passe du cédant à l'acquéreur est fixé par l'*addictio* du magistrat.

Dans la *mancipatio*, l'idée d'une cause est exprimée ; il est vrai que la cause y est purement fictive, *emtio imaginaria*. Dans l'*in jure cessio*, au contraire, l'acquéreur se borne à affirmer son droit ; cette différence témoigne d'une culture juridique plus avancée.

La dernière mention de la cession juridique que l'on connaisse est faite dans une constitution de Dioclétien conservée au *Code Hermogénien* (2).

(1) G., II, § 25.
(2) Édition Hænel, VII, 1.

CHAPITRE III

TRADITION

La tradition, ou remise volontaire de la chose, était classée parmi les modes naturels d'acquisition, parce qu'elle était dans la nature des choses et parce qu'elle était le procédé qui allait au but par le moyen le plus simple.

Si l'on presse un peu les expressions des jurisconsultes, on trouve qu'elles impliquent sans aucun doute que la tradition, qui vient du droit naturel, est plus ancienne que la *mancipatio*, qui est une institution de la société civile ; cette idée est le contraire de la vérité. Tous les moindres actes de la vie civile étaient entourés de formes solennelles, de paroles consacrées (*legis actiones, ritus nuptiarum, emancipatio*.....). Comment le transfert de propriété, qui est un acte aussi important que ceux-là, aurait-il pu se produire sans les solennités destinées à suppléer à ce que la preuve testimoniale avait d'imparfait ? D'ailleurs, le droit romain ne s'était pas encore assez dégagé de son enveloppe pour connaître la tradition, dont l'exécution si simple, si élémentaire, n'était entremêlée d'aucune pantomime (1).

Il est impossible d'admettre qu'un principe que la jurisprudence moderne n'a pu faire admettre que lentement et avec beaucoup de peine, était pratiqué dans l'enfance du droit.

Mais le symbolisme primitif ne pouvait toujours durer.

(1) Bloudeau, *Chrestomathie*, p. 207.

Les biens inférieurs, c'est-à-dire les *res nec mancipi*, furent d'abord, par dédain et négligence, débarrassés des cérémonies gênantes dont l'ancien droit était si prodigue ; la tradition devint leur mode de transfert. Ce mode en conférait la propriété civile ou quiritaire ; en effet, Gaius s'exprime ainsi : *Aut enim ex jure Quiritium unusquisque dominus erat, aut non intelligebatur dominus* (1). La propriété était donc une, on était propriétaire selon le droit des Quirites, ou on ne l'était pas. Et d'ailleurs, l'*in jure cessio*, mode constitutif de la propriété civile, était également applicable aux *res mancipi* et aux *res nec mancipi*.

SECTION 1

Tradition des fonds italiques

§ 1 — Entre citoyens romains
(*Droit prétorien*)

Le principe était que la tradition ne servait uniquement qu'au transfert des choses de la seconde catégorie. Ce fut là une innovation admise pour obéir aux nécessités commerciales, et faciliter la circulation des biens, et le droit civil, scrupuleusement attaché à la forme et respectueux du passé, ne voulut jamais aller au delà. Si donc il arrivait qu'un citoyen romain recourût à la tradition pour transmettre une *res mancipi* et spécialement un immeuble italique, elle ne produisait aucun effet juridique, et, avant l'accomplissement de l'usucapion, qui était de deux ans pour les immeubles, l'aliénateur pou-

(1) Gaius, II, § 40.

vait revendiquer le fonds au mépris de la transaction passée de bonne foi entre lui et l'acquéreur.

Sans doute, lorsque l'aliénateur était lié par une obligation, par exemple un contrat de vente, l'acquéreur pouvait intenter une action en dommages-intérêts ; mais dans l'hypothèse d'un simple pacte, il était complètement désarmé et restait exposé à la déloyauté de l'aliénateur jusqu'à la réalisation de l'usucapion.

« Ce trait de mœurs, dit M. Troplong, se manifeste avec ingénuité dans certaines scènes des comédies de Plaute. On y voit des fripons tromper des imbéciles, en leur faisant acheter sans mancipation des choses de mancipation, par exemple des esclaves. L'acheteur croit avoir fait une excellente affaire parce qu'il n'a pas payé trop cher ; mais bientôt un autre fripon vient réclamer l'esclave comme sien, et le pauvre acheteur perd la chose et le prix : il reçoit par-dessus le marché des coups de poing qui terminent la pièce (1). »

C'est à la création des préteurs (2) qu'il faut faire

(1) Troplong, *De l'influence du Christianisme sur le droit civil des Romains*, Paris, Hachette, 1868, in-12, p. 34. — Voy. la comédie du Persan, *Persa*, act. IV et V :

Ac suo periculo is emat, qui eam mercabitur.
Mancipio neque promittet, neque quisquam dabit.
(*In Persa*, act. IV, sc. III, v. 55.)

Et plus bas, vers 61 :
Nihil mihi opu'st
Litibus.....................
Nisi mancupio accipio, quid eo mihi opus mercimonio ?

(2) L'administration de la justice fut détachée, en 387, des attributions du Consulat et confiée à un préteur urbain ; en l'année 507, on créa un second préteur, *prætor peregrinus*, chargé de régler les différends entre pérégrins, ou entre Romains et pérégrins. A défaut du droit civil, qu'il ne pouvait appliquer, le préteur pérégrin dut nécessairement composer un droit spécial, et c'est ce droit, plus approprié aux besoins de la pratique, qui pénétra peu à peu la jurisprudence du préteur urbain.

remonter le dédoublement de la propriété en quiritaire et bonitaire ; le texte précité de Gaius réfute un système soutenu par Vico dans sa *Scienza nuova* et Niebuhr dans son *Histoire romaine*, système d'après lequel cette division de la propriété aurait existé aux commencements de Rome. Ajoutons que les voies de procédure qui protègent la propriété bonitaire sont certainement d'origine prétorienne (1).

Les rigueurs du droit civil aboutissaient donc dans l'hypothèse de la tradition d'une *res mancipi* à un résultat inique, et cependant la simplicité de ce mode s'imposait de jour en jour. Aussi le préteur, inspiré par l'équité et cédant à des considérations pratiques, résolut de protéger celui qui acquérait dans de telles conditions. Mais, plein de ménagements pour le *jus civile*, il ne voulut pas l'assimiler au propriétaire quiritaire, et il créa, à côté de la propriété du droit civil, une sorte de propriété du droit des gens que l'on désigna par le fait, *in bonis habere*, et que nous appelons propriété *bonitaire*. Le *tradens* retenait une sorte de domaine éminent ; l'*accipiens* avait désormais la chose *in bonis*.

Le préteur n'avança que progressivement dans la voie des réformes et dans la création des garanties. L'acquéreur eut d'abord une *exception de dol*, au moyen de laquelle il faisait tomber l'action du vendeur et de ses héritiers.

Mais c'était là une exception personnelle, et par conséquent insuffisante lorsqu'il était actionné par un tiers, auquel l'ancien propriétaire aurait consenti une *mancipatio* ou une *cessio in jure*. Cet inconvénient disparut par l'insertion d'une formule analogue, mais d'une application plus générale ; ce fut, suivant la cause de la

(1) Accarias, *Précis*, I, p. 631, note.

tradition, l'exception *venditæ et traditæ*, ou l'exception *donatæ*, etc., et au moyen de l'une ou de l'autre, l'acquéreur put repousser la revendication du vendeur lui-même et de tous les ayants-cause du vendeur.

Ces deux garanties supposent que l'acquéreur a conservé la possession, jusqu'à présent il reste sur la défensive et peut parfaitement résister. Mais qu'il vienne à perdre la possession; il est incapable de prendre l'offensive, et d'actionner le spoliateur en restitution de son immeuble.

Une lacune existait; elle fut comblée par le préteur Publicius, qui lui donna une action fictice, l'action *Publicienne*, dont la formule contenait une fiction qui assurait à l'acquéreur le bénéfice de l'usucapion. S'il intente cette action contre un détenteur autre que le *dominus ex jure Quiritium*, il triomphera sans difficulté. Si le possesseur actuel est précisément le *dominus ex jure Quiritium*, celui-ci peut bien répondre par l'exception *justi dominii*; mais l'acquéreur ripostera victorieusement par la *replicatio rei venditæ et traditæ*; car il serait inique que le vendeur pût garder impunément sa chose après l'avoir livrée, sous prétexte que les parties ont négligé l'accomplissement des formes solennelles du droit civil.

L'action Publicienne protégeait encore le possesseur de bonne foi, qui, ayant acquis, *ex justa causa a non domino* avait perdu la possession avant le temps nécessaire pour usucaper, mais avec cette différence essentielle que la revendication feinte échouait contre l'exception *justi dominii*, le propriétaire n'ayant pas traité avec lui et n'ayant pas à craindre, par conséquent, la *replicatio rei venditæ et traditæ*.

La formule de notre action, décrite par Gaius, s'adapte parfaitement aux deux hypothèses : *Judex esto, si quem hominem Aulus Agerius emit et is ei traditus est, anno possedisset, tunc si eum hominem de quo agitur, ejus ex jure Quiritium esse oporteret, etc.* (1).

Telle est la propriété secondaire établie par le droit préto rien. Désormais l'acquéreur a véritablement l'immeuble *in bonis :* il peut en user, en jouir, en disposer. Il est vrai qu'il ne p eut l'aliéner par *mancipatio* ni le léguer *per vindicationem* et les servitudes ne peuvent y être constituées *jure civili,* mais seulement *jure prætorio.* Mais ce sont là des points de détails qui ne lui enlèvent aucun des avantages sérieux de la propriété. L'aliénateur s'appelle *nudus dominus,* et nulle expression ne saurait mieux caractériser son droit illusoire et son titre sans réalité. Bien mieux, l'usucapion, qui s'accomplira dans le bref délai de deux ans et dont l'aliénateur ne peut éviter l'accomplissement, supprimera les différences insignifiantes qui séparent encore la propriété bonitaire de la propriété quiritaire. L'époque n'est pas éloignée où elles se confondront dans une unité inévitable.

§ II. — Entre citoyens romains et pérégrins et entre pérégrins

« Je ne sache pas, dit M. Accarias, qu'aucun texte déclare ou même permette de soupçonner que les pérégrins (2) aient jamais été, à raison de leur seule nationalité incapables de devenir propriétaires (3). » Cependant peut-être en fût-il ainsi à l'époque primitive de l'*ager romanus*; les Romains ont formulé leur exclusivisme national dans une maxime impitoyable : *Adversus hostem*

(1) G., IV, § 36.
(2) Nous n'y comprenons ni les Latins, ni les alliés italiques qui paraissent avoir obtenu le *jus commercii.* (Mispoulet, II, § 85.)
(3) I, *loc. cit.*, p. 466.

æterna auctoritas esto. Mais les textes prouvent que cette rigueur s'adoucit et que les pérégrins purent devenir propriétaires des *res mancipi*. Ces textes sont, il est vrai, uniquement relatifs à une chose mobilière, à un esclave, et n'établissent pas d'une façon directe et péremptoire que l'étranger ait pu devenir propriétaire du sol italique. Qu'est-ce à dire? Pourquoi concéder à un pérégrin la propriété d'un esclave et pourquoi lui refuser celle du sol italique? L'esclave et le sol italique sont des choses *mancipi*, et pour le pérégrin il n'y a pas de distinction entre les deux classes de biens.

Cela étant, la tradition d'un fonds italique faite à un pérégrin lui conférait-elle le domaine complet? D'une part, la tradition, mode du droit des gens, était certainement accessible au pérégrin et elle était même le seul mode capable de transférer la propriété d'un citoyen romain à un pérégrin. D'autre part, nous le répétons, la distinction des choses en *res mancipi* et en *res nec mancipi* lui étant étrangère, la décomposition qui se produisait dans la propriété en cas de tradition d'une *res mancipi* n'était possible que dans les rapports des citoyens entre eux. Pour les pérégrins, il n'y avait qu'une seule et même propriété, celle du droit des gens, propriété pleine et entière. La propriété quiritaire ne se séparait de l'*in bonis* que si le *tradens* et l'*accipiens* étaient l'un et l'autre citoyens romains. L'un d'eux était-il pérégrin, en aliénant une *res mancipi* par la tradition, il ne retenait aucun droit; en l'acquérant par le même moyen, il obtenait un droit complet (1).

Que nous disent les textes ? « Il est possible, dit Ulpien, qu'on ait un esclave *in bonis*: le cas se présente quand un citoyen romain le livre à un autre citoyen romain

(1) De Savigny, *Traité de droit romain,* II, p. 39.

sans *mancipatio* ni *cessio in jure* (1). » C'est à dessein
que le jurisconsulte met en présence deux citoyens romains ; le paragraphe 47 *in fine* des *Fragmenta Vaticana*
confirme la même idée.

La logique décide donc avec les textes qu'il ne saurait
être question du dédoublement de la propriété quiritaire
à l'égard du pérégrin, qui était absolument étranger à
cette propriété essentiellement romaine ; la tradition lui
transférait, par conséquent, la propriété pleine et entière, sans qu'aucun démembrement en eût été retenu.

Nous supposons maintenant qu'un citoyen romain, ayant
une chose *in bonis*, veuille en faire tradition à un pérégrin. L'effet de la tradition ne pouvait être, sans doute,
de supprimer le *nudum dominium*; mais nous pensons
que l'*in bonis* était transféré tel quel au pérégrin, avec la
garantie qu'il trouvait dans le secours d'une *præscriptio
longi temporis*.

SECTION II

Tradition des fonds provinciaux

A. — A l'origine, l'*ager romanus* seul était susceptible de propriété civile, du *dominium ex jure Quiritium*.
Sous le régime de Numa, l'État se dessaisit sans restriction au profit des particuliers ; il ne fit pas de même à
l'égard des conquêtes territoriales qui suivirent. Bien que
la plupart des terres furent distribuées ou vendues, l'État
retint un droit supérieur, un domaine éminent. *In pro-
vinciali solo*, dit Gaius, *dominium populi Romani est vel
Cæsaris nos autem possessionem tantum et usumfruc-*

(1) Ulp, *Reg.*, 1, § 16.

tum habere videmur (1). Le particulier n'obtenait qu'une sorte de possession et de jouissance, et, comme condition de cette jouissance, comme reconnaissance du droit de l'État (2), il payait une redevance à l'*ærarium* ou trésor du peuple dans les provinces du peuple romain (*prædia stipendaria*), et au fisc ou trésor du prince, dans les provinces de César (*prædia tributaria*).

Au milieu du VIIe siècle, un grand nombre de cités se trouvaient pénétrées par les institutions romaines ; ce fut la guerre sociale, en l'année 663, qui acheva la romanisation par suite de l'extension du droit de cité aux *socii* ou alliés.

Les provinces restaient encore le patrimoine du peuple romain, mais les empereurs imaginèrent et concédèrent souvent le *jus italicum* ou l'assimilation au sol de l'Italie, c'est-à-dire l'exemption de l'impôt foncier et l'aptitude à la propriété quiritaire.

Ce droit est mentionné seulement par Pline (3) et par le *Digeste* (4), où l'on retrouve l'énumération des villes qui obtinrent ce privilège : les premières concessions ne remontent pas au delà d'Auguste (5).

A tous autres égards, la condition des fonds provinciaux est plutôt différente qu'inférieure ; le droit qui caractérise ce genre de propriété est cessible entre vifs et transmissible par décès, comme le *dominium* des fonds italiques. La *cessio in jure* et la *mancipatio*, modes de transfert de la propriété civile, ne lui étaient sans doute pas applicables, mais comme ce droit se rapprochait sur-

(1) G., II, § 21.
(2) Cic. *Verr.*, 3. 6. 12 : « *Quasi victoriæ præmium ac pœna belli.* »
(3) Pline, *H. N.*, 3, 25, 139.
(4) *Dig.*, L. 15, *de censibus*.
(5) Voyez Mispoulet, *loc. cit.*, II, p. 86.

tout de la possession, le seul mode possible était la tra-
ditition qui, étant le mode de transmission de la possession, était seul capable de réaliser le but que les parties
se proposaient.

Celui qui recevait ainsi un fonds provincial en acquérait la possession, mais non la propriété civile, puisque
cette propriété ne pouvait appartenir à un particulier.
En tout cas, si son droit n'était pas garanti par la *rei
vindicatio* du droit civil, il l'était à l'origine par des in-
terdits, et le fut plus tard par une action réelle utile dont
la formule seule diffère et dont les résultats sont identiques. Justinien y fait allusion dans le passage suivant :
*Si quis bona fide per decem vel viginti annos posse-
derit et longi temporis exceptionem ejus rei perdiderit,
posse eum etiam actionem, ad vindicandam rem eamdem
habere, sancimus* (1). Et il ajoute: *Hoc enim et veteres
leges, si quis eas recte inspexerit, sanciebant.* Cette action était donc reconnue dans l'ancien droit. Et Aggenus
Urbicus, qui, n'étant pas jurisconsulte, ne voit que le résultat pratique, dit formellement que les particuliers
revendiquent entre eux les fonds provinciaux ; les mots
inter se contiennent une restriction et font une allusion
au domaine éminent de l'État contre qui il ne peut y avoir
de revendication (2).

Ainsi la différence entre la propriété civile et la propriété provinciale est plus nominale que réelle, et en
fait on reconnaît à cette dernière une propriété, un domaine, une revendication dans le sens naturel des mots.

B. — On oppose aux cités provinciales les *cités libres*.
Elles étaient presque toujours placées, dans une certaine
mesure, sous la dépendance de Rome. Cette dépendance

(1) L. 8, pr., *de præscr. trig. annor.*, VII, 39.
(2) Aggenus Urbicus, *de controv. agror.*

consistait notamment dans la privation de toute politique extérieure propre, et dans le droit de contrôle que, pour la sécurité de l'État, le Sénat romain a toujours exercé sur elles.

Deux monuments épigraphiques, sans compter les nombreux passages des auteurs classiques, le plébiscite *de Thermensibus* et le sénatus-consulte *de Thibæis*, nous fournissent les éléments complets de la constitution de ces cités. Au point de vue qui nous intéresse, on y voit qu'elles conservent la propriété pleine, c'est-à-dire exempte de tout impôt vis-à-vis de Rome, de leurs biens publics et privés ; elles sont inférieures aux *civitates fœderatæ*, particulièrement au point de vue du *commercium*, qui ne leur est reconnu par aucun texte.

Au IIIe siècle, les *civitates liberæ* n'existent plus que de nom (1).

(1) Mispoulet, *loc. cit.*, II, p. 79.

II. — DROIT DE JUSTINIEN

Nous venons de voir le droit prétorien surgir et fonctionner à côté des institutions du droit civil, sans s'y substituer législativement. La substitution fut l'œuvre du temps, et l'activité commerciale qui prenait tous les jours un plus grand développement fit disparaître peu à peu les formalités primitives, qui étaient autant d'obstacles à la libre circulation des biens : Justinien leur porta le dernier coup. L'unité qui, à l'origine, avait régné dans la législation, reparait, non plus l'unité exclusive et tyrannique du droit primitif, mais l'unité dans le sens de l'équité et du droit des gens.

Dans la période intermédiaire, la propriété était divisée; il y avait, d'une part, le *nudum dominium ex jure Quiritium* et, d'autre part, l'*in bonis habere*. Mais la *mancipatio* et l'*in jure cessio* ont perdu tout intérêt, et l'*in bonis* est certainement devenu la forme ordinaire sous laquelle se présente la propriété. La distinction, dit Justinien, qui la supprime, n'est plus qu'une énigme dont le seul effet pratique est d'effaroucher les étudiants à leurs débuts.

Dès Dioclétien, on voit les mots *dominium* et *dominus* employés alors même qu'il s'agit d'un fonds provincial, et on peut présumer qu'au début du règne de Justinien, la distinction n'était plus connue que dans les livres.

Et ainsi, dit M. Accarias, se trouvèrent consommées quant aux choses, comme elles l'étaient déjà quant aux personnes, la fusion et l'unité qu'il était dans la destinée romaine de réaliser (1).

THÉORIE DE LA TRADITION

La tradition est la remise de la possession avec l'intention réciproque de transférer et d'acquérir la propriété. Ce mode présente un contraste frappant avec la *mancipatio* et l'*in jure cessio;* il a lieu sans solennité verbale ni testimoniale. Deux éléments sont nécessaires, mais suffisants : le *corpus* et l'*animus*, la remise effective de la chose et l'*animus transferendi et accipiendi dominii*, c'est-à-dire, chez l'une des parties, l'intention d'aliéner, chez l'autre, l'intention d'acquérir. Inutile d'ajouter que le *tradens* doit être propriétaire et capable d'aliéner; ce sont des conditions communes à tous les modes de transfert. Il en est bien ainsi de l'élément intentionnel, de la *justa causa :* mais la *justa causa* n'a pas été comprise de la même façon par tous les jurisconsultes, et c'est pourquoi elle exige une étude spéciale.

SECTION I

De la *justa causa*

Cette expression a deux sens : ou elle désigne la convention obligatoire ou non, le fait antérieur à la tradition ou concomitant, qui révèle chez les parties l'intention de transférer la propriété ; ou bien elle est cette intention elle-même, abstraction faite du motif juridique sur lequel elle s'appuie.

(1) Accarias, *Précis*, I, p. 465.

C'est la *justa causa*, entendue dans ce dernier sens, qui est nécessaire à la tradition; elle consiste dans le concours de deux volontés, dont l'une veut aliéner et l'autre veut acquérir. Elle est indispensable pour opérer le déplacement de la propriété : la remise effective sans la *justa causa*, n'aboutit qu'au déplacement de la possession.

Tout le monde reconnaît la nécessité de l'accord des volontés, qui n'est pas une condition spéciale à la tradition. Mais beaucoup d'auteurs (1) prétendent que la *justa causa* des textes ne doit pas être confondue avec l'*animus transferendi et accipiendi dominii*, et suivant eux, la *justa causa tradendi* est la même que la *justa causa usucapiendi*, c'est-à-dire un fait juridique indépendant de la tradition, qui explique et motive cette tradition. Voici les arguments qu'on invoque en faveur de cette thèse. D'une part, il serait étrange que dans deux théories aussi voisines la même expression eût deux sens différents. D'autre part, on trouve dans les textes des fragments formels sur son identité dans les deux cas.

Gaius, *C.*, II, §20 : *Itaque si tibi vestem vel aurum vel argentum tradidero, sive ex venditionis causa sive ex donationis, sive quavis alia ex causa, qua fit.....*

Ulpien, *Reg.*, tit. XIX, 7 : *Traditio propria est alienatio rerum nec mancipi. Harum rerum dominia ipsa traditione adprehendimus, scilicet si ex justa causa traditæ sunt nobis.* »

L. 31, *De acq. rerum dom.*, XLI, 1 : *Nunquam nuda traditio transfert dominium, sed ita si venditio, aut aliqua justa causa præcesserit, propter quam traditio sequeretur.*

Ce que M. Accarias entend par *justa causa tradendi*,

(1) Voyez notamment Maynz, *loc. cit.*, p. 612, 2ᵉ édition.

l'accord des volontés, les Romains en reconnaissaient l'existence ; ils ne l'appalaient pas *justa causa*, mais *animi consensus* (1).

Mais, dira-t-on, comment expliquer que le *tradens* ait une *condictio sine causa,* simple action personnelle ? Il faut répondre que la *causa* dont il est question dans la *condictio* n'est nullement la *justa causa tradendi* ou *usucapiendi,* et par conséquent on peut comprendre que la *causa tradendi* ait existé et que le *tradens* n'ait pas la revendication. Deux exemples suffiront à montrer la différence qui sépare les deux *causæ*. Prenons d'abord un contrat innommé *Do ut des :* j'exécute ma promesse. La tradition que je vous ai faite vous a transféré la propriété ; sa *justa causa* est le pacte d'échange que nous avons conclu. Mais de votre côté vous n'exécutez pas votre obligation de me donner la chose par vous promise en échange. J'ai une *condictio ob rem dati,* qui est une *condictio sine causa ;* on décide que je vous ai transmis la chose *sine causa.* Cette *causa* n'est pas la *causa tradendi,* il est bien vrai que nous avons fait un pacte d'échange. Cette *causa* est la chose que vous m'aviez promise : c'est une cause future.

Autre exemple. Je me crois débiteur en vertu d'une cause imaginaire, et je fais tradition à titre de payement ; la propriété est transférée. Où est la *justa causa?* Il semble, au premier abord, qu'elle fait défaut. Elle existe néanmoins et la preuve en est que, si on a livré la chose d'autrui, l'*accipiens* va usucaper (2); la *justa causa* consiste dans cette convention qui précède tout payement. Plus tard on découvre qu'il y a *indebitum ;* on dira qu'il y a eu payement *sine causa,* et ces

(1) L. 35, *de oblig. et act.,* XLIV, 7.
(2) L. 46, *de usurpat. et usucap.,* XLI, 3.

deux mots signifient que j'ai manqué mon but, qui était de me libérer.

La distinction dont il s'agit ressemble à peu près à notre distinction française entre la *cause* et le motif.

D'après une autre opinion, la tradition est indépendante, dans son pouvoir translatif de propriété, de l'existence d'un motif juridique. Elle a sans doute sa cause dans un fait antérieur, emportant obligation d'aliéner comme la vente, ou même dépourvu de tout caractère obligatoire, comme la donation. Mais ce n'est point là la *justa causa*, et si cette volonté objective est parfois mentionnée, c'est qu'elle est propre, et c'est son seul effet, à établir la volonté subjective, la volonté d'aliéner et d'acquérir.

Cette doctrine est confirmée par les textes : — 1° Je me crois obligé, en vertu d'un legs, d'une stipulation ou de toute autre obligation, qui n'existe pas ou qui est précédemment éteinte, et je fais tradition ; la cause est purement imaginaire (1). — 2° Je passe un contrat, mais il est légalement nul ; j'ai par exemple emprunté et j'ai promis des intérêts usuraires. La *causa traditionis* est ici un fait illicite et, par conséquent, non avenu aux yeux de la loi ; j'exécute cependant ma promesse (2). — 3° Je fais donation d'un immeuble, et l'*accipiens* croit le recevoir en location ; il y a malentendu sur la cause.

Dans tous ces cas, les textes donnent au *tradens* une *condictio*, qu'en conclure ? C'est que la propriété peut être déplacée sans que la cause ait une influence quelconque sur le transfert ; en effet, si la tradition était nulle en l'absence d'une cause, l'action du *tradens* contre

(1) L. 2, § 1, *de cond. indeb.*, XII, 6.
(2) L. 6, *de cond. ob turp. vel injust. caus.*, XII, 5.

l'*accipiens* serait, non pas la *condictio*, qui est une action personnelle, mais une action réelle, la revendication.

L'hypothèse du malentendu a donné lieu à des difficultés. Le jurisconsulte Julien suppose qu'une personne a livré de l'argent par pure libéralité et que l'*accipiens* a cru le recevoir à titre de prêt, et il décide que la tradition est efficace et que la propriété a été transférée :

Cum in corpus quidem quod traditur, consentiamus, in causis vero dissentiamus, non animadverto cur inefficax sit traditio. Nam, et si pecuniam numeratam tibi tradam donandi gratia, tu eam quasi creditam accipias, constat proprietatem ad te transire, nec impedimento esse, quod circa causam dandi atque accipiendi dissenserimus (1).

Ulpien n'est pas du même avis, et il estime que les écus ne sont pas devenus la propriété de l'*accipiens :*

Si ego pecuniam tibi quasi donaturus dedero, tu quasi mutuam accipias, Julianus scribit donationem non esse ; sed an mutua sit videndum. Et puto, nec mutuam esse : magisque nummos accipientis non fieri, cum alia opinione acceperit (2).

Évidemment il n'y a là ni donation ni *mutuum ;* c'est un point sur lequel les deux jurisconsultes sont d'accord. Mais faut-il en conclure que la nullité du *mutuum* et la nullité de la tradition, en tant qu'acte translatif de propriété, sont deux choses indivisibles?

Vinnius (3), et après lui Pothier (4) ont essayé de concilier les deux textes : Ulpien, disent-ils, a envisagé le résultat définitif de l'opération : en effet, la *condictio*

---

(1) L. 36, *de acq. rer. dom.*, XLI, 1.
(2) L. 18, pr., *de reb. cred.*, XII, 1.
(3) *Selectœ*, II, chap. xxxv.
(4) *Pand.*, tit. XLI, n° 58, *ad notam.*

qu'il donne au *tradens*, a pour résultat d'enlever à l'*accipiens* ce qui lui a été livré, et il a pu dire sans erreur qu'en somme la propriété n'était pas transférée à l'*accipiens*.

Cette explication est inadmissible ; Ulpien dit formellement que la propriété n'est pas transférée : *nummos accipientis non fieri*. Il est préférable de renoncer à concilier les deux doctrines et de voir dans la solution d'Ulpien un progrès, puisqu'il tient compte du motif que poursuivent les parties.

Le droit romain ne se préoccupait pas du point de savoir si on avait voulu faire une vente, une donation, un *mutuum*. L'erreur sur la cause finale n'empêchait pas le transfert de propriété, pourvu que ce transfert réunît les conditions nécessaires

Ulpien consulte le but final et déclare que la tradition n'a pas transféré la propriété, si ce but a été manqué ; sa théorie a passé dans le droit français (art. 1131).

SECTION II

Du *Corpus*

Le *corpus* est le second élément de la tradition, élément matériel qui doit se joindre à l'élément intellectuel de la *justa causa*. Comment le caractériser ? Si la portée de cette condition paraît facile à établir, en réalité il est peu de points qui aient suscité plus d'hypothèses et d'interprétations erronées.

Les anciens interprètes (1) ont entendu l'idée du *corpus*

---

(1) Voy. notamment Azon : *Summa in Codicis titul.*, de possessione, fᵒ 199, nᵒˢ 7 et 8. Édition de Lyon, 1534, — et Doneau, *Commentarius de jure civili*, chap. IX.

d'une façon trop littérale ; ils ont soutenu que l'acquisition de la possession est subordonnée au contact matériel, à la saisie réelle et physique de la chose : *saisir le
meuble avec la main, ou mettre le pied sur l'immeuble.*
Mais comme il y a un certain nombre d'hypothèses rapportées par les jurisconsultes romains, dans lesquelles
l'acquisition de la propriété se produit sans cet attou-
chement, ils ont admis que la tradition y était feinte.

Cette théorie se trouve reproduite dans notre ancienne
jurisprudence, et elle est longuement exposée par
Pothier (1). Elle n'a pas été sans influence sur les rédacteurs du Code, comme le témoignent les articles 1604,
1605 et 1606 ; dans ce dernier article, il y a une anti-
thèse évidente entre la tradition réelle et la tradition
feinte, lorsqu'il oppose à la première la tradition par la
remise des clefs.

M. de Savigny, dans son *Traité de la possession,* a
démontré la fausseté de cette théorie. Il pose ainsi la
question : « Il est certain que la possession peut être
fictive ; mais cette fiction se présente-t-elle dans l'acquisition de la possession, de sorte qu'une action symbolique puisse remplacer ici l'appréhension proprement
dite ? » Ce n'est pas là une question purement théorique ;
ses conséquences pratiques ne font pas défaut. « D'après
eux, toute acquisition de possession, qui ne repose que
sur une *apprehensio ficta,* doit être exclue quand l'acte
est illégal, et qu'en conséquence il ne mérite pas les
avantages d'une fiction juridique. De même quand on
acquiert la possession par autrui et non par soi-même.
Enfin la tradition feinte est seulement admise dans les
cas où elle entraînerait comme conséquence l'acquisi-

(1) Pothier, *de la Vente,* n°ˢ 314 et s.

tion de la propriété (1). » Et M. de Savigny démontre d'une façon péremptoire qu'il n'y a au fond de toutes ces prétendues fictions qu'une véritable tradition, une tradition ordinaire avec tous ses caractères constitutifs et ses éléments essentiels.

La raison et les textes s'accordent à nous montrer qu'il n'y a jamais eu qu'une seule et même tradition, et que cette tradition consiste, non dans l'appréhension matérielle de la chose, mais dans le fait de l'avoir à sa disposition, dans la *possibilité physique d'agir immédiatement sur la chose et d'en écarter toute action étrangère.*

Dans le système des commentateurs, les exceptions sont nombreuses, si nombreuses que c'est la règle elle-même qui devient d'une application exceptionnelle. Le contact matériel est souvent impossible à réaliser, surtout quand il s'agit d'immeubles ; et, lorsque l'objet à livrer est un meuble, que par conséquent, la remise effective et matérielle est possible, pourquoi ne pas la réaliser ? Pourquoi se contenter de la remise des clefs de l'immeuble où l'effet est renfermé ?

Les exceptions viennent naturellement après la règle, à laquelle elles apportent des dérogations ; comment, au fur et à mesure qu'elles se sont présentées, n'ont-elles pas éveillé et arrêté l'attention des jurisconsultes, comme l'ont fait les dérogations à la règle que la possession se conserve *animo et corpore?* Nulle part on ne trouve trace de l'effet produit par leur apparition !

Quant aux textes, ils ne sont pas moins concluants : ils traitent indistinctement de tous les cas, sans qu'il y soit question de règles ou d'exception, de réalité ou de fic-

(1) Savigny, *Traité de la possession,* traduit par H. Stædtler. Bruxelles, Bruylant, 1866, in-8, pp. 182 et s.

tion. La nécessité du contact matériel n'est affirmée d'une manière générale dans aucun passage ; elle est même en opposition avec cette loi si précise de Paul : *Non est enim corpore et tactu necesse apprehendere possessionem, sed etiam oculis et affectu* (1).

Un autre texte dit : *Adipiscimur possessionem corpore et animo* (2). Traduire à priori le mot *corpus* par contact matériel, n'est-ce pas faire une pétition de principe, puisque c'est précisément le sens de ce mot que nous cherchons ? Le *corpus* est la possibilité de faire de la chose ce que l'on veut : c'est bien cette interprétation large qui résulte du texte précédent. En ce qui concerne la possession immobilière, qui doit seule nous occuper, il suffit que l'on soit présent sur l'immeuble ; la possession dérive de cette proximité immédiate, grâce à laquelle le possesseur peut, non seulement porter ses pas sur chaque partie de l'immeuble, mais encore y faire, en général, tout ce que bon lui semble.

Par le même motif, il n'est même pas nécessaire de se rendre sur le fonds lui-même ; car celui qui se trouve immédiatement à côté du fonds et l'enveloppe de son regard, n'en est pas moins le maître que celui qui y a mis les pieds.

C'est ainsi que lorsque le vendeur montre à l'acheteur d'un lieu élevé, *in turre*, le fonds voisin qu'il lui a vendu et qu'il déclare lui en abandonner la libre disposition, l'acheteur commence à le posséder au même titre que s'il était sur le fonds lui-même.

Voyons maintenant les exemples de traditions feintes,

---

(1) L. 1, § 21, *de acq. vel. amitt. poss.*, D. — *Tactu*, et non pas *actu*, d'après M. de Savigny, *loc. cit.* p. 186, note : la leçon *tactu* donne plus de précision au sens et est aussi confirmée par les textes

(2) L. 3, § 1, *ibidem*, D.

que les commentateurs ont spécialement visés, et ces
applications achèveront de nous convaincre qu'il n'y a
aucunement besoin de fictions pour expliquer les solutions des jurisconsultes romains. Nous en rapproche-
rons une hypothèse dans laquelle le déplacement de la
propriété s'effectue en l'absence de toute tradition, même
symbolique, et par le seul effet de la condition résolutoire.

§ I. — Traditions feintes

A. *Tradition* longa manu. — L'expression *longa manu*
se trouve au *Digeste*, dans un texte de Javolenus (1).
Voici l'hypothèse : une personne doit de l'argent ou toute
autre chose mobilière ; si sur l'ordre du créancier le
débiteur dépose, en sa présence, la chose qui lui est
due, le créancier en acquiert immédiatement la propriété.
C'est au fonds l'hypothèse de la loi 18, § 2, citée plus
haut et dans laquelle les parties se contentent de se rendre sur un point élevé, d'où le fonds peut être aperçu.

« Dans les choses de grand poids, dit Pothier, dans
son *Traité de la vente*, la permission que le vendeur
donne à l'acheteur de l'emporter tient lieu de tradition ;
lorsque cette permission est donnée *in re præsenti*,
l'acheteur est censé, par cette permission qui lui est
donnée, prendre possession de la chose *oculis et affectu.* » Ainsi, d'après Pothier, cette tradition de longue
main serait instituée pour les choses de grand poids et
difficiles à enlever ; cette distinction n'existe pas le moins
du monde dans le texte de Javolenus, où il s'agit d'une
chose mobilière par excellence, d'une somme d'argent.

Pour rendre compte de cette solution, qui n'a rien

(1) L. 79, *de solut.*, XLVI, 3.

d'exceptionnel, il n'est nullement besoin d'imaginer une fiction; elle s'explique suffisamment par l'idée que la chose, objet de la tradition, a été mise à la disposition de celui qui voulait l'acquérir. Les yeux font l'office de la main ; ils atteignent seuls la chose et, pour ainsi dire, la touchent de loin. L'erreur des commentateurs consiste à voir une fiction où les jurisconsultes romains voyaient une tradition réelle, une prise de possession par le regard qui constituait une *longa manus* équivalente au toucher.

B. *Tradition* brevi manu. — « Lorsque la chose vendue est par devers l'acheteur qui la tenait du vendeur à titre de loyer ou de prêt à usage ou de dépôt, ou autrement, le seul consentement du vendeur et de l'acheteur, que l'acheteur la possède dorénavant en son nom et comme propriétaire, tient lieu de tradition ; il a plu aux docteurs, dit Pothier, d'appeler cette tradition de brève main, parce que, disent-ils, *nihil brevius hac traditione.* » Cet exemple est emprunté aux *Institutes* et à Gaius (1).

Prenant à la lettre l'expression *sine traditione*, les commentateurs en concluent qu'il n'y a pas eu de tradition véritable, mais seulement la fiction d'une tradition, qui n'a pas eu lieu et qu'on répute accomplie. La chose est censée, selon eux, avoir été rendue par le locataire ou le dépositaire à son propriétaire, qui lui en a ensuite fait la tradition.

Mais y a-t-il là, en réalité, la moindre fiction ? L'élé-

---

(1) *Interdum etiam sine traditione nuda voluntas domini. sufficit ad rem transferendam, veluti si rem quam commodavi aut locavi tibi, aut apud te deposui, vendidero tibi* (L. 9, § 5, *D.*, XLI, 1, et *Instit.*, § 44, 2.

ment matériel de la tradition exige-t-il un changement apparent dans l'état des choses? Il n'est pas du tout nécessaire de supposer que le locataire a rendu le fonds à son ancien propriétaire, qui le lui aurait ensuite transmis une seconde fois. Mais le locataire avait déjà le *corpus*, le propriétaire retenant l'*animus;* que manque-t-il donc pour l'acquisition de la propriété? que l'*animus* soit joint au *corpus*. Quand le propriétaire se démet de l'*animus* en faveur de son fermier, l'*animus* se réunit au *corpus*, et la tradition est effectuée dans les conditions normales.

D'autres hypothèses plus compliquées ont été également considérées comme des traditions *brevi manu;* mais si la chose ne passe pas effectivement par toutes les mains qui sont censées la toucher, il faut néanmoins, il faut absolument qu'elle soit à la disposition physique de celui qui est réputé recevoir la dernière de ces traditions, celle dans laquelle toutes les autres se résument.

C. *Tradition symbolique*. — Les interprètes ont vu une tradition symbolique dans certaines hypothèses où la tradition ne s'opérait pas par la livraison de la chose, mais par la remise d'un objet qu'ils considéraient comme un symbole. C'est notamment l'opinion de Pothier; d'après lui, la clef est le symbole de la chose vendue et il invoque une loi romaine à l'appui de sa doctrine. Voici, en effet, comment s'exprime Papinien : *Clavibus traditis, ita mercium in horreis conditarum possessio tradita videtur, si claves apud horrea traditæ sint* (1).

Ainsi la tradition est parfaite si je vous remets les

_____

(1) L. 74, *de contrah. empt.*, XVII, 1. — Le mot *videtur* du texte ne doit pas éveiller une idée de fiction ; ce mot s'emploie très souvent dans les textes pour faire allusion à des faits accomplis dans lesquels l'idée de fiction n'entre pour rien. L'expression *tradita videtur* doit être ainsi traduite : *la tradition est accomplie.*

clefs d'un grenier ou d'un local *voisin* où vous pouvez aller prendre la chose immédiatement. Mais les clefs étaient-elles considérées comme un symbole? Si cela était, il n'y aurait pas à tenir compte de la distance qui sépare l'acquéreur de la chose vendue. Or Papinien exige formellement que les clefs soient remises *apud horrea ;* cette restriction gêne la théorie de Pothier, qui la supprime, et témoigne suffisamment que, là où Pothier voyait un symbole, il y avait pour Papinien une tradition parfaitement réelle. La livraison des clefs équivaut, en effet, en pareil cas, à la livraison des marchandises ; il n'y aurait point tradition si les clefs étaient livrées dans un lieu éloigné du magasin (1).

D'ailleurs, la doctrine de Pothier trouve sa réfutation dans la nature de la tradition, considérée comme mode d'acquisition. Les autres modes volontaires sont entourés de formes symboliques, dont l'accomplissement est rigoureusement indispensable à leur efficacité. Accessible à tous, la tradition ne porte l'empreinte d'aucune législation spéciale, et l'idée du symbole lui est complètement étrangère ; on doit donc bien se garder de ranger parmi les actes symboliques consacrés par la loi romaine ceux qui n'y ont jamais été compris.

D. *Constitut possessoire.* — Je suis propriétaire et possesseur d'une chose ; je conviens avec vous de vous en transférer la propriété et la possession, mais de garder par devers moi la détention de la chose à titre de locataire ou de commodataire (2). C'est cette clause que les interprètes, dans un langage qui n'est ni romain ni

(1) Comp. art. 1606 C. civ.
(2) LL. 28 et 35, § 5, *C., de donat.*, VIII, 54.

clair, ont appelée *constitut possessoire*, parce que l'aliénateur se constitue possesseur *alieno nomine* (1).

Quoiqu'il n'y ait pas eu de remise matérielle, la chose a changé de possesseur ; résultat facile à expliquer. Nous verrons, en effet, plus loin que la possession peut être acquise *per extraneam personam ;* or rien ne s'oppose à ce que cette personne ne soit le propriétaire de la chose qu'on veut aliéner. Il réunira sur sa tête la double qualité de *tradens* et d'*accipiens*, et détiendra la chose pour le compte de l'acquéreur, en la personne duquel aura passé l'*animus*.

C'est la solution que nous donne Ulpien dans l'hypothèse suivante : *Quœdam mulier fundum non marito donavit per epistolam et eumdem fundum ab eo conduxit ; posse defendi in rem ei competere, quasi per ipsam adquisierit possessionem veluti per colonam.* On peut soutenir, dit-il, qu'une action *in rem* compète au donataire, comme s'il avait acquis la possession par la donatrice devenue sa fermière.

Mais, dit-on, *Nemo potest sibi ipse mutare causam possessionis.* Pour réfuter cette objection, il suffit de faire remarquer avec Celsus que le possesseur, au lieu de changer la cause de sa possession, cesse de posséder : ce n'est pas posséder, en effet, que de posséder pour un autre, et celui-ci possède véritablement qui a la chose à sa libre disposition. Toute fiction est donc inutile ; il suffit de se rappeler les deux éléments dont se compose la possession.

Le constitut possessoire, dont Ulpien parle le premier et qui, après quelques résistances dans son application, aux donations, fut admis de bonne heure, fut une atteinte

(1) Accarias, *Précis*, p. 506, note 3.

portée au vieux principe : *Traditinibus et usucapionibus dominia rerum, non nudis pactis transferuntur.*

La conséquence de cette innovation fut la transmission occulte de la propriété ; le constitut possessoire passa dans notre droit coutumier, et a donné naissance aux articles 938 et 1138 du Code civil.

§ II. — Retour *ipso jure* de la propriété (Théorie d'Ulpien)

Le principe que le concours de volontés ne peut par lui-même opérer translation de propriété et que la tradition doit intervenir pour consommer matériellement l'œuvre de la volonté, reçut encore une atteinte dans une théorie d'Ulpien. Conformément à ce principe, les parties étant tombées d'accord sur une vente ou une donation, elles ne pouvaient convenir qu'à la suite de tel événement prévu, mais d'une réalisation incertaine, la propriété ferait de plein droit retour à l'aliénateur. L'insertion d'une pareille clause rendait l'aliénation nulle, comme ayant pour objet la translation d'un droit qui n'était ni la propriété véritable, ni un autre droit juridiquement reconnu. C'est une règle ancienne du droit romain que la propriété ne peut se transférer *ad tempus :* tout ce que l'on accordait, c'était de pouvoir imposer à l'acquéreur, par une convention expresse ou tacite, l'obligation de la retransférer à son auteur. La stipulation ou le pacte adjoint à la dation, qui faisait naître l'obligation ne donnait à l'aliénateur qu'une action personnelle.

C'était la règle suivie dans la clause de vente appelée *addictio in diem,* clause par laquelle le vendeur se réservait de reprendre la chose si, dans un délai déterminé, il trouvait un acheteur plus avantageux. Était-il, avant l'expiration de ce délai, assez heureux pour conclure un nouveau traité dans des conditions meilleures : il ne rentrait pas de plein droit dans son ancienne propriété ; pour effectuer ce retour, une tradition ou tout autre mode d'acquisition était nécessaire. Une action lui était donnée pour vaincre la résistance de l'acheteur ; c'était l'action *venditi* suivant les uns, l'action *præscriptis verbis* suivant les autres.

Telle est la pure doctrine du droit classique. Dès cette époque cependant Ulpien, le plus novateur des jurisconsultes, avance une théorie nouvelle et hardie : « Aussitôt dit-il, l'offre meilleure faite et acceptée, l'acheteur ne peut plus user de l'action réelle (1). » C'est donc qu'il a cessé d'être propriétaire et que le vendeur l'est redevenu et par suite peut revendiquer.

Déjà Marcellus avait émis la décision suivante rapportée par Ulpien : *Scribit jure vendito et in diem addicto fundo, si melior conditio allata sit, rem pignori esse desinere si emptor eum fundum pignori dedisset* (2). Ainsi il fait tomber par l'événement de la condition les droits établis au profit des tiers ; Ulpien n'a eu qu'à généraliser et il résout le droit de l'acheteur lui-même.

La même théorie se présente en matière de donation à cause de mort, dans les cas où la propriété a été immédiatement transférée par le donateur, c'est-à-dire dans l'hypothèse de la condition résolutoire.

Le donateur survit-il au donataire, à l'événement prévu, ou vient-il à se repentir, en un mot si la donation est caduque, la chose donnée fera-t-elle de plein droit retour au donateur ?

Suivant l'opinion commune, le donateur la reprendra

(1) L. 41, *de rei vindic.*, VI, 1.
(2) L. 4, § 3, XVIII, 2.

par la *condictio*. « Les Cassiens n'ont pas douté, dit
Paul (1), qu'on ne pût répéter par la *condictio*, fondée sur
ce que le but n'a pas été atteint, par cette raison que
quand on transfère la propriété d'une chose, on le fait
soit pour que vous ou moi ou Titius nous exécutions
quelque fait, soit pour que quelque chose arrive, et dans
tous les cas la *condictio* prend naissance. »

Ulpien, cependant, propose d'admettre la revendication : *Potest defendi in rem competere donatori actionem* (2). Et dans la loi suivante, il ajoute que l'action
in rem qu'il admet sera une action utile. Son hésita-
tion, *potest defendi*, prouve d'une part, que ce n'était
pas là l'opinion de la majorité des jurisconsultes, et,
d'autre part, il résulte de la qualification d'*actio utilis*
qu'il donne à la revendication, que celle-ci était une dérogation aux principes admis (3).

La doctrine d'Ulpien fut-elle bientôt consacrée d'une
manière générale ? Un rescrit de l'empereur Alexandre (4),
dans lequel il s'agit du *pacte commissoire*, c'est-à-dire
d'un pacte d'après lequel la vente est considérée comme
non avenue si le prix n'est pas payé dans un délai déterminé, semble décider que la résolution produit ses
effets *in rem*, mais il n'est guère possible de concilier
avec ce texte un autre rescrit du même empereur qui
refuse la revendication au vendeur : peut-être cette dernière décision prévoyait-elle une espèce particulière.

D'autres rescrits reproduisent encore l'ancienne doctrine d'après laquelle la propriété ne peut être transférée *ad tempus*. Nous lisons au paragraphe 283 des

---

(1) L. 35, § 3, *D.*, **XXXIX**, 6.
(2) L. 29, *D.*, **XXXIX**, 6.
(3) Voy. M. Pellat, *loc. cit.*, p. 282.
(4) LL. 3 et 4, *C.*, **IV**, 54.

Fragments du Vatican un rescrit des empereurs Dioclétien et Maximien conçu en ces termes : « Si vous avez
fait donation de fonds stipendiaires sous la condition
qu'ils vous fassent retour en cas de survie, la donation
est inutile puisque la propriété n'a pu être transférée *ad
tempus.* » On ne saurait donc exactement déterminer les
progrès atteints par la doctrine d'Ulpien au moment où
Justinien monta sur le trône ; mais il est certain (1)
qu'elle prévalut dans la législation de cet empereur. Ce
système était plus conforme à la raison et à l'esprit philosophique en assurant à la seule volonté des parties sa
pleine et entière exécution. Mais les translations de propriété n'étant soumises à aucune condition de publicité,
sa doctrine ménageait aux tiers des surprises désagréables
dans leur ignorance naturelle du caractère résoluble du
droit du donataire.

SECTION III

Des personnes qui peuvent figurer dans la tradition

§ I. — Des personnes en puissance

Représentation de l'acquéreur. — Les personnes *alieni
juris* fonctionnent comme instruments d'acquisition pour
celui en la puissance duquel elles sont placées.

L'acquisition de la possession est en ce cas soumise
à deux conditions spéciales : — 1° le maître doit posséder son esclave ; — 2° il doit avoir un *animus* personnel, c'est-à-dire connaître l'appréhension de la chose
par son esclave. Cependant on déroge à la nécessité d'un

(1) L. 2, *C.;* VII, 55.

animus spécial existant au moment de l'acquisition toutes les fois que l'esclave appréhende une chose *ex causa peculiari*, c'est-à-dire en vertu d'une cause se rattachant à l'administration de son pécule (1), et les textes (2) nous disent que le maître, fût-il en état de folie, emprunte réellement l'*animus* de son esclave ; le motif en est, dit Papinien, qu'on ne pouvait pas exiger raisonnablement du père ou du maître qu'il s'enquit à chaque instant de la consistance du pécule, examinant tout ce qui y entrait et tout ce qui en sortait.

Ce qui vient d'être dit de l'esclave est applicable à l'homme libre *in mancipio*, à la femme *in manu* et au fils de famille ; quant à ce dernier, il obtint successivement le pécule *castrense* sous Auguste, le pécule *quasi-castrense* et le pécule *adventice* sous Constantin, de sorte que dans le dernier état de la législation il acquiert en principe pour lui-même, exceptionnellement pour son père et seulement au cas du pécule classique qu'on appelle *profectice* par opposition aux autres.

Représentation de l'aliénateur. — Peuvent aliéner, quoique non propriétaires, les esclaves et les fils de famille ; lorsqu'ils agissent conformément à la volonté du maître ou du père. Cette volonté peut être expresse, elle peut aussi résulter de la concession d'un pécule avec faculté de l'administrer librement. Toutefois cette faculté exclut absolument les aliénations gratuites et, en fait, ce peut même être une question que de savoir si elle comprend tout acte de disposition à titre onéreux (3).

(1) L. 1, § 3, *de acq. poss.*
(2) L. 44, § 1, *de acq. poss.*
(3) L. 1, § 1, *Quæ res pignor*, XX, 3.

§ III. — Des personnes libres

Représentation de l'acquéreur. — Le principe est posé aux *Institutes : Nihil per extraneam personam nobis adquiritur* (1). On ne pouvait rien acquérir par une personne sur laquelle on n'avait pas la puissance. Ce principe se rattache à l'idée plus générale d'après laquelle les Romains excluent la représentation dans les actes juridiques. La rigueur primitive du principe ne s'adoucit jamais à l'égard de la mancipation et de l'*injure cessio;* mais de bonne heure on y fit échec en faveur de l'acquisition de la possession et de la propriété par la tradition. Les besoins de la pratique devaient soustraire cette institution du droit des gens au matérialisme subtil du droit civil et conduire à admettre que la possession pourrait être acquise *per extraneam personam.*

Dans ce paragraphe des *Institutes* qui nous donne la règle et l'exception, Justinien semble attribuer celle-ci à Septime Sévère ; mais le rescrit de cet empereur consacre une doctrine depuis longtemps admise. En effet Labéon (2), qui vivait sous Auguste, la défend, et Nératius (3), qui vivait sous Trajan et Adrien, la présentent comme universellement reconnue.

Ainsi, si un tiers reçoit une chose pour moi et comme mon représentant, j'acquiers par son entremise la possession et par cette possession la propriété si celui qui a livré était propriétaire ; dans le cas contraire, je n'acquerrai la propriété que par l'usucapion.

L'*animus possidendi* doit-il nécessairement exister chez

(1) *Inst.*, lib. II, tit. IX, § 5.
(2) L. 51, *de acq. rer. dom.*
(3) L. 44, *de usurp. et usuc.*

le possesseur lui-même ? Le jurisconsulte Paul dit : *Animo nostro, corpore etiam alieno possidemus.* Nous pouvons emprunter le *corpus* d'autrui, mais il faut que l'*animus* nous soit personnel. Ce serait donc vainement qu'une personne achèterait pour moi un fonds et en recevrait tradition si je ne lui en ai donné mandat.

Mais que Titius, chargé de m'acheter un fonds, en reçoive la tradition à mon insu, j'en deviens immédiatement possesseur et par suite propriétaire sans qu'il soit nécessaire que je connaisse le moment précis de l'acquisition, et c'est en ce sens qu'on a pu dire : *Placet non solum scientibus, sed et ignorantibus nobis adquiri possessionem* (1). On peut dire que la loi se contente de l'*animus* que j'ai manifesté au moment du mandat, ou que mon *animus* est complété, sinon remplacé par celui du mandataire (2) ; il est même absolument remplacé quand il s'agit des tuteurs, des curateurs et des administrateurs des cités.

Il ne faut pas objecter l'hypothèse prévue par la loi 59, *de acq. rer. dom.* Ici je n'acquiers pas directement par le tiers ; mais pourquoi ? Parce qu'il a été convenu qu'il acquerra pour son propre compte, sauf à me transférer ensuite la propriété ainsi acquise.

Plusieurs hypothèses donnent lieu à controverse :

1° L'infidélité du mandataire qui voudrait acquérir pour lui-même, aurait-elle pour effet d'empêcher la transmission de propriété au profit du mandant ? Question sur laquelle les interprètes ont vainement tenté la conciliation des textes. D'après Ulpien, la volonté du *tradens* l'emporte sur celle du mandataire : *Et si procuratori meo hoc animo rem tradiderit ut mihi adquirat, ille quasi sibi ad-*

(1) L. 2, § 1, *de acq. poss.*
(2) Accarias, *Précis*, I, p. 700.

quisiturus acceperit nihil agit in sua persona, sed mihi adquirit (1). Julien, au contraire, considère l'acte comme entièrement nul : *Si procuratori meo rem tradideris ut meam faceres, in hac mente acceperit ut suam faceret, nihil agetur* (2). Ulpien se montre toujours aussi peu soucieux des formes et des principes surannés que respectueux de la volonté des parties, et sa doctrine est plus équitable ; mais Julien se conforme plus sévèrement aux principes anciens et on remarquera que son langage est aussi beaucoup plus affirmatif.

2° Les deux jurisconsultes prévoient une autre hypothèse : une personne veut me transférer la propriété d'une chose et je l'invite à la livrer à un esclave commun entre moi et Titius (on peut également supposer un mandataire commun). L'esclave la reçoit avec l'intention de la faire acquérir toute entière à Titius, ou tout à la fois à Titius et à moi. Dans le premier cas, Julien (3) nie la validité de l'opération ; dans le second cas, il me donne la propriété de la moitié de la chose, et quant à l'autre, *nihil agetur*. Ulpien, au contraire, m'adjuge dans les deux cas la propriété du tout : *Et placet, quamvis servus hac mente acceperit, ut socio meo vel mihi et socio adquirat, mihi tamen adquiri* (4).

Il y a une contradiction évidente entre les deux textes ; des interprètes ont essayé de les concilier.

C'est d'abord Cujas (5) qui, dans le texte de Julien, ajoute aux mots *nihil agetur* ceux-ci : *in persona Titii, sed mihi adquiret*.

(1) L. 13, *de donat.*, XXXIX, 5.
(2) L. 37, § 6, *de acq. rer. dom.*, XL, 1.
(3) L. 37, *ib.*
(4) L. 13, *de don.*
(5) *Comment. in lib.* XLIV *Dig. Juliani*, t. VI, 309.

Pothier, en ses *Pandectes*, sous-entend cette restriction : *Sed mihi adquiret, cum ratum habuero.* Enfin d'après M. de Savigny (1), il faudrait lire : *Nihil agetur ex mente procuratoris.*

Il me semble qu'il est préférable de renoncer à tout essai de conciliation et de reconnaître qu'il y avait sur ce point comme sur beaucoup d'autres divergence entre les jurisconsultes.

Ulpien consultait surtout l'équité et l'intention des parties contractantes, et les autres s'attachaient davantage à l'ancienne doctrine et à la volonté d'un mandataire qui, à l'origine, ne parlait qu'en son nom et ne représentait point le mandant.

Représentation de l'aliénateur. — *Nihil autem interest,* disent les *Institutes, utrum ipse dominus tradat alicui rem, an voluntate ejus alius* (2). L'intervention du mandataire du côté de l'aliénateur se dégage des textes avec plus de netteté ; elle ne souleva aucune difficulté. Les *Institutes* prévoient même le cas où le mandataire aliène en vertu d'un pouvoir général d'administrer, et décident que l'aliénation sera parfaite : *Si cui libera universorum negotiorum administratio a domino permissa fuerit, isque ex his negotiis rem vendiderit et tradiderit, facit eam accipientis.* Mais l'intention des parties doit toujours être consultée pour l'interprétation exacte d'un mandat général d'administrer.

D'ailleurs les pouvoirs de cet administrateur n'étaient pas sans limites : on lui refusait le droit de faire des donations.

---

(1) *Traité de la possession*, p. 331.
(2) L'opinion contraire a prévalu dans notre droit (art. 1988).

SECTION IV

Règles particulières à la tradition pour cause de vente et de donation

§ I. — Vente

La vente présente des singularités au point de vue de la transmission de la propriété. Nous avons dit que la *justa causa* consistait dans l'accord de deux volontés qui tendent au même but, le transfert de propriété, et nous avons posé comme principe que la tradition était indépendante dans ses effets de son motif juridique. Et cependant nous lisons dans les *Institutes : Venditæ vero res et traditæ non aliter emptori acquiruntur, quam si is venditori pretium solverit* (1). Est-ce à dire que la vente apporte une exception à notre principe? Nullement. Ce qui transfère ici la propriété, c'est encore la seule volonté : *Nihil tam conveniens est naturali æquitati quam voluntatem domini volentis rem suam in alium transferre ratam haberi.* Et si la loi décide que le payement est une condition sans laquelle la tradition faite en exécution d'un contrat de vente est insuffisante, c'est par une interprétation très sage de la volonté des parties. Car évidemment le vendeur n'entend se dépouiller de sa chose qu'en vue et à cause du prix qu'il compte recevoir. Il eût très bien pu exprimer que la transmission de propriété serait retardée jusqu'à l'exécution de l'obligation. Cette volonté, la loi la présume, et cette présomption est parfaitement fondée en présence du danger que courrait le vendeur s'il n'avait en face de lui qu'un simple débiteur; il ne

(1) *Inst.*, lib. II, tit. I, § 4.

pourrait user de la revendication et il serait exposé au concours des autres créanciers.

La règle des *Institutes* n'est donc pas une dérogation aux principes de la transmission par la tradition. La tradition est fondée sur la volonté des parties; elle n'opère translation de propriété qu'autant que le *tradens* a l'intention de transférer la propriété, et cette volonté n'est présumée exister dans l'hypothèse de la vente que lorsque le prix a été payé.

La règle consacrée par Justinien n'est pas obligatoire; il y sera dérogé quand le vendeur voudra transmettre immédiatement la propriété.

1° Il est possible que le vendeur se soit fait donner une satisfaction : *Quam si is venditori pretium solverit : vel alio modo ei satisfecerit, veluti expromissore vel pignore dato.* L'acheteur a fourni un gage, ou toute autre sûreté réelle équivalente, comme l'hypothèque; ou bien il a libéré l'acheteur en recevant à sa place un débiteur nouveau (*expromissor*) : ou encore il a accepté un fidéjusseur (*fidejussor*) et plus généralement un *adpromissor* quelconque, qui vient garantir accessoirement l'obligation principale : dans tous ces cas, l'intention du vendeur est manifeste.

Mais cette interprétation naturelle tombe devant l'expression formelle d'une volonté contraire. Le vendeur peut se réserver la propriété jusqu'au payement réel et intégral du prix; cette clause restrictive se fait généralement par un pacte spécial et exprès que les interprètes appellent *pactum reservati dominii*, et qui porte que jusqu'au payement l'acheteur ne tiendra la chose qu'à titre de bail ou de précaire.

Mais quelle est la nature juridique du droit de l'acheteur dans l'intervalle qui séparera la tradition du payement?

En cas de convention de bail, l'acquéreur ne possèdera pas du tout ; en cas de précaire, il possèdera, mais seulement à l'égard des tiers. *Quid* en l'absence de toute garantie et de tout pacte ? On ne connaît aucun texte qui décide la question. Néanmoins, comme l'acheteur a certainement l'*animus domini*, les interprètes lui accordent la possession *ad interdicta*.

2° Il est possible que la présomption s'évanouisse devant une preuve encore plus évidente : *Si is qui vendidit fidem emptoris secutus est.* Ce qui aura lieu si le vendeur *a suivi la foi* de l'acheteur, c'est-à-dire s'il a consenti à n'être que créancier, sans exiger aucune sûreté, sans avoir reçu ni payement ni satisfaction quelconque, par exemple s'il lui a accordé un terme pour le payement du prix. La volonté du vendeur est bien alors que la propriété soit immédiatement transférée à l'acheteur ; et le vendeur n'aura pas la revendication, mais seulement l'action *venditi*. Comme c'est là un résultat contraire à la présomption admise par la loi, ce sera à celui qui invoque l'exception à en faire la preuve, et l'acheteur devra établir que le vendeur a suivi sa foi et a voulu le rendre propriétaire au moment même de la tradition.

Signalons en terminant la différence saillante qui existe entre le droit français et le droit romain. Chez nous (art. 1583), « la vente est parfaite et la propriété est acquise de droit à l'acheteur à l'égard du vendeur, dès qu'on est convenu de la chose et du prix, quoique la chose n'ait pas encore été livrée ni le prix payé. » Il faut supposer qu'il s'agit d'un corps certain et qu'aucune clause ne modifie la loi ordinaire du contrat.

Le Code civil a introduit le principe nouveau de la transmission directe par l'effet des conventions. Conséquence : le vendeur non payé a perdu la revendication.

Mais la loi française le protège autrement, en lui accordant le droit de rétention, si le prix est immédiatement exigible, et, dans tous les cas, un privilège ou une action en résolution, à son choix.

§ II. — Donation

La donation, jusqu'à Justinien, fut un *nudum pactum* dépourvu de force obligatoire (1), et il fut d'abord admis qu'elle devait être exécutée au moyen des formes habituelles régissant les aliénations.

Vers l'an 550 de Rome, un célèbre plébiscite (2), qu'on appelle la loi Cincia et qui doit son nom au tribun Cincius Alimentus, fut rendu en haine des donations, dans le but de permettre aux donateurs de se repentir dans une certaine limite des libéralités faites dans un élan de générosité. Les donations ne pouvaient dépasser un taux déterminé (*modus*), aujourd'hui inconnu ; cependant certaines personnes, dites *personæ exceptæ*, échappaient aux restrictions de la loi. Pour rester dans les limites de notre sujet, écartons d'abord les donations mobilières, et parmi les donations immobilières, ne nous occupons que de celles qui se font par voie de dation.

La donation faite *intra modum* ou *exceptæ personæ* est par elle-même un pacte sans valeur; elle ne vaudra que par son exécution et celle-ci est soumise aux règles ordinaires de la transmission de propriété.

(1) Cependant Antonin le Pieux avait créé une exception à cette règle pour les donations *inter liberos et parentes*. Constantin confirma cette dérogation au droit commun. (L. 8, *C. Theod.*)

(2) Les décisions appelées *plébiscites* étaient votées par les *concilia plebis*, réunions de la plèbe convoquées et présidées par ses magistrats ; à la différence des *comitia tributa*, les patriciens n'y étaient pas compris.

Je suppose donc une donation *ultra modum* et faite *non exceptæ personæ*. Quel est le principe? Pour que la donation devienne parfaite, la loi exige le plus plein dessaisissement du donateur.

1° S'il s'agit d'un fonds provincial, la tradition dépouillant le donateur de tout droit suffit nécessairement à parfaire la donation, de telle sorte qu'il n'y a à se préoccuper ici ni de la qualité du donataire ni de l'importance de la donation.

2° Si le donateur avait seulement la chose *in bonis*, la donation est parfaite dès la tradition, puisque le donateur ne peut exercer la *rei vindicatio* comme celui qui, ayant le *plenum dominium*, aurait dû, pour se dessaisir complètement, procéder à une *cessio in jure* ou à une *mancipatio*.

3° S'il s'agit d'un fonds italique, trois hypothèses sont possibles : *a*) L'immeuble a été à la fois mancipé et livré. La donation est alors irrévocable. — *b*) La mancipation a été faite, mais sans être accompagnée ou suivie de la tradition. La mancipation est insuffisante, et à la revendication du donataire le donateur opposera victorieusement l'*exceptio legis Cinciæ*. — *c*) Prenons l'hypothèse inverse. La tradition, non précédée de la *mancipatio*, n'a pas plus d'efficacité ; la revendication est ouverte au donateur resté *dominus ex jure Quiritium*, tant que le donataire n'a pas usucapé, et l'exception *rei donatæ et traditæ*, que celui-ci voudrait opposer, tomberait devant la *replicatio legis Cinciæ*.

Ce que le donateur peut retenir ou reprendre, ce n'est pas seulement la portion supérieure au *modus*, mais l'intégralité même des objets donnés ; cette affirmation est démontrée invinciblement par une décision de Paul (1).

(1) L. 5, § 2, *de dol. mal. et met. except.*, XLIV, 4. — Accarias, *Précis*, I, p. 711, note 2.

Mais la loi Cincia était-elle sanctionnée par la nullité? N'était-elle pas plutôt une *lex imperfecta*, c'est-à-dire une loi dépourvue de sanction et manquant dès lors le but qu'elle s'était proposé d'atteindre?

On l'a prétendu et on a dit que la loi Cincia n'a sanctionné la prohibition que par la demi-mesure d'une imperfection, que le donateur restait libre de réparer soit dans le présent soit dans l'avenir. On invoque en ce sens la règle I d'Ulpien : *Prohibet exceptis quibusdam cognatis et, si plus donatum sit non rescindit.* Le verbe employé par le jurisconsulte prouverait le caractère prohibitif de la loi. Mais un lambeau de phrase n'est pas décisif, et Ulpien, qui vécut quatre siècles après la confection de la loi Cincia, a très bien pu en perdre de vue l'esprit.

Un étude approfondie des *Fragments du Vatican* a conduit M. Accarias à formuler la théorie suivante de la loi Cincia et qui semble devoir rallier aujourd'hui tous les suffrages.

L'œuvre du législateur n'est pas incomplète ; il a établi une sanction parfaitement corrélative au but qu'il s'est proposé. Ce qu'il a voulu, ce n'est pas la prohibition absolue des donations, leur nullité à l'égard de tous et toujours. Le législateur n'a pas songé à porter une atteinte aussi grave à la liberté des conventions : les donations, même les plus considérables, ne peuvent-elles pas reposer sur les motifs les plus légitimes et les plus sérieux?

Ce que la loi a voulu, c'est tout simplement une difficulté plus grande d'arriver à la perfection du contrat. Il résulte des *Fragments du Vatican* que les jurisconsultes, en distinguant les donations assujetties à la loi Cincia de celles qui n'y étaient pas soumises, ne songeaient qu'à se placer au point de vue de la perfection de l'acte. Le paragraphe 294 est surtout décisif. Papinien compare, dans ce passage, certaines donations entachées de nullité avec celles faites contrairement à la loi Cincia. Les premières, dit-il, ne sont pas une *justa causa usucapiendi*, et ne puisent aucune force dans la mort du donateur, tandis que la donation contraire à la loi Cincia est confirmée par le décès du donateur, et devient parfaite par l'usucapion (1). La donation faite contrairement à la loi Cincia est donc seulement imparfaite ; on comprend maintenant l'erreur des commentateurs. Il y a bien ici une chose imparfaite; mais c'est la donation, et non pas la loi elle-même.

En un mot, la loi a eu pour but de protéger le donateur contre lui-même en lui permettant de repousser victorieusement toute prétention aux biens donnés, si toutefois dans le présent il n'a pas consommé irrévocablement l'exécution du contrat par un plein et entier dessaisissement. C'est en somme une règle analogue à celle de notre ancien droit et de notre droit actuel : *Donner et retenir ne vaut.*

La loi Cincia tomba en désuétude vers une époque qu'on ne saurait préciser, peut-être au commencement du IVe siècle (2).

Antonin le Pieux, dans une constitution à laquelle plusieurs textes font allusion, avait rendu obligatoire la simple convention de donation sous la double condition de la rédaction d'un écrit et de la remise de l'écrit au donataire. Sous le Bas-Empire et à partir de Constance Chlore, la donation commença à prendre un caractère spécial. Pour mettre un terme à des fraudes trop fré-

(1) Accarias, *Précis*, 1, p. 712, note 3.
(2) *Nov.* 162, cap. i.

quentes, on l'entoura de formalités destinées à en garantir l'authenticité. L'absence de ces formalités n'avait pas seulement pour effet d'empêcher la translation de la propriété ; elle mettait obstacle à la constitution de la donation elle-même. L'insinuation apparut et son importance fut telle, qu'elle survécut à toutes les révolutions et se maintint dans notre droit, jusqu'à la promulgation du Code civil. Les parties allaient trouver le magistrat et les curiales ou décurions assemblés ; elles leur soumettaient leur *projet* d'acte, ou, si elles n'avaient pas d'écrit, elles déclaraient de vive voix leur volonté. Procès-verbal en était dressé par le greffier, revêtu du sceau de l'Etat, signé des magistrats et des parties, déposé ensuite dans les archives publiques ; ce procès-verbal était donc la minute, et non la simple copie de l'acte de donation : telles étaient les formes dans lesquelles on procédait à l'insinuation.

Constance Chlore, désirant en faire un moyen de publicité, l'exigea pour toute donation, à peine de nullité (1). En 428, on décida que la donation *ante nuptias*, inférieure à 200 solides (2), n'avait pas besoin d'être insinuée ; pour tout ce qui excédait cette somme, la tradition était insuffisante, et l'absence de la formalité empêchait même le contrat de se former.

Constantin ajouta à ces formalités la nécessité d'un acte écrit et de la production de plusieurs témoins (3) ; les empereurs Théodose et Valentinien revinrent à la législation précédente (4), mais en étendant (année 438) à toute donation l'exception admise pour la donation

---

(1) *Pater noster*, dit Constantin, *nullam voluit liberalitatem valere, si actis inscita non esset.* (L. I, *C. Theod. de spon.*)

(2) Le *solidus* de Constantin vaut 15 fr. 37 c. (Mispoulet, II, p. 207.)

(3) *Fr. Vat.*, § 249.

(4) L. 28, *C., de donat.*

ante nuptias. Enfin Justinien, en 531, exigea l'insinuation pour toute donation supérieure à 500 solides; à défaut d'insinuation, la donation était nulle de plein droit, mais seulement pour ce qui excédait le taux légal.

Sont affranchies de cette formalité les donations *dotis causa*, celles faites ou reçues par l'empereur, celles qui tendent à racheter des captifs, et celles qui ont pour cause la reconstruction d'une maison tombée ou incendiée.

Terminons en relevant une inexactitude de langage commise par Justinien dans un passage des *Institutes* (1), où il nous présente la donation comme une manière d'acquérir, *genus adquisitionis*, tandis que, au paragraphe 40, il l'appelle simplement une *justa causa tradendi*. Cette dernière expression est la seule exacte ; la donation peut servir de fondement à la tradition, mais par elle-même, comme tout autre contrat, elle est impuissante à transférer la propriété. En employant l'autre expression, peut-être Justinien a-t-il voulu faire allusion à l'insinuation nécessaire pour opérer le déplacement de propriété. Ce qui est plus vrai, c'est qu'ici, comme dans la loi 35, au *Code* où il dit que la donation sera efficace sans tradition, il n'entend pas que la tradition sera inutile comme moyen d'acquérir la propriété ; il veut dire que la simple convention de donner sera obligatoire comme la vente. Le *principium* du titre *de donationibus* n'en est pas moins inexact, et confond deux choses que nous distinguons avec soin dans tout le cours de ce travail, la juste cause d'acquisition, et, ce qui est bien différent, le mode d'acquisition lui-même, le contrat constitutif d'un droit personnel et l'acte translatif de propriété.

(1) *Instit.*, pr., II, 7.

QUESTIONS CONTROVERSÉES

I. — Les formalités requises dans les modes d'aliénation du droit civil avaient pour but d'assurer la preuve des actes, mais non de porter la transmission à la connaissance des tiers, p. 1.

II. — La formule de la *mancipatio* doit être modifiée lorsque l'esclave agit pour le père ou le maitre, p. 17.

III. — La tradition transfère la propriété quiritaire des choses *nec mancipi*, p. 28.

IV. — Le *corpus* exigé pour le transfert de la possession consiste dans la faculté physique d'user et de disposer de la chose, p. 44.

V. — Par pupille *infans* ou *qui fari non potest*, il faut entendre tout pupille au-dessous de sept ans, soit que réellement il ne parle pas, soit qu'il parle.

VI. — Sous Justinien, les pactes et stipulations suffisent à créer des droits de servitude.

VII. — C'est l'acheteur qui supporte les risques de la chose vendue, excepté lorsque, la vente étant conditionnelle, la chose périt en totalité *pendente conditione*.

VIII — La *litis contestatio* ne constitue pas une véritable novation.

ANCIEN DROIT FRANÇAIS

I. — ÉPOQUE FRANQUE

CHAPITRE I

DROIT GALLO-ROMAIN

Avant César, la Gaule avait un certain degré de civilisation ; mais la plus grande incertitude règne sur la législation gauloise, et nous ne possédons aucun texte concernant l'organisation de la propriété foncière et les modes d'aliénation. Mais la conquête romaine modifia les mœurs et les usages ; le Midi surtout fut plus profondément atteint que les autres parties de la Gaule, et quatre siècles de domination étrangère avaient définitivement triomphé de l'élément celtique (1). L'immense population gauloise était réellement devenue une population romaine ; bien avant l'édit de Caracalla, qui avait admis au droit de cité tous les sujets de l'Empire, Tacite (2) disait des Gaulois : *Moribus, artibus, affinitatibus nostris immixti*. Le droit en vigueur en Gaule est le droit romain ; dès le

---

(1) MM. Fustel de Coulanges (*Histoire des institutions politiques de l'ancienne France*), et H. Martin pensent que les anciennes traditions ne s'étaient jamais effacées.

(2) *Annales*, XI, 24.

premier siècle de notre ère, plusieurs cités, notamment Lyon et Vienne (1), avaient obtenu le *jus italicum*, et les modes d'aliénation y furent, par conséquent, la *mancipatio* et l'*in jure cessio*. Mais ces modes y subirent le même sort que dans leur pays d'origine ; depuis l'année 462, c'est surtout le *Code Théodosien* qui fait loi.

Après la chute de l'Empire d'Occident (an. 476), à côté des formes germaniques les actes du temps nous montrent la continuation des formes romaines. Les différentes races transplantées sur le sol de la Gaule sont régies par le principe de la personnalité des lois, c'est-à-dire que chaque individu est régi par la loi de sa nationalité et non par la loi du territoire où il se trouve. Le droit romain est resté la loi des vaincus, des Gallo-Romains, et celle de l'Eglise qui rédige, suivant la forme latine, les donations qu'elle reçoit chaque jour.

Le *Bréviaire d'Alaric*, qui contient la première loi du titre *de contrahenda emptione*, exige la tradition ; il en est de même de la *Lex romana Burgundionum* (tit. XXXV) et celle-ci va jusqu'à reconnaître que le constitut possessoire tacite est valable et suffit même pour parfaire une donation.

Les actes continuent à être déposés dans les archives municipales autant que le comporte toutefois l'organisation du régime municipal à cette époque. Les *formules*, qui ne sont que des modèles d'actes, soit juridiques soit judiciaires, proposés par des praticiens ou par des moines instruits, font connaître la tradition romaine pratiquée dans la Gaule (2).

(1) *Nouvelle Revue historique*, 1882, étude sur le *Jus italicum*, par Ed. Beaudoin.
(2) Sur les formules cons. *Revue de législation*, 1872, p. 245. *Recherches sur la formalité de l'enregistrement*, par Fr. Renaud.

La tradition est alors un acte public qui a lieu en présence de témoins, et on la constate généralement par un écrit, qui est signé par les témoins : *Cædo ad sacrasanctam Ecclesiam... non occultæ sed publicæ, non privatim sed palam, cessumque in perpetuo jure legitimo esse volo et de jure meo in jure et dominatione ipsius Ecclesiæ trado atque transfundo* (1). La formule 165, qui est un modèle de tradition (*carta traditionis*), est surtout explicite et indique très nettement les trois conditions de remise effective, de publicité et d'insertion du nom des témoins dans l'acte (2) ; mais la condition essentielle et seule constitutive du transfert est la remise effective de l'immeuble.

Les mots *cum stipulacione subnixa*, qui terminent souvent la formule, ont donné lieu à une controverse. Dans un premier système, on fait de *stipulatio* un syno-

---

(1) Form. 195, de Rozière.—Citons encore la formule 214 : *Dono donatumque in perpetuo esse volo, hoc est villam rem proprietatis meæ nuncupantem illam... quantumcumque ad ipsam villam aspicere vel pertinere videtur... totum et ad integrum per hanc traditionem tibi trado atque transfundo.* L'expression *trado atque transfundo* est la plus fréquente dans les formules.

(2) *In Dei nomine, ego ille talis. Mihi decrevit voluntas ut aliquid de rebus meis illo homini tradidissem, quod ita et tradidi. A die præsente de meo jure in tua trado dominacione, ita ut habendi sive commodandi, vendendi vel quicquid exinde facere pro utilitate tua volueris, liberam atque firmissimam habeas voluntatem faciendi. Et si ullus est de agentibus nostris aut heredum vel postheredum aut quislibet ulla opposita persona, qui hanc tradicionem a me factam agere aut venire aut ullam calumniam generare voluerit, partibus fisce multa componat, id est auri libras duo, argenti pondera quinque coactus exsolvat, et quod repetit per nulliusque ingeniis evindicare non valeat, sed hec præsens epistula omni tempore firma et stabilis permaneat cum stipulacione subnixa.*

Actum in villa, publice, præsentibus quorum hic signacula continentur.

nyme de *stipula*, fétu de paille, et on voit dans l'expression une allusion à l'usage d'attacher le symbole à l'acte
écrit, usage que nous trouverons dans les traditions symboliques.

M. Pardessus (1) a démontré la fausseté de ce système :
Si tel était, dit-il, le sens de ces mots, on ne les rencon-
trerait que dans les formules de traditions passées entre
Francs. Or il n'en est pas ainsi, comme le prouve notamment la formule 165, formule de tradition réelle, formule
toute romaine ; 2° le mot *stipulatione* est souvent accom-
pagné de l'épithète *Aquiliana*, parfois de l'épithète *Ar-
cadiana*. La première montre, d'une façon décisive, que
la formule a trait à la stipulation romaine et non à l'ad-
jonction des symboles. Quant à la seconde, elle s'explique
par une constitution de l'empereur Arcadius, qui donnait
force obligatoire aux clauses pénales souvent insérées
dans l'acte : l'aliénateur obligeait ses héritiers à respecter le droit de l'acquéreur sous peine d'une amende
au profit du fisc et d'une indemnité au profit du stipulant.
Les deux stipulations se rapportent l'une et l'autre à une
stipulation de ce genre ; 3° *stipulatio* est bien dérivé de
stipula, mais n'exprime pas la même chose, pas plus
que *festucatio* et *effestucatio* ne sont synonymes de *festuca*.

L'expression *cum stipulatione subnixa* n'a donc pas
pour objet de constater un usage des Francs, mais bien
une clause romaine, qui a pour effet de garantir à l'acquéreur la paisible possession de l'immeuble acquis.

Le plus souvent on ne fait qu'un seul et même acte
pour le contrat et la tradition ; après avoir énoncé le
contrat, le texte ajoute : *Ergo trado et tradidisse me
constat* (2).

(1) *Loi salique*, XIᵉ dissertation *in fine.*
(2) De Rozière, formule 257.

La forme romaine ne demeura pas toujours intacte. En deçà de la Loire, il est probable que les rois francs assujettirent entièrement les Romains à la juridiction commune ; mais même au delà de la Loire, la législation romaine se ressentit du voisinage de l'élément germanique, et les formules de tradition se présentent souvent imprégnées par le symbolisme barbare (1).

(1) Laboulaye, *Hist. du droit de propriété*, appendix Q et R. — Savigny, *Hist. du droit romain*, t. II, ch. xix, § 86.

CHAPITRE II

DROIT GALLO-FRANC

C'est ce symbolisme barbare que nous allons maintenant étudier. La tradition germanique, en effet, n'est plus, comme la tradition simple du droit romain, un fait dont le genre d'exécution est abandonné au choix des parties ; c'est un acte solennel, *symbolique*, et passé *devant témoins*.

§ I. — Du lieu où doit se faire la tradition

Deux limitations, l'une réelle, l'autre personnelle, caractérisent la tradition germanique à une certaine époque ; la tradition, celle que les textes nomment *traditio legitima*, doit s'effectuer *domi* (1) et *coram testibus legitimis*. 1° *Domi*, c'est-à-dire dans le ressort de la circonscription où est situé l'immeuble ; la circonscription administrative et territoriale était primitivement la Centaine, plus tard le Comté. — 2° *Coram testibus legitimis*, c'est-à-dire devant des témoins pris parmi les membres de la circonscription, *pagenses* ou *cespitales* (2).

Par le capitulaire II de l'année 803 (3), Charlemagne porta une première atteinte à la condition de lieu ; la

(1) Sohm, p. 308 : *Patria, regio, provincia, comitatus.*

(2) *Capit miss.*, a. 805, c. II (Pertz, I, p. 134) : *Et de ipso pago, non de altero testes elegantur.*

(3) C. 6 : *Si quis res suas pro anima sua ad casum Dei voluerit, domi traditionem faciat coram testibus legitimis. Et quæ hactenus in hoste factæ sunt traditiones de quibus nulla est quæstio, stabiles permaneant.*

guerre contre les Saxons touchait à sa fin, et le grand empereur, tenant compte des circonstances, valida les traditions faites *in hoste*.

Un capitulaire de l'année 817 (1) modifia plus profondément la législation, il permit, quoique en hésitant, de procéder aux traditions même en dehors du Comté. Mais ce capitulaire recommandait encore d'employer la *traditio legitima*, telle que nous venons de la définir, et, si les parties se trouvaient hors du Comté, de prendre autant que possible des *testes pagenses*. La tradition légitime ne fut donc plus que la *traditio coram testibus ;* la production des témoins en resta toujours une partie intégrante.

§ II. — Nécessité de témoins

Le nombre des témoins variait suivant les pays. La *Loi Salique*, titre XLVI, exige trois témoins ; la *Loi Burgonde*, titre LX, trois, cinq ou sept, et la *Loi Ripuaire*, tit. LIX, sept ou douze. Leur nombre variait parfois, suivant l'importance de l'acte ; la *Loi Ripuaire*, titre LX, s'exprime ainsi : *Si mediocris res est, cum sex testibus et si parva cum tribus quod si magna cum duodecim ad locum traditionis cum totidem numero pueris accedat et sic eis præsentibus pretium tradat et possessionem accipiat.*

(1) I, cap. Lud. Pii, a. 817 : *Si quis res suas alteri tradere voluerit et eo tempore intra ipsum comitatum fuerit, in quo res illæ positæ sunt, legitimam traditionem facere studeat. Quod si eodem tempore quo illos tradere vult extra eumdem comitatum fuerit.., adhibeat sibi vel de suis pagensibus vel de aliis qui sub eadem lege vivunt qua ipse vivit, testes idoneos vel si illos habere non potuerit, tunc de aliis quales ibi meliores inveniri possint, et coram eis rerum suarum traditionem faciat.*

La tradition devant témoins était la règle ; il n'en fut pas toujours ainsi. Autrefois, elle avait toujours lieu devant le *mallus,* assemblée judiciaire présidée par le *thunginus,* magistrat élu par le peuple. Le *mallus legitimus,* chargé surtout de trancher les affaires litigieuses, ne se réunissait régulièrement que huit ou neuf fois par an ; mais le peuple était souvent convoqué par le *thunginus* en session extraordinaire, et c'est devant le *mallus* ainsi réuni que s'expédiaient la plupart des actes de juridiction volontaire. Ce système put convenir tant que le domaine de la famille se composa uniquement de l'immeuble qui suffisait à ses besoins ; l'aliénation était un fait rare et frappant. Mais, avec le développement de la vie commerciale, le témoignage de personnes accidentellement présentes (*adstantes*) devint insuffisant, et des témoins durent être spécialement produits. Cette nouvelle forme n'excluait pas d'ailleurs la tradition devant le tribunal du *thunginus* ou du comte (1). M. Augustin Thierry (2) cite un acte de donation qui fut passé au ixe siècle devant l'assemblée de justice de la ville d'Amiens.

Mais la tradition devant le *mallus* était-elle réellement judiciaire, c'est-à-dire se présentait-elle sous la forme d'un procès fictif comme l'*in jure cessio* ? Aucun texte ne nous autorise à le croire ; elle avait lieu *devant* le tribunal et non *par* le tribunal, qui jouait un rôle pure-

(1) Elle pouvait encore avoir lieu devant le tribunal du roi. Un texte qui s'occupe de la donation des immeubles, autorise la partie intéressée à choisir entre le roi et le *mallus* de la Centaine : *Ante regem aut in mallo publico legitimo, hoc est in mallobergo ante teoda aut thunginum.* (Thonissen, *Loi salique,* Paris, Marescq, 1882, in-8, 2e édition, p. 397. — Marculf., I, 13, *præceptum de læsiwerpo per manum Regis.*)

(2) Second fragment des *Monuments inédits* faisant suite à l'*Essai sur l'histoire du tiers état,* p. 416, édition in-12.

ment passif. Le but unique était la publicité (1) ; auss
voyons-nous les transmissions de propriété s'effectuer
devant une assemblée quelconque, à l'église, dans un
synode (2), etc. Ce serait une erreur de croire qu'on
exigeait cette publicité dans l'intérêt du crédit public,
c'est-à-dire dans l'intérêt des tiers. Chez des Germains,
qui ne connaissaient que les troupeaux, les armes et la
conquête, parler de crédit foncier serait commettre un
contre-sens historique. La publicité était exigée dans
l'intérêt seul des parties ; elle avait pour but de prévenir
toute contestation sur la validité de l'acte.

Il est certain que la tradition se faisait souvent sur le
fonds même, et des textes fort nombreux le prouvent :
*Pascueten dedit locum et immisit unum de suis mona-
chis missum, qui hanc donationem vice sua mona-
chis ostendit et tradidit ; factum est hoc super ipsam
terram* (3).

Les documents de l'époque, les diplômes et les formules emploient diverses expressions pour désigner la
tradition germanique ; tantôt c'est simplement le mot
latin *traditio*, tantôt c'est l'expression germaine *sala* ou
salunga, ou encore le mot *investitura*, en vieil allemand
giwerida.

(1) Capit. II Carol., a. 809, c. 26 : *De traditionibus ut in abs-
condito non fiant propter contentiones diversas.* — Ed. Rothar,
c. 172 : *Si quis res suas alii thingare voluerit, non absconse
sedente liberos homines ipsum garathinx faciat.* — Rozière,
form. 289 : *Non in fraude sed in publico visus fuit tradidisse.*

(2) Meichelbeck, n. 304, a. 816 : *Episcopus consecravit Ecclesiam tum demum venit S. coram illa multitudine, qui ad illam
celebritatem venerat, et tradidit.*

— *Ib.*, n. 395, a. 819 : *Omnibus simul audientibus in publico
synodo Frisinga congregato, ibique coram cuncta congrega-
tione accesserunt ad altare ipse M. et tradidit.*

(3) Courson, *Cartulaire de l'abbaye de Redon*, n. 22.

§ III. — Symboles

La tradition germanique avait un autre caractère ; elle était symbolique. « Il faut, dit M. Troplong, que le consentement se révèle par de poétiques procédures, où la chose est représentée par une forme matérielle et tangible, et où les parties viennent, comme sur un théâtre, remplir un rôle, jouer des pantomimes, réciter des formules (1). » Les premiers symboles qui furent usités, offraient la plus grande analogie avec l'objet, dont ils n'étaient que la représentation (2); ils étaient une partie de la chose aliénée et étaient par suite aussi variés et aussi nombreux que possible : *cespes* pour un champ, *vitis* (sarment) pour une vigne, *porta* et *anuticula* (gonds) pour une maison, etc.

Puis ce furent des symboles moins apparents et qui désignèrent, non plus l'objet de la tradition, mais une idée abstraite, l'idée de puissance ; tels furent le glaive, le bâton...

Enfin Du Cange nous apprend que bientôt le symbole put être le premier objet venu, celui qui tombait sous la main des parties. L'usage de la feuille de parchemin, de la *carta*, comme symbole, est surtout remarquable.

On ne saurait énumérer et décrire tous les symboles; les formes variaient à l'infini, suivant les pays et la nature des biens aliénés. Elles étaient d'autant plus nom-

(1) *Revue de législation*, t. XXV, p. 144. Ce caractère formaliste existait également dans les contrats, *Nouvelle Revue historique*, Contributions, 1880, p. 661.
(2) Du Cange, v° *Investitura*, III (Édition Henschel, Paris, Didot, 1840-1845), p. 883.

breuses que non seulement on procédait ainsi à l'investiture des biens, mais encore à celle des emplois et
des bénéfices. Nous nous bornerons à indiquer les prin-
cipaux.

A. — SYMBOLES NATURELS

Terre et pierre. — A l'origine l'aliénateur d'un champ
prenait une poignée de terre qu'il jetait dans le sein de
l'acquéreur. Plus tard, ce fut une motte de gazon, qui
était remise dans la main de l'acquéreur ; symbole des
des plus naturels et des plus simples, il était universellement répandu et son usage se maintint pendant
des siècles (1).

De même que la tradition d'un fonds de terre se faisait
per terram, glebam, cespitem, de même on transférait
les édifices par le symbole d'une pierre, *per lapidem,
per particulam marmoris* (2).

Rameau : fragment. — Quand il s'agissait d'une forêt,
le symbole était un rameau vert pris dans la forêt même ;
il se joignait très souvent à la motte de gazon dans
laquelle il était fixé (3). Lorsque l'objet de la tradition

(1) Du Cange, III, p. 890 : *Hujusmodi cespites cum sua festuca multis in ecclesiis servantur. Nivellæ et alibi, justæ
magnitudinis, forma quadrata vel etiam laterculari.* —
Wendelin, ad Leg. sal., v° *Festuca: Cum fundus venditur, vetus
ejus dominus cespitem ex illo fundo fodit cultro non qua-
dratum, sed orbiculatum, latum quoque versus digitos quatuor, cui, si pratum est, infigit herbam, si ager ramusculum
quatuor circiter digitos altum hac imagine fundum repræ-
sentans.* — Innocent III, *Decrétal.* 1,\4 (a. 1199).

(2) Du Cange, III, p. 890 : *Accipiens in manibus suis particulam marmorei lapidis, quæ ibi reperta est.*

(3) *Loi Alam.,* 84 : *Ramos de arboribus insignant in ipsam
terram.* — Du Cange, III, p. 889-891. La formule suivante révèle

était une maison, on détachait parfois un fragment de la porte pour le remettre à l'acquéreur ; mais le plus souvent l'appréhension symbolique se faisait en saisissant la porte et en franchissant le seuil.

On pouvait encore prendre possession d'une maison en y allumant du feu, en y donnant un repas (1), d'une église en saisissant la corde de la cloche,... etc.

B. — SYMBOLES ABSTRAITS

Main et gant : doigt et anneau (2). — Ces symboles, mouvement de la main ou des doigts, remise du gant ou de l'anneau, expriment le dévêtissement de l'aliénateur (3). La main devait naturellement servir de symbole ; c'est par la main que l'homme montre sa force, c'est l'instrument, le signe de sa puissance. C'est en la main de l'homme, *in manu*, que le droit romain place la femme, les enfants et les biens ; la main consacre la transmission du droit de propriété (4).

une tradition de fonds de terre et d'édifice : *Ideo constat me..... per festucam et gazonem et per ramos de arboribus et per ostium domorum vendidi et manibus meis tradidi atque investivi.*

(1) *L. sal.*, tit. XLVI, *de adfathamire* ; il y est question d'un acte qu'on nommait *affatomie* et qui consistait à choisir un héritier de son vivant ; cet acte tenait le milieu entre la donation entre vifs et le testament.

(2) *Per manum, digitum, pollicem ; — per andilaginem, chirotecam, wantonem — per annulum.* — Les deux mots *andilang* et *wanto*, quoique souvent réunis, ont le même sens. *Andilang*, de l'allemand *hand*, main, *andelagos, andilagon, wandelag*, en vieux français *gangilay* et *gantilay*, désignait le gantelet, l'armure qui protégeait la main,

(3) Schannat, *vindem*, 1, 41 : *Fecit abnegationem prædii... primo incurvatis digitis secundum morem saxonicum.*

(4) Michelet, *Origines du droit français*, p. 129.

Festuca et baculum. — On discute beaucoup sur la nature de la *festuca.* Était-ce une baguette ? Était-ce une fêtu de paille ? Certains textes germaniques semblent y voir une tige de bois et l'assimiler à la lance romaine, qui était le symbole de la puissance et de la propriété. Mais on trouve aussi des textes où *festuca* est synonyme de *stipula ;* le mot *fêtu* vient certainement de *festuca* et enfin, preuve péremptoire, la Bibliothèque Nationale entre autres possède des chartes accompagnées d'un fêtu de paille (1). La *festuca* eut une application des plus variées (2) ; mais son but principal fut d'exprimer la renonciation. C'est par la *festuca* que chez les Francs la fiancée renonçait à sa famille, et c'est en la jetant vers le ciel que les jeunes filles renonçaient au monde et se consacraient à Dieu (3). La *festuca* joua encore ce rôle symbolique dans la déposition de Charles le Gros (4). Ce symbole semble tout d'abord particulier aux coutumes franques et sa généralisation ultérieure, s'explique par l'influence du droit féodal sur les coutumes des populations incorporées à l'empire franc. Il apparaît presque toujours au premier acte de la tradition, dans l'acte du dévêtissement, et c'est de lui que viennent les mots *effestucare, defestucare.*

Le *baculum* ou son synonyme *fustis* (5) était aussi un

(1) Du Cange, III, pp. 247, 883, 885, 887, 888, 891.
(2) Marculf., I, 21 ; II, 14 ; — Mabillon, dipl. 474 ; *L. rip.*, tit. LXXI.
(3) Grimm., R A, p. 127 ; — Walter, D, R G, p. 554 et 557.
(4) Ademar Caban, p. 164 (*proceres Francorum*) : *Congregati in campo more solito ad tractandum de publica regni utilitate unanimi consilio pro eo quod ignavæ mentis erat idem rex, festucas manibus projicientes, rejecerunt eum ne esset iis ultra.*
(5) Du Cange, III, p. 885 : *Vetus placitum sub Ludovico Imp. apud Viennam anno 912 ex Tabulario Ecclesiæ Gratianopolitanæ : quod audiens dominus Imperator ipsam terram per fustem, quem manu tenebat, prædicto Episcopo reddidit*

symbole de tradition, et on s'en servait même pour livrer des pays entiers : *Et illuc venit dux Tassilo et reddit ei (Carolo) ipsam patriam cum baculo, in cujus capite similitudo hominis erat* (1).

Cultellum. — Nous trouvons un exemple du couteau employé comme symbole dans un contrat d'échange passé par Sisenand, seigneur franc du IXe siècle : *Et juxta legem meam per cultellum et festucam nodatam* (2) *seu guasonem terræ vobis exinde ad vestram partem corporalem facio vestituram ad vestram proprietatem habendam...* (3).

Carta. — La *carta*, ou feuille de parchemin, n'était pas seulement un mode de preuve ; elle servait aussi de symbole. La tradition de la feuille de parchemin écrite ou non écrite paraît avoir eu une efficacité spéciale et une importance capitale ; il semble qu'on y voyait un fait matériel capable à lui seul de transférer la propriété et produisant par conséquent à ce point de vue le même effet que la tradition *per festucam* ou *per ramum*.

Il était d'usage chez les Lombards et chez les Francs de déposer d'abord à terre la feuille de parchemin, afin de faire allusion par ce contact à l'immeuble qu'on aliénait (4) ; puis le vendeur la relevait, la remettait à l'acquéreur et le transfert était consommé. Klimrath nous dit

(1) Pertz, I, 43 (a. 787).
(2) Sur la *festuca nodata*, voy. *Nouvelle Revue hist.*, 1880, p. 90, note 1.
(3) On peut voir une charte d'investiture par le couteau dans le *Bulletin de la Société archéologique de la Charente*, année 1882.
(4) Canciani, *Leg. barb. ant.*, I, a. 474: *Trade per hanc pergamenam cartam venditionis. — Sic trade ei ad proprium et huic notario ad scribendum.* — La formule suivante terminait l'acte : *N. notarius scripsi post tradita (traditionem), complevi et dedi.*

qu'on mettait préalablement sur la feuille l'encrier et les autres objets symboliques (1).

Nous retrouverons dans le cours de notre travail plusieurs des symboles que nous venons de signaler ; nous renvoyons pour l'étude du plus grand nombre au *Glossaire* de Du Cange, au mot *Investitura*.

§ IV. — Des modes de preuve

Les témoins étaient, en même temps qu'un élément de la tradition, le mode de preuve par excellence ; mais l'écriture et les symboles avaient la même utilité.

La *Loi des Allemands* ne reconnaissait à l'encontre de l'Église d'autre titre de profession qu'un acte écrit. L'Église, qui se conformait aux pratiques romaines, avait toujours soin qu'un acte écrit constatât les donations qui lui étaient faites, et cet acte était déposé sur l'autel en présence du prêtre qui le desservait : *Ego Clamarochus dedi Deo et S. Michaeli in periculo maris unam tesuram, id est, piscatoriam in mari. Ut autem hoc per labentia tempora custodiatur firmius, placuit mihi hanc cartam ponere super altare S. Michaelis et signum meum facere* (2).

Mais la rédaction d'un acte n'était pas toujours possible et petit était le nombre des personnes versées dans l'art de l'écriture. La *Loi Ripuaire*, qui dans son titre LIX recommande un acte écrit, prévoit cette impossibilité dans son titre LX et exige dans ce cas qu'on ajoute au

---

(1) Klimrath, *Travaux sur l'histoire du droit français*, I, p. 355. — Murator, *Dissertaz. sopra la ant. Ital.*, I. 340 : *Secundo legem meam atramentarium et pergamena de terra levavi et Arnifridio notario ad scribendum tradidi.*

(2) Du Cange, III, p. 887.

nombre des témoins un nombre double d'enfants, dont l'acquéreur devra fixer l'attention et frapper l'imagination en leur donnant des soufflets et en leur tirant les oreilles (1).

Quant aux objets symboliques, en général, on les conservait précieusement; ils étaient surtout utiles quand un acte n'avait pas été rédigé, et on se réservait ainsi pour le moment opportun une preuve palpable de la tradition faite. Du Cange (2) cite un couteau à manche d'ivoire, sur lequel on lisait: *Hic cultellus fuit Fulcheri de Buolo, per quem Wido dedit areas Drogonis archidiaconi Ecclesiæ sanctæ Mariæ ante eamdem Ecclesiam sitas, pro anniversario matris suæ.*

Quelquefois l'objet symbolique était attaché à l'acte: *In testimonium hujus donationis nummus iste huic cartæ appensus est, quum per ipsum donatio facta est* (3). Très souvent il était déposé dans un temple ou dans un lieu public: *Tabularium Kemperleg: Ego Karaduc, filius Kentlamen, dedi monasterio S. Crucis villam unam in qua est ecclesia S. Caradoci et afferens ex ipsa terra mecum tellurem pro signo concessionis in ipsius pariete monasterii deposui* (4).

(1) *Unicuique de parvulis alapas donet et torqueat auriculas, ut ei in postmodum testimonium præbeant.* — La *Gazette des Tribunaux*, du 20 avril 1828, p. 635, rapporte ce fait singulier, qu'à Valence au moment d'une exécution capitale on entendit tout à coup des cris d'enfants. C'étaient leurs parents qui, selon l'usage, leur tiraient violemment l'oreille et leur donnaient de vigoureux soufflets, dans le but de rattacher à l'impression morale de ce terrible châtiment une impression physique et de graver ainsi plus profondément un salutaire souvenir dans l'esprit de leurs enfants.
(2) Du Cange, III, p. 887.
(3) Du Cange, III, p. 884.
(4) Du Cange, III, p. 891.

Lorsque le symbole était un objet utile susceptible d'être détérioré ou soustrait, pour mieux en assurer la conservation, on le rendait impropre à l'usage auquel il était destiné. Était-ce un couteau, on le pliait ou même on le brisait, et dans ce cas on remettait parfois un fragment à chacune des parties ; était-ce une épée, on lui enlevait toute sa valeur en l'émoussant (1). On faisait enfin, en un mot, subir à l'objet symbolique une détérioration destinée à lui enlever toute utilité pratique.

§ V. — Dépossession de l'aliénateur

La remise de l'objet symbolique ne constitue pas toute la tradition germanique. Elle n'en est que le premier acte. Par ce premier acte, l'acquéreur est mis en possession, mais l'aliénateur ne s'est point encore dépouillé, et demeure, en réalité, copossesseur de la chose aliénée avec l'acquéreur. Un second acte doit intervenir pour consommer la dépossession de l'aliénateur. Elle s'opère par le symbole de la *festuca* jetée par l'aliénateur dans le sein de l'acquéreur. Par là, la copossession cesse, et l'acquéreur reste en possession exclusive de l'immeuble aliéné.

Telle est la marche naturelle de l'opération, et il serait illogique d'en renverser l'ordre, de prétendre que l'aliénateur se dépossède d'abord pour investir ensuite l'acquéreur. S'il en était ainsi, il y aurait une solution de continuité dans la possession, il y aurait un instant, si court qu'il fût, pendant lequel l'aliénateur ne serait plus possesseur de l'immeuble et serait, par conséquent, dans l'impossibilité d'en disposer au profit de l'acquéreur.

Cette théorie de la copossession intérimaire est révélée et confirmée par les textes de l'époque franque. La for-

(1) Du Cange, III, p. 884.

mule 256 de Rozière s'exprime ainsi : *Consignavit, tradidit et vestivit, et per durpilum et festucam sibi foras exitum alienum vel spoliatum esse dixit, et omnia wirpivit, his præsentibus.* Quoi de plus net et de plus énergique, et, pour nous servir d'une comparaison qui était souvent réalisée, tout se passe comme s'il s'agissait de la mise en possession effective d'une maison ; l'aliénateur y fait entrer, y installe l'acquéreur et se met ensuite lui-même à la porte, *sibi foras exitum facit.*

Citons encore la formule 286 : *Terra per venditionis titulum accepto vero pretio visus fuit vendidisse ante ipsius bonis hominibus ad integrum, ut... per manibus partibus ipsius vel herba vel terra visus fuit tradidisset et per suum fistucum contra ipso illo exinde exitum fecit* (1). Ainsi mise en possession par la remise de la motte de gazon, puis dessaisissement ou déguerpissement (*werpire*), de l'aliénateur par la *festuca* qu'il jette dans le sein de l'acquéreur (*exfestucare, festuca se exitum facere*).

Cet ordre, imposé par la logique, est toujours l'ordre indiqué par les textes au milieu du luxe d'expressions qui servent à désigner la tradition.

Mais une transformation sociale se prépare. Au x⁰ siècle, le régime féodal s'implante en France ; et une nouvelle période s'ouvre dans l'histoire de la transmission de la propriété foncière.

(1) Cons. encore les form. 255, 287, 288. — La même théorie se dégage non moins nettement de ce texte du xii⁰ siècle : *Has autem suprascriptas res territorias... ecclesiæ S. Mariæ concedo..., insuper per cultellum, festucam nodatam, wantonem et wasonem terræ atque ramum arboris... legitimam facio concessionem et investituram, et me exinde foras expulsam walpivi et absentem me feci et jam dictæ ecclesiæ habendam reliqui.* Calmet, *Hist. de Lorraine,* tome I (1728) ; preuves, p. 524 (a. 1107).

II. — ÉPOQUE FÉODALE ET COUTUMIÈRE

Considéré au point de vue du régime de la propriété foncière qui nous intéresse seul ici, le triomphe de la féodalité eut pour effet de généraliser en France deux formes nouvelles de propriété dépendantes, dérivées l'une et l'autre des concessions en précaire ou en bénéfice de l'époque franque, les *fiefs* et les censives. A côté, subsiste encore, sous le nom d'*alleu*, l'ancienne propriété libre.

La transmission de ces trois espèces principales de propriété, ne s'opérant pas de même dans la première moitié de l'époque féodale et coutumière, nous allons leur consacrer pour cette période des paragraphes distincts.

CHAPITRE I

DEPUIS L'ÉTABLISSEMENT DE LA FÉODALITE JUSQU'A LA RÉDACTION DES COUTUMES (1453)

§ I. — Des fiefs

Le fief, tenure noble, était une concession immobilière faite au vassal, qui créait entre lui et le seigneur des rapports personnels de foi, et mettait à sa charge les services réputés nobles d'*ost* et de *cour ;* le devoir de fidélité ou de *féauté* était seul de l'essence du fief. Dumoulin définit le fief « une concession gratuite, libre et perpétuelle d'une chose immobilière ou réputée telle, avec translation du *domaine utile* et réserve de la *propriété directe*, à charge de fidélité et de prestation de services. » Mais cette définition n'est vraie qu'à partir du xv⁵ siècle, où apparaît la distinction du domaine direct et du domaine utile.

Le souvenir de la concession primitive dut avoir une grande influence sur la transmission de la propriété foncière ; le seigneur fut un intermédiaire nécessaire entre l'ancien et le nouveau vassal. D'ailleurs, la société féodale, dit M. P. Odier, suppose toujours le libre engagement personnel de l'ancien droit franc, qui n'admettait pas que, lorsque les personnes et la protection venaient à changer, les services et la protection pussent implicitement continuer sans un nouvel engagement réciproque de leur part (1).

(1) Esquisse du droit féodal, *Revue historique de droit*, VII, p. 429.

On n'admettait donc pas que le fief pût être aliéné sans le congé, sans le consentement exprès du seigneur qui devait recevoir l'hommage du nouvel acquéreur et lui donner l'investiture. Le seigneur prit, en outre, l'habitude de se faire payer son consentement ; les *profits de relief et de quint* furent pour lui une source de revenus.

De là une double obligation qui a laissé des traces profondes dans notre droit : 1° profits casuels à payer au seigneur ; c'est en partie l'origine de nos droits de mutation ; 2° formalité de l'ensaisinement, qui donnera plus tard l'idée de la transcription. — Le seigneur pouvait ne pas acquiescer à la vente du fief servant. Dans ce cas, le droit de *retrait* féodal lui permettait de réunir à son domaine le fief relevant de lui, en remboursant à l'acquéreur le prix et les loyaux coûts de son acquisition.

« Foi et hommage ne donnaient point la possession s'il n'y avait appréhension de fait ; aucun ne peut être propriétaire d'un fief s'il n'est ensaisiné réellement par le seigneur d'icelle propriété, ou par les gens du seigneur sous qui elle est (1). » Il fallait donc que le vassal fût saisi par une formalité extérieure, par un acte public et matériel. Les formalités étaient de différentes espèces, presque toutes symboliques (2), c'est-à-dire que, au lieu de conduire le vassal sur le fonds, de lui en faire prendre possession *actu corporali*, le seigneur lui remettait un symbole, par exemple une motte de gazon (3), un rameau, un bâton, etc.

Avant de recevoir l'investiture, l'acquéreur remplissait le devoir de foi et hommage.

(1) Loysel, *Notes de Laurière*, II, p. 264.
(2) Du Cange, dans son *Glossaire*, n'indique pas moins de quatre-vingt-dix-huit modes d'investiture.
(3) D'après le *Roman du Rou* (Rouen, 1827), composé par

Le vassal se rendait au lieu dont était mouvant le fief, et, s'il y trouvait son seigneur, il se présentait à lui la tête nue, sans baudrier, sans épée, ni éperons, mettait un genou en terre, et les mains jointes entre les siennes, il lui portait la foi et hommage, en lui déclarant à quel titre le fief lui était advenu et le requérant qu'il lui plût le recevoir. Le seigneur le relevait et l'embrassait sur la bouche.

Si le seigneur était absent, le vassal heurtait trois fois à la principale porte du manoir, et appelait à haute voix le seigneur par trois fois; si l'on n'ouvrait pas, il baisait le verrou de la porte, et récitait les formules de l'hommage, comme si le seigneur eût été présent.

Le *Grand Coutumier* (1) donne les paroles prononcées par les parties : Le vendeur dit : « Sire, j'ay vendu tel héritage mouvant en fief de vous à tel pour tel prix, si m'en dessaisi en votre main, et vueil et vous requiers que ledict acheteur ensaisiniez. » Et en signe de dessaisissement, doibt bailler audict seigneur ung festu *vel aliud*. Et adoncques l'acheteur doibt requérir audict seigneur dedens ledict temps de la saisine (2), en

Robert Wace, poète du XIIᵉ siècle, c'est par une touffe de gazon que Guillaume le Conquérant prit possession de l'Angleterre.

> Donc courut un home au terrroin
> Ser un bordel tendit sa main,
> Plaing poing prist de la covreture,
> Au duc tourna à grant aleure :
> « Sire, dist-il, avant venez,
> Ceste saisine recevez,
> De ceste terre vous saisis.
> Vostre est sans doute le pais »
> Et li dus respont : « Je l'oirci,
> Et Dex y seit ensembe od mei. »

(Vers 711 et s.)

(1) *Grand Cout.*, II, 25 (édit. Laboulaye, Paris, Durand, 1868, in-8), p. 272.

(2) C'est la possession d'an et jour. « Nos apelons vraie saisine quand aucun remaint saisi an et jor comme sires et par justice à la

disant à genoulx : « Monseigueur, je deviens votre homme
de tant et de tel héritage mouvant en fief de vous,
assis en tel lieu, lequel j'ay acheté de tel, tel pris, et
vous promets foy, loyauté et service, selon ce que le
fief le requiert. » Le seigneur répond : « Et je vos reçois
et pran à home et vos en baise en nom de foi, sauf
mon droit et l'autrui (1). »

Les croisés avaient emporté en Terre Sainte les usages
de la terre de France ; ainsi voyons-nous dans les *Assises
de Jérusalem* que le mode d'investiture était le même.
« Le criour doit livrer l'héritage par le commandement
dou visconte et par une verge au visconte par lendemain tout le jor. Puis l'acheteur doit venir en la présence du visconte et de la court et requerre la saisine
de l'éritage et le visconte le doit saisir par verge doudit
éritage (2). »

Les symboles n'ont plus, en général, leur précision
primitive. La *festuca* exprimait encore quelquefois le
dessaisissement (3) ; mais elle perdit peu à peu sa signification juridique et ne fut plus bientôt qu'une forme
vaine jusqu'à ce qu'elle disparût totalement.

Le bâton, verge ou baguette, signe de puissance et
d'autorité, était devenu, ce semble, le symbole le plus
usité. « Que devest, dit Pasquier, se faisoit par la rupture
d'icelluy, je n'en voy aucune qui en parle. Et toutes fois
ne pensez pas que cela n'ait esté observé en quelques

veue et à la sceue de celui qui demander peut et de veut demander
et se tait. » *Livre de Justice et de Plet.*

(1) *Établissements de saint Louis*, édition Paul Viollet, 1881,
II, p. 396.
(2) *Assises de la Cour des Bourgeois*, édition Beugnot, 1841,
ch. xxvi. Des ventes au criage dou seignor ; it. pour les donations,
ch. xxxiv, et pour les échanges, ch. xli.
(3) Voy. *supra, Grand Cout.*.

endroits (1). » Les nobles faisaient marquer de leurs armes et devises les bâtons qui servaient aux traditions ; les bourgeois se bornaient à y inscrire leurs noms.

L'obligation de porter la foi était sanctionnée par la *commise* à l'origine, par la *saisie féodale* plus tard. Mais l'obligation de demander l'investiture n'était sanctionnée que par une amende de soixante sols au temps de Beaumanoir (2).

Outre le port de foi et hommage et l'investiture à recevoir, le nouveau vassal était tenu, dans les quarante jours, de fournir à son seigneur une description détaillée de tous les héritages et droits qu'il tenait en fief de lui ; c'était l'obligation de l'*aveu et dénombrement*. Mais son inexécution ne donnait lieu qu'à l'*arrêt* de la jouissance, jusqu'à ce que le dénombrement fût fourni : aussi nous n'insisterons pas davantage sur cette obligation accessoire, qui n'avait aucune influence sur la validité du transfert.

§ II. — Des censives

La censive était aussi une terre concédée, mais seulement à charge de services roturiers ; elle n'imposait au tenancier que des redevances en argent ou en fruits. On l'appela d'abord *vilenage* : « Nous appelons vilenage hiretage qui est tenu du seigneur à cens, à rentes ou à campart, car de chel qui est tenu en fief on ne doi rendre nule tele redevance (3). »

Ce n'était pas seulement pour les fiefs que les céré-

---

(1) Pasquier, *Recherches de la France,* l. VIII, ch. LVIII.
(2) Beaumanoir, *Cout. de Beauvoisis*, XLIV, 38.
(3) Beaumanoir, *ibid.*, XIV, 7.

monies de l'ensaisinement devaient s'accomplir ; la transmission des censives s'opérait d'une façon analogue.

Dans le langage des feudistes, le mot *investiture* désigne spécialement la saisine du fief, tandis que les mots *ensaisinement* ou *vest* et *devest* sont l'expression consacrée pour la saisine des censives (1). Par la cérémonie du devest, le censitaire perdait sa tenure, qui retournait pour un moment aux mains du seigneur censier ; par celle du vest, le seigneur la transmettait lui-même à l'acquéreur.

La très ancienne *Coutume d'Artois* donne de l'ensaisinement des censives une description très curieuse : « Et convient le vendeur rapporter l'hiretage por raim (*rameau*) et par baston, en la main dou seigneur, pour adhériter l'achateur Le rapport se fait en cest manière, li sires doit conjurer ses hommes, si en ont tant fait qu'ils ni ait mias droit ; demander leur doit qu'il en a à faire, et ils doivent dire par jugement, que li sire en adhirète l'achateur. Le sire le doit tantot adhireter, demande avant au vendeur si se tient por paict et lui seur de sa droiture, saisir le doit en disant : Je vous en saisi sauf tous droits, en main, comme cest figure le montre (2) ; ce fait, li sires doit conjurer ses hommes, s'il en est bien ahiretés et à loys, S'il en est ensi fait il i est fait bien et sollenpneument et conme drois et coutume le requiert, et en cest manière le convient il faire

_____

(1) « Point de saisine en fief sans investiture et sans foi ; point de saisine en censive sans vest et devest. » — Klimrath, *Revue de Législation*, 1833, et t. II des *Œuvres posthumes*, p. 377.

(2) Le manuscrit renferme une figure représentant le seigneur assis sur un siège doré et tenant de la main un bâton qu'il remet à l'acheteur à genoux devant lui, tandis que les hommes ou jugeurs, au nombre de quatre, sont debout derrière l'acheteur et en face du juge.

de terre censives par les rentiers qui a jugier lont (1). »

Ce sont, sauf quelques variantes, les formalités usitées partout. Le *Grand Coutumier* donne aussi les formes de la saisine des censives ; elles diffèrent peu de la saisine des fiefs, sauf la cérémonie de la foi et hommage, qui est propre à l'investiture féodale. Le *Grand Coutumier* (2) ajoute que si le seigneur refuse de recevoir l'acheteur en saisine, celui-ci peut, « *en la présence de plusieurs bonnes gens*, » le sommer de le mettre en saisine, et si cette sommation est inutile, l'ajourner par devant le juge royal; la décision de ce dernier tient lieu d'ensaisinement. De son côté le seigneur avait des moyens de coercition ; outre les amendes dont il pouvait frapper l'acheteur, la *saisie censuelle*, par laquelle il l'empêchait de jouir, avait pour but et pour résultat d'assurer la reconnaissance de la seigneurie directe.

§ III. — Des alleux

« Le franc alleu, dit Brillon (3), est un héritage qui n'est assujetti à aucuns devoirs ni droits seigneuriaux tant honorifiques, comme la foy et hommage, que pécuniaires, comme cens, quint, relief, lods et ventes. » Dès le xiii⁰ siècle, ils disparaissent en grand nombre dans le nord de la France ; Beaumanoir dit qu'il n'y a plus d'alleux dans le Beauvoisis : « *Nus* selon nostre coustume ne puet tenir des aluex (4). » Dans les pays situés au-delà de la Loire, les conditions des alleux et des alleutiers se maintinrent avec persistance, surtout dans le

(1) *Ancienne Cout. d'Artois*, ch. xxiv, §§ 7-12.
(2) *Grand Cout.*, ch. xxiii, p. 264.
(3) *Dictionn. des arrêts*, v⁰ *Franc alleu*.
(4) *Cout. de Beauvoisis*, ch. xxiv, § 5.

Languedoc, et le principe était : Nul seigneur sans titre.
Il ne resta guère que les grands alleux (1), ceux dont le
propriétaire était souverain sur sa terre; les petits
alleux disparurent en grande partie sous l'oppression
féodale.

« Tenir en franc alleu, dit Bouteiller, c'est tenir terre
de Dieu tant seulement, *fors quant à la justice.* » Ainsi
une restriction existe à l'indépendance de l'alleu; il était
soumis à la justice et juridiction du seigneur dans laquelle
il était compris.

La souveraineté à cette époque n'était plus au roi;
elle s'était répartie entre divers possesseurs de fiefs et
le droit de justice en était un des éléments. L'alleu lui-
même relevait des seigneurs justiciers et il appartenait
à ceux-ci de connaître de sa transmission. Mais quelles
étaient les formes de l'ensaisinement par le juge?

Le droit commun de l'époque est le droit des fiefs,
puisque la société est organisée au point de vue féodal :
aussi ne faut-il pas s'étonner si les règles du fief sont
alors appliquées au franc alleu. Aucun texte aussi général que le *Grand Coutumier* ne nous les indique; mais
les usages pratiqués dans les *Coutumes du Nord* (2) que
nous étudierons bientôt nous permettent de conjecturer
que les choses devaient se passer comme pour les censives. « Point de saisine en alleu, dit Klimrath, sans
ensaisinement par le juge ordinaire. ».

D'après le droit français d'Orient, la transmission de

(1) La plupart devinrent alors des fiefs. Salvaing, *Usage des
fiefs.* Avignon, 1731, in-f°, p. 15.

(2) A Amiens (1re coutume), dans la première partie du XIIIe siècle,
les ventes se faisaient en présence d'un échevin ; procès-verbal en
était gardé à l'hôtel de ville. (Augustin Thierry : *Recueil de monuments inédits sur le tiers état,* t. I, p. 129. .— *Ib.* (2e cout),
pp. 163 et 164.

l'alleu avait également lieu devant le seigneur en la Cour
des Bourgeois (1).

Mentionnons ici deux usages qui s'introduisirent de
bonne heure et qui sont communs aux fiefs, aux censives
et aux alleux : la preuve écrite par acte privé et l'inscription sur des registres publics.

Les contrats étaient assez fréquemment passés par
écrit : le rédacteur de l'acte était le scribe du seigneur
ou le curé. « Trois manières de lettres sont, dit Beaumanoir (2) : La première entre gentilshommes de leurs
seaux. La seconde manière si est que tout gentilhome
et home de poeste si poeent moult fere reconnaissance
de lor marchiés ou de lor convenances par devant le
seignor dessous qui ils sont couchant et levant, ou par
devant le souverain (seigneur supérieur). La tierce manière si est par devant lor ordinaire (curé) de la cres-
tienté. » Aux seigneurs seuls, à l'exclusion du peuple,
appartenaient des sceaux qui communiquaient aux actes
la force et la vie. Le sceau produisait un double effet,
celui d'imprimer à l'acte un caractère authentique et celui
de ne laisser à la partie intéressée aucun doute que le
seigneur n'eût consenti à l'aliénation du fonds (3).

Une pratique excellente et qui date de l'époque féodale fut surtout la mention de l'investiture, du vest ou de
l'ensaisinement sur un registre public en présence de
ceux qui l'avaient reçu et des témoins appelés à l'acte.
Dumoulin (4) nous apprend que c'est ainsi que les choses

---

(1) *Assises de Jérusalem* ; *Cour des Bourgeois*, part. II,
ch. XXII.

(2) *Cout. de Beauv.*, XXXV, 18.

(3) Claude Perreciot, *De l'état civil des personnes et de la
condition des terres jusqu'à la rédaction des coutumes*,
Besançon, 1786, in-4°, II, p. 548.

(4) Tit. *Des fiefs de la coutume de Paris*, glose I, §§ 29 et

se passaient au moyen âge : *Præsentibus ministris et testibus in libro vel cartophylacio ad hoc destinato inscribebantur scripturæ*, et il donne en même temps le résultat de cette constatation. Les formes d'investiture si compliquées et si solennelles étaient ainsi complétées par une publicité durable ; on lit en effet dans Brillon, (v° *Ensaisinement*) : « Les ensaisinements doivent être écrits en un registre en bonne forme ; le registre doit être communiqué indifféremment à tout le monde. »

Quelque imparfaite que fût cette publicité, quel qu'ait été le but poursuivi par les seigneurs, le crédit public en profita indirectement et les registres fournirent aux tiers des renseignements utiles sur l'état des propriétés entrées dans le corps féodal, comme ils en fournissaient aux seigneurs sur l'état de leurs domaines et la qualité de leurs vassaux ou tenanciers.

§ IV. — Résumé ; effets

« Quant aux formes de transmission, quant à l'investiture, dit M. Laboulaye (1), le fief se gouverne comme l'alleu. Le suzerain dans sa cour, assisté des pairs de son vassal, fit fonction du comte et de l'assemblée des hommes libres. » Mais de profondes différences existent entre la tradition franque et la tradition féodale. La première n'était pas judiciaire, et le tribunal se bornait à contribuer par sa présence à la solennité de l'acte ; son rôle était purement passif. Tout se passait entre le vendeur et

---

30. — Il existe aux Archives nationales un registre civil de la fin du XIV° siècle d'une petite seigneurie dépendant de l'abbaye de Saint-Germain-des-Prés ; ce registre contient des mentions relatives à divers contrats, bail, vente, prêt et autres. (*Nouvelle Revue hist.*, 1882, p. 597.)

(1) Laboulaye, *loc. cit.*, p. 390.

l'acquéreur, et c'est le vendeur lui-même, et non le président du tribunal, qui investissait l'acquéreur.

La tradition féodale, au contraire, se rattache à la juridiction du seigneur ; le vassal vend-il le fief, le censitaire aliène-t-il la censive : ils rapportent au seigneur la terre qu'ils tiennent de lui et le prient d'en investir l'acquéreur. Le seigneur opère lui-même la mise en possession, et c'est du seigneur, et non du vendeur, que l'acquéreur tient son titre.

La réunion de ces deux actes constituait la tradition féodale, qui par elle seule transférait la propriété ; les autres cérémonies ne concernaient que le lien féodal. L'inexécution des obligations accessoires pouvait être un obstacle à la jouissance de l'acquéreur ; mais la translation de propriété en était indépendante quand elle avait eu lieu sans que le seigneur eût exigé préalablement le payement des droits de mutation.

A l'égard des fiefs, la transmission était immédiate et absolue ; il n'y avait pas à distinguer entre les parties et les tiers. Mais lorsqu'il s'agissait de censives et d'alleux, l'ensaisinement par le seigneur rendait la *saisine* irrévocable entre les contractants, *non contre les tiers ;* le domaine de la chose devait encore être confirmé dans les mains de l'acheteur par la possession annale. L'ensaisinement conférait sur la chose une *saisine* qu'on appelait alors *saisine* ou *propriété, seigneurie, droiture* et qu'on a appelée depuis *simple saisine de droit ;* le droit ainsi conféré à l'acheteur n'engageait point les droits des tiers. Mais après l'année qui suivait l'ensaisinement, l'acheteur avait la *veraie sésine,* son droit résistait dès lors à toutes les attaques étrangères, et il avait tous les avantages et tous les privilèges de la propriété (1). —

(1) Aubépin, *De l'influence de Dumoulin sur la législation*

Tel est le droit des temps proprement dits féodaux. Mais lorsqu'on arrive au xiii° siècle, un changement se produit ; l'influence du droit romain qui renaît, la décadence naturelle des symboles, les embarras inhérents à des formes gênantes, le relâchement des liens de suzeraineté et de vasselage, toutes ces causes contribuent à enlever aux solennités que nous venons d'étudier leur intérêt et leur utilité. Aussi les voit-on tomber en désuétude, pour les alleux et les censives d'abord, pour les fiefs ensuite. Ensaisinement et investiture cessent d'être symboliques, et même cessent d'être usités.

Au xv° siècle, la transformation est complète, sauf dans certaines parties du Nord, où les usages symboliques et féodaux trouvent un dernier refuge.

§ V. — APPENDICE. — *Vesture* et *prise de ban* à Metz (1)

I. *Vesture.* — Des documents manuscrits de la première moitié du xiii° siècle nous révèlent l'usage de la *vesture* à Metz ; les indications qu'ils fournissent ne descendent pas au-dessous de l'année 1259, et il y a quelque raison de penser que l'usage commençait à s'en perdre à cette époque. La vesture était un acte de l'autorité par lequel un possesseur était solennellement investi de l'héritage, de l'immeuble tenu par lui ; elle fixait le point de départ du délai d'an et jour nécessaire pour rendre la saisine définitive. Dans notre ancien droit coutumier, après une détention publique et notoire d'an et jour, la

française, Cotillon, Paris, 1861, in-8q, p. 65. — Klimrath, *Revue de législation*, 1833, t. II, p. 356.

(1) Cet appendice n'est qu'un résumé d'une étude de M. Prost, *Nouvelle Revue historique*, 1880.

saisine de fait devenait saisine de droit ou saisine vraie, et celle-ci entraînait toute les conséquences de la propriété parfaite appuyée sur un titre ; la saisine vraie conférait un droit définitif.

La saisine vraie pouvait encore résulter de certaines particularités qui l'engendraient notamment dans le cas où l'acheteur était couvert par la garantie du vendeur, pourvu que cet acheteur fût ensaisiné par le seigneur ou par le juge, c'est-à-dire autorisé moyennant une vesture authentique.

On ne saurait préciser l'époque à laquelle apparut la vesture régulièrement donnée par les magistrats, par le maire et les échevins; mais, au commencement du XIIIᵉ siècle, ce mode de transfert est en pleine vigueur. Un échevin intervenait avec le maire à l'acte de vesture(1), ce qui constituait pour cet acte le *plaid banni*. Le plaid était l'audience (*placitum bannale*) tenu par les échevins en *leu de ban*, c'est-à-dire avec le concours du maire investi du droit d'exercer le ban et pouvant seul en disposer pour constituer le plaid banni. D'après les documents, le dévestissement du bailleur précédait dans le même plaid l'investissement du preneur, *manum suam devestiens : deposita investitura, reliquit et wirpivit.* Y avait-il un dialogue entre le maire, l'échevin et les parties? Y avait-il un maniement d'objets symboliques? Les textes sont muets à ce sujet ; mais on peut le déduire par analogie de ce qui se faisait ailleurs. Les formules variaient, mais elles étaient employées indifféremment dans toutes les mutations. La vesture s'appliquait aux censives et aux alleux; la vesture en fief, ou l'investiture féodale restait de la compétence du seigneur.

(1) Voy. deux titres de 1203 et 1204, *Nouvelle Revue historique*, appendices II et III, 1880, p. 590.

II. *Prise de ban.* — La prise de ban était un usage particulier à Metz et qui fonctionna pendant quelque temps à côté de la vesture. Elle remplissait le même objet, et avait en outre des avantages particuliers ; aussi elle se maintint plus longtemps et elle paraît avoir contribué à faire tomber la vesture en désuétude.

La prise de ban était à la fois une déclaration et une publication authentique des faits relatifs aux mutations de propriété. La déclaration était faite par le nouveau possesseur, et la publication par un officier public sous l'autorité ou ban du maire. Les dates auxquelles les bans étaient publiés étaient Pâques, la mi-août et Noël.

La procédure de la prise de ban, qui avait pour résultat final d'établir la saisine de droit complète et définitive de la chose tenue jusque-là dans la condition d'une simple possession de fait, était après une mutation appliquée à toute propriété, quels que fussent l'espèce ou le mode de tenure, alleu fief ou censive, quel que fût aussi le genre de mutation qu'elle avait subi.

Les tiers, avertis par cette publicité, pouvaient faire opposition ou *escondit;* avant l'expiration du pouvoir annal de l'échevin il était fait une publication générale de tous les bans de l'année, et c'est alors qu'on pouvait déposer l'escondit.

A partir de 1319, les oppositions se firent aussi aux trois termes déjà indiqués et de plus, suivant les anciens usages, à la Saint-Benoît. En outre, des rôles de bans constataient la date de la prise de ban, le nom de celui qui le prenait, celui du maître échevin et la désignation de l'héritage.

La *Coutume de Metz* rédigée au commencement du xviiᵉ siècle et publiée en 1613, est le dernier document où l'on trouve encore trace des ouvrages messins relatifs à la procédure des prises de ban.

CHAPITRE II

DEPUIS LA RÉDACTION DES COUTUMES
(ORDONNANCE DE CHARLES VII, 1453)
JUSQU'A LA RÉVOLUTION

La fin du XIIe siècle fut le prélude d'une révolution politique et juridique qui est à peu près achevée au commencement du XVe siècle.

Tirée au XIIe siècle des ténèbres de l'oubli par quelques esprits puissants, l'étude du droit romain avait été de bonne heure apportée de l'Italie, le berceau de sa renaissance, en France où elle s'était promptement acclimatée. Les traditions romaines, d'ailleurs, ne s'y étaient pas complètement effacées ; sous la forte impulsion de Bologne et de Pavie, le mouvement fut irrésistible.

La société féodale subit en même temps un double assaut ; l'un en haut, qui émanait de la royauté, l'autre en bas, qui se manifestait par l'affranchissement des communes. Les légistes qui se substituent bientôt dans la cour du roi à une aristocratie de plus en plus étrangère à la science du droit, se font du droit romain une arme pour battre le fief en brèche.

Dans le domaine juridique, renaissance du droit romain, dans le domaine politique, alliance de la royauté et du tiers état contre les institutions féodales, telles sont les deux causes d'où devait naître une révolution dans la translation de la propriété.

Cependant, plusieurs Coutumes du Nord ne répudièrent pas entièrement le passé et conservèrent le formalisme

féodal pour en faire une institution utile qui sera géné-
ralisée et perfectionnée dans les temps modernes : ce
furent les pays dits *de nantissement*. Il est donc logique
que nous commencions par l'étude de ces coutumes et
de quelques autres exceptionnelles (Bretagne, Normandie), avant d'aborder l'étude du droit commun.

SECTION I

Pays de nantissement

§ 1. — **Formalités**

Les pays de *nantissement* étaient le Vermandois, la
Picardie, l'Artois, la Flandre, le Hainaut et le Cambrésis.
Le nantissement portait encore le nom de *dessaisine-
saisine, dévest et vest, déshéritance et adhéritance,
devoirs de loi, œuvres de loi, besoignements;* mais la première expression est la plus commune.

Définition et formes. — Le nantissement, dit Merlin (1), est un acte judiciaire, par lequel on prend civi-
lement possession d'un héritage. Mais l'opération est
double et la définition de Merlin, aussi bien que l'expression de « nantissement », n'en montre qu'une des faces. Les
devoirs de loi comprennent deux actes, l'un par lequel
l'aliénateur se dépouille de son droit entre les mains des
officiers du seigneur (*dessaisine, devest, déshéritance*),
et l'autre par lequel ceux-ci mettent l'acquéreur en possession de droit (*saisine, vest, adhéritance*).

La *Coutume de Reims* est surtout explicite : « Dessaisine et devest n'est autre chose que la permission

(1) *Répertoire*, vᵒ *Nantissement.*

que fait le vendeur à son acquéreur d'entrer en la possession de la chose par lui vendue. Et pour l'effet et solennité d'iceluy devest est requis que le vendeur ou procureur pour lui suffisamment fondé se transporte par devant le juge de la justice foncière du lieu où est assis ledit héritage par lui vendu ; et illec déclare qu'il se dévest et démet de la possession dudit héritage au profit de l'acheteur d'icelui héritage (art. 163). »

« Quand à la saisine ou vest, c'est un acte solennel fait par le seigneur foncier ou sa justice par la tradition d'un petit bâton ou bûchette à l'aquéreur, par lequel ledit acquéreur acquiert droit de propriété et possession de l'héritage par lui acquis. »

Notre Coutume et autres, dit le commentateur, ont introduit pour marque de symbole de la vêture que le seigneur foncier ou sa justice mettrait aux mains de l'acquéreur un petit bâton ou bûchette c'est-à-dire une baguette ou quelque festu, « peut-être pour ce que d'ordinaire y ayant quelque arbre planté, quelque paille ou *esteule* en l'héritage vendu, les bonnes gens du passé pensaient qu'en tirant quelque rameau, bûchette ou festu qui faisoit, ce sembloit, partie dudit héritage, c'était faire la tradition du total, prenant une partie pour le tout. »

L'usage des symboles s'était maintenu dans la plupart des Coutumes. Celle de Vermandois dit : « Se fait communément ladite vesture par la tradition d'un petit bâton ou bûchette (art. 126). » Et dans la Coutume de Cambrai, article 1, titre V, le vendeur ou donateur met la main au bâton que tient le maieur ou homme de loi, en déclarant qu'il se déshérite ès mains de justice pour en être disposé à sa volonté qu'il déclare sur-le-champ ; l'adhéritance se fait de la même façon (1).

(1) *Sic* Chauny, tit. VI, art. 32.

D'autres Coutumes, moins attachées au culte du passé, délaissent les pratiques symboliques de la féodalité et ne veulent d'autre formalité que la lecture du contrat.

Quels biens y étaient soumis — La nécessité de recourir aux devoirs de loi pour transférer les fiefs et les censives n'est pas douteuse ; elle est fondée sur la dépendance où sont ces immeubles de la directe du seigneur sur le territoire duquel ils sont situés. Celui qui vend un fief ou censive n'en transfère point la propriété à l'acheteur ; conformément aux anciens principes, il ne fait que renoncer au droit qu'il tient du seigneur et s'en dépouiller entre les mains des officiers de celui-ci, qui le transporte à l'acquéreur.

Les alleux, nous l'avons vu, relevaient des seigneurs justiciers ; mais leur transmission s'était modifiée même dans les pays de nantissement et il était de droit commun qu'elle n'était plus assujettie aux formalités de dessaisine et saisine. Par exception, la jurisprudence du Hainaut était différente du droit commun, et les devoirs de loi y étaient obligatoires pour le franc alleu (1). La *Coutume de Reims* apportait à la règle une seconde dérogation : « Pour héritages de franc alleu ne sont dus aucuns droits ou devoirs seigneuriaux ; néanmoins pour acquérir la propriété d'iceux, est requis vest et devest (art. 139). »

La règle est nettement posée par la *Coutume de Péronne* : « En franc aleu, n'y a dessaisine ni saisine (art. 267). » « Mais suffit, ajoute celle de Vermandois, l'appréhension de possession réelle, ou autre acte de droit équipollent à icelle. »

(1) Des placards de Charles V (10 février 1538) et de Philippe II (6 déc. 1586) exigèrent le nantissement pour la constitution de tout droit réel dans toute l'étendue des Pays-Bas.

Devant qui. — C'est en général devant les juges du lieu que la déshéritance et l'adhéritance doivent s'effectuer, c'est-à-dire, quant aux fiefs, devant les juges de la seigneurie dont ils relèvent immédiatement, et quant aux *main-fermes*, ou héritages qui ne sont pas fiefs, devant les maieurs et échevins de la justice dans le ressort de laquelle ils sont situés.

En Artois, Flandre, Hainault et Cambrésis, le seigneur *déshérite* et *adhérite* les fiefs dans sa cour féodale en présence d'un certain nombre de pairs de fiefs, ou feudataires tenant quelque domaine dans la même mouvance (1) ; à Cambrai notamment, il faut quatre hommes de fief, c'est-à-dire quatre vassaux, ou leurs baillis avec le bailli de la seigneurie. Quant aux censives ou *cotteries*, la juridiction est la cour cottière ou échevinale ; l'échevin ou le bailli est assisté de quelques censitaires du seigneur, appelés pairs *cottiers* (2).

Dans le Hainaut, les devoirs de loi avaient lieu pour les alleux devant deux propriétaires d'alleux, deux francs-*alléotiers ;* on pouvait en outre les accomplir sur un point quelconque du territoire régi par la Coutume (3).

Les règles variaient suivant les Coutumes ; cependant toutes refusaient aux notaires le droit de procéder à l'acte translatif de propriété. C'est ce que décida par un arrêt du 6 juillet 1668 le Parlement de Metz en déboutant de leur demande les notaires d'Avesnes, qui avaient voulu soutenir la prétention contraire ; les seigneurs avaient en effet intérêt à être bien informés des aliénations, afin de

(1) Artois, *Ancien. cout.*, art. 46 ; Ponthieu, art. 22.

(2) Artois, *Nouv. cout.*, art. 71 ; Lille, tit. X, art. 3 ; Hainaut, *Nouv. cout.*, chap. xciv, art. 3 ; Cambrésis, tit. V, art. 1 et 2 ; Amiens, art. 137.

(3) Hainaut, *Nouv. cout.*, ch. cvi.

ne rien perdre de leurs droits de mutation. Dans une seule localité, à Chauvency-le-Château, on toléra les transmissions de propriété faites devant les tabellions.

Des devoirs de loi pouvaient-ils être passés ailleurs qui à l'auditoire de la justice seigneuriale ? On le prétendit ; mais cette pratique ayant entraîné des abus, un placard du comte de Flandre (19 mai 1618) et un arrêt de règlement du Parlement de Douai (24 mars 1738) s'opposèrent énergiquement à ces prétentions et décidèrent la nullité de la translation en cas de contravention.

Par mandataire. — Était-il permis de se dessaisiner et de prendre saisine par mandataire ? La plupart des coutumes l'admettaient ; la coutume de Valenciennes en exceptait le cas où les parties se trouvaient sur le lieu (1). La *Coutume de Cambrai* exclut d'une façon absolue toute représentation (2) ; il en fut ainsi à Mons pour les mainfermes, jusqu'à ce qu'un placard du 20 mars 1606, rapporté dans le *Coutumier général* à la suite de la Coutume de ce chef-lieu, permit de passer par procureur dans son territoire les besoignements et œuvres de loi. Les coutumes où les formalités ne consistaient plus que dans la lecture du contrat allèrent plus loin et permirent à l'acquéreur d'être le mandataire du vendeur et de jouer ainsi un double rôle devant les juges qui recevaient les devoirs de loi (3).

Publicité. — La pratique du nantissement avait un côté utile qui fut développé par les Coutumes que nous étudions et qui contribua peut-être à la maintenir jusqu'à la Révolution. D'après la plupart des Coutumes, elle devait être constatée par écrit ; c'est ce qu'exige par exemple celle

(1) Valenciennes, ch. viii, art. 68.
(2) Cambrai, tit. V, art. 3.
(3) Arrêt d'Amiens, 1er mars 1720.

de Reims, article 165: « L'acquéreur est tenu de faire apparoir par écrit et ne suffirait pas d'en vouloir faire la preuve par témoins. » Mais voici où fut le progrès. Nous avons vu que dans le Hainaut les alleux étaient assujettis aux devoirs de loi ; les placards de 1538 et de 1586 étendirent cette mesure à tous les Pays-Bas, et confirmèrent l'impossibilité d'aliéner ou de charger aucun héritage sans le secours du nantissement, en déclarant formellement qu'ils avaient pour but de prévenir les fraudes et les stellionats. Ces faits révèlent que dès le XVIe siècle on se préoccupait d'un intérêt de publicité. Certaines Coutumes vont plus loin et exigent que les mutations soient constatées sur des registres. « Sont tenus, dit la *Coutume de Reims*, les dits justiciers fonciers, par devant lesquels se font les dits vests et devests et nantissements, faire faire par le greffier registre à part d'iceux vests, devests et nantissements (1). »

Mais toutes les coutumes ne comprirent pas l'utilité d'une pareille institution. Dans le Hainaut et le Cambrésis, les registres n'étaient pas usités ; on se bornait à constater le nantissement sur une feuille volante, qui était remise à l'une des parties. La transmission devant les officiers publics offrait, il est vrai, certaines garanties de publicité ; mais la transmission des alleux se faisait devant de simples propriétaires d'alleux. Aussi qu'arrivait-il ? On voyait, dit Merlin (2), des francs-alleux se vendre trois et quatre fois par les mêmes personnes et les stellionats étaient aussi possibles que si l'on ne passait pas devoirs de loi. Le Conseil d'Etat d'Espagne, avait bien décrété le 17 novembre 1626 « que dans le mois les actes constatant la transmission des alleux seraient présentés au

(1) Reims, art. 177; Vermandois, art. 120; Amiens, 145 et 167.
(2) *Répertoire*, vᵒ *Devoirs de loi*.

greffier féodal pour être enregistrés. » Mais le décret ne fut jamais appliqué.

En Flandre, au contraire, dès le xvii⁰ siècle, les institutions hypothécaires se développèrent d'une façon supérieure, surtout dans la *Coutume de Bruges* et dans une Coutume voisine, dans celle du pays du Franc (1). « Ainsi, dit M. Troplong (2), on se servit de la publicité matérielle pour consolider la propriété et lui donner, si je puis parler ainsi, des registres de l'état civil. » L'institution du nantissement, dont le premier objet fut d'avertir les seigneurs des mutations de leurs vassaux, eut finalement pour but de mettre les tiers en garde et était devenue un moyen de crédit et l'origine de notre institution moderne de la transcription. Ce point de vue est d'ailleurs clairement indiqué dans un placard de l'archiduc d'Autriche de 1673, applicable à la Flandre. Il prescrit en effet : « Qu'aucunes clauses et conditions de fidéicommis, substitutions, prohibitions d'aliéner et semblables charges prescrites et ordonnées par testament, donations et contrats, comme aussi la vente des biens, constitutions de rente et toutes les aliénations de biens immeubles, n'auront d'effet de réalisation au préjudice des personnes tierces... si lesdites ventes et toutes autres aliénations de biens immeubles ne sont notifiées et enregistrées au premier livre et registre des juges, où tels biens... sont situés et ressortissants. »

L'article 35 d'un édit de 1771 avait abrogé l'usage des saisines et nantissements en y substituant d'autres formes, mais seulement en ce qui concernait la consti-

---

(1) Cons. *le Recueil des anciennes coutumes de Belgique; la cout. du Franc de Bruges*, par Gilliodts van Severen, t. III, p. 93 ; *les Cout. générales*, ch. xciv, art. 1 et 2.

(2) *Transcription*, p. 25.

M. KERRAND   8

tution des hypothèques, et il ne changea point l'ancien droit pour les mutations de propriété ; cet édit d'ailleurs ne fut pas enregistré partout, en Flandre et en Artois notamment.

§ II. — Effets du nantissement

. *A l'égard des tiers*, l'acquéreur n'était propriétaire que du jour où il avait été ensaisiné ; l'effet capital du nantissement était de rendre l'acquéreur propriétaire incommutable de l'immeuble qu'il avait acquis et de prévenir l'effet de toute autre aliénation au profit d'un autre acquéreur même ayant contracté avant lui, de sorte qu'entre deux acquéreurs successifs, le premier qui avait obéi à la Coutume devait avoir la préférence: « L'acquéreur d'un héritage, dit la *Coutume de Reims,* supposé qu'il ne soit le premier en titre, si toutefois, le vendeur s'étant dévestu à son profit, se fait vestir et ensaisiner par la justice du lieu où l'héritage est assis, il acquerra droit de propriété au préjudice du premier acquéreur (1). »

Il existe deux exceptions à la nécessité du nantissement : 1° il faut supposer que le vendeur ait satisfait aux devoirs de loi et que le seigneur ou ses officiers aient refusé pour un motif quelconque de nantir l'acheteur ; le dévêtissement du vendeur joint aux diligences infructueuses du premier acheteur suffit pour que celui-ci puisse exclure tout autre acheteur, même vêtu (2) ; 2° il était en outre de jurisprudence constante que le deuxième acquéreur, encore qu'il eût accompli les devoirs de loi, n'obtenait point de préférence sur le pre-

(1) Reims. art. 166 ; Vermandois, art. 128.
(2) Reims, art. 169.

mier acquéreur qui avait omis de s'y soumettre, si ce deuxième acheteur n'avait pas ignoré que déjà son vendeur était lié par un premier contrat de vente.

Il y a plus : si le second acheteur qui, lors du contrat, ignorait une première vente, avait cessé d'être dans l'ignorance de fait en prenant saisine, il était repoussé par le premier acquéreur exerçant une action révocatoire pour faire rescinder le nantissement.

Ajoutons que la *prescription*, dont les délais variaient avec les contrées, tenait lieu de tradition et d'investiture. Une fois accomplie, elle défendait le premier acquéreur contre la saisine de tout autre acheteur. La *Coutume de Cambrai*, dans l'article 5 de son titre deuxième, suppose qu'un acquéreur ne prend pas l'adhéritance de l'immeuble aliéné, mais le laisse en main de loi ; et elle décide « qu'après l'an expiré il est réputé saisi et adhérité en léal acquêt » s'il s'agit d'un héritage main-ferme, et au bout de quarante jours s'il s'agit d'un fief.

Entre les parties. — Quelle était la conséquence du défaut d'accomplissement des formalités ? Il est certain tout au moins que la convention engendrait une obligation et que l'acheteur avait une action pour contraindre le vendeur à lui faire tradition solennelle de la chose. S'il refusait de se dessaisir de l'héritage, le juge pouvait lui-même mettre en saisine le nouvel acquéreur. « Celuy, dit Bouteiller (1), qui vend sa tenure, mais il en retient encore la saisine par devers luy, ne n'en fait vest à l'acheteur, sçachez qu'il est encore sires de la chose, mais toutefois il peut être contraint à faire le werp et adhéritement de la chose. » Le nantissement, dit Merlin (2),

(1) *Somme rurale*, l. I, ch. LXVII.
(2) *Répertoire*, vᵒ *Nantissement*.

n'est que l'image et le symbole de la tradition réelle ; or, suivant le dernier état des lois romaines, le défaut de tradition n'est jamais une nullité et n'empêche pas que l'acte ne produise un action personnelle contre celui qui l'a signé et ses héritiers (1). C'est ce qu'observe Dumoulin sur l'article 119 de la *Coutume de Laon*, disant que les contrats n'ont besoin de nantissement qu'à l'égard des tiers, *scilicet contra tertium, sed contra obligatum et ejus heredem manent in jure communi*. Mais la convention suffit-elle pour transférer la propriété *inter partes ?* La négative résulte formellement de l'article 1ᵉʳ du titre V de la *Coutume de Cambrésis :* « Héritages, tant fiefs que main-fermes, ne se peuvent *valablement* vendre, échanger, donner, arrenter, charger..., sinon par en faire et passer devoirs de la loi.... » Or il faut bien observer que le nantissement est une condition du transfert du droit et non de la validité du contrat ; cette formalité était donc exigée à l'égard des parties comme à l'égard des tiers.

Mais vers la fin s'introduisit un tempérament ; on admit que c'était seulement par rapport au tiers que le nantissement était nécessaire pour transférer la propriété à l'acquéreur, si celui-ci s'était déjà mis en possession de l'immeuble. C'est en ce sens que se prononce l'ancien *Répertoire* de Guyot : « Quoique l'acquéreur qui n'a ni pris saisine ni possédé pendant le temps requis pour y suppléer, ne soit pas réputé propriétaire du bien qu'il possède de fait, il ne laisse pas de jouir à certains égards des effets d'une propriété véritable et l'on peut dire, en général que ses droits sont les mêmes, dans tous les

(1) Brunel, *Observations notables sur les règles et principes du droit coutumier*, Saint-Omer, 1724, in-4.

cas où il n'y a pas de tiers intéressés, que s'il avait rempli les formalités de nantissement (1) .»

Tel est le dernier état de l'ancien droit dans le nord de la France. La Révolution éclate et abolit les justices seigneuriales par la loi du 4 août 1789. C'était du même coup supprimer les devoirs de loi ; mais nous verrons que la loi du 10 septembre 1790 se proposa de ne pas laisser périr une aussi sage pratique.

SECTION II

Coutume de Bretagne

§ I. — Appropriance et ses formalités

La Bretagne possédait un système spécial de publicité, l'*appropriance*, destiné à consolider les acquisitions d'immeubles. L'*appropriance* ou appropriement , dit d'Argentré, est la forme par laquelle en vertu d'un droit civil, mais tiré du droit des gens, ce domaine est transféré d'une personne à une autre et devient propre à l'acquéreur (2) .» Cet usage est de la plus grande ancienneté, et la nouvelle Coutume n'a fait que recueillir sur ce point les traditions que lui avaient transmises et le *Coutumier Breton* du xiii° siècle et la rédaction du xv°. D'Argentré avait la plus haute estime pour cette ancienne pratique de l'appropriance: *Nihil habet jus nostrum patrium sanctius, nil prudentius a majoribus*

(1) *Répertoire de Guyot,* v° *Nantissement.*
(2) A Courtray, on faisait aussi trois publications à l'église du lieu de la situation des biens, de quinze en quinze jours consécutivement.

repertum quam quod est hoc titulo de dominiis rerum
aut acquirendis aut asserendis a ceteribus constitutum,
nulla cautio utilior ad commercia stabilienda aut lites.
(idest mortalium crucem) finiendas aut præfocandas (1).

Entre les parties, suivant le droit commun, la simple
tradition faite en exécution de la convention, était translative de propriété, et le vendeur ne pouvait évincer
l'acquéreur sous prétexte qu'il n'était pas approprié.

Mais la simple tradition était insuffisante *à l'égard*
des tiers; il fallait en outre procéder aux solennités de
l'appropriance. Les conditions exigées étaient au nombre
de six : 1° la possession annale de l'aliénateur; 2° un
titre; 3° l'insinuation; 4° la tradition; 5° les bannies;
6° la certification des bannies.

Pour être reçu à s'approprier, il faut, dit l'article 269,
« que l'on ait acquis de celui qui est saisi et actuel possesseur en son nom, par lui et ses auteurs, par an et
jour. » Ainsi il était nécessaire, mais il suffisait que
l'aliénation ait eu une possession annale, qu'il fût propriétaire ou non (2).

L'acquisition devait en outre s'appuyer sur un titre
« reçu de droit et de coutume habile à transférer seigneurie. » Depuis un édit donné à Nantes le 27 août 1626,
le contrat était insinué au greffe royal; l'insinuation fut
ajoutée aux autres formalités dans le but de remédier
à la célérité des bannies et aux infidélités commises par
les sergents (3). Venait ensuite la tradition de l'immeuble :

(1) Hévin, *Cout. de Bretagne,* sur l'art. 15.
(2) *Consuetudines generales antiquissimi Ducatus Britan-*
niæ, au titre de *approprimentis.*
(3) Les sergents ou huissiers jouissaient, paraît-il, d'une bien mauvaise réputation. En effet, Perchambault dit en parlant des bannies :
« C'était autrefois une très grande solennité, parce que tout le monde
demeurait à la campagne, et les sergents n'étaient pas aussi grands

« La possession, dit Perchambault (1), est une action
extérieure pour faire connaître à tout le monde le changement de propriété. » Différents arrêts ont jugé et tous
les commentateurs enseignent qu'il fallait rapporter un
acte par écrit de la prise de possession ; cet acte notarié
portait le nom d'acte d'*induction* de prise de possession.
Il constate que notaire et parties se sont transportés de
compagnie sur l'immeuble et « *là*, dit l'acte quand il s'agit
d'une maison, *avons fait feu et fumée, bu et mangé,
ouvert portes et fenêtres*, et fait tous actes requis pour
valable possession acquérir. » On passe ensuite au jardin
et sur les autres terres aliénées ; et l'acte établit que
l'acquéreur y a « *bêché, cavé, plaissé et rompu bois,
arraché herbe, fait émotion de terre, avec les notaires
circuit et environné debouts et orrées et généralement
fait tous autres signes et intersignes pour valable possession acquérir* (2). » Ces formes singulières se sont
perpétuées jusqu'à la Révolution. La tradition effectuée,
on procédait aux *bannies* ou publications « *par trois
dimanches consécutifs sans intervalle incontinent après
l'issue de la grand'messe en la congrégation du peuple
à haute et intelligible voix en la paroisse ou paroisses
où les choses acquises sont situées.* »

Perchambault (3) prétend n'en avoir jamais entendu,
et c'est, dit-il, une pure illusion ; les publications étaient
remplacées par des affiches. Nous ne discuterons pas

---

faussaires comme aujourd'hui. » (De la Billotière de Perchambault,
Cout. de Bretagne, Rennes, 1702, in-4, p. 407.)

(1) *Id., Cout. de Bretagne*, p. 397.

(2) *Revue des Sociétés savantes des départements*, 5ᵉ série,
t. VII, année 1874, 1ᵉʳ semestre, p. 174 \— Actes d'induction de prise
de possession du 6 juillet 1764 (Locminé, Morbihan), et du 25 novembre 1772 (Antrain, Ille-et-Vilaine).

(3) Perchambault, *Cout. de Bretagne*, p. 407.

l'affirmation de Perchambault ; cependant les actes de certification et, disons-le, la fidélité de la Bretagne à ses antiques traditions font présumer que l'usage des publications s'était réellement conservé dans plusieurs régions de notre province.

Les publications énonçaient le contrat d'acquisition, l'acte d'insinuation et l'acte de prise de possession.

La dernière formalité était la *certification* des bannies devant le juge. Elle est mentionnée dans la très ancienne coutume ; mais ce fut seulement à la suite d'un édit du duc Jean, de l'an 1424, qu'elle fut généralement pratiquée dans les tribunaux de la province. La certification était la déclaration faite par le sergent « *en jugement des prochains plaids généraux devant le juge de la situation et deux records, ou par devant le juge supérieur en l'endroit de la menée.* » Il était autrefois dans les habitudes des seigneurs de convoquer leurs vassaux à certains jours fixes, et ceux-ci étaient tenus de se rendre à cette convocation : c'est ce qu'on appelait la *menée.*

Le sergent jurait d'avoir bien et dûment fait les bannies ; le juge décernait acte de tout ce qui s'était passé, et déclarait l'acquéreur approprié. Toutefois à la charge des oppositions, s'il en avait été fait jusqu'à la certification ; en effet, tous ceux qui prétendaient avoir des droits sur l'immeuble pouvaient faire opposition à l'appropriance.

§ II. — Effets de l'appropriance

La rectification faite, l'acquéreur était approprié et la propriété purgée de tous les droits réels qui la grevaient ; l'appropriance lui assurait désormais une propriété libre et irrévocable. Elle purgeait, non seulement les charges dont le bien était grevé, mais même le droit qu'un tiers aurait pu avoir de le revendiquer à titre de propriété. Ainsi je suppose qu'une vente ayant eu lieu avec faculté de rachat, l'acheteur ne tient pas compte de la clause de réméré et revend lui-même en remplissant les formalités de l'appropriance. Le premier vendeur les laisse-t-il s'achever sans opposition, il n'aura contre le second qu'une action en dommages-intérêts (1).

La coutume sauvegardait cependant les droits de ceux qui auraient été à cette époque hors du duché (2), et l'appropriance n'opérait pour eux que par la possession d'an et jour à partir de la certification.

Quant à l'étendue de ses effets sur les immeubles aliénés, ce mode de transfert était régi par la maxime: *Tantum appropriatum quantum bannitum*. C'était l'opinion de d'Argentré ; ce fut l'opinion consacrée, en 1580, lors de la réformation de la Coutume (3), sauf une restriction : « L'appropriance sera valable vis-à-vis des héritages dans les paroisses desquels les bannies auront été faites, *pourvu* que l'on ait banni dans celle où le chef et le principal manoir sont situés. » Les bannies devaient donc avoir lieu, non seulement dans les paroisses de la situation des biens, mais encore dans celle où était situé le chef et principal manoir.

L'omission des deux bannies était suppléée par une possession de dix ans ; en l'absence de toute bannie, la prescription était de quinze ans.

Rapprochons le nantissement de l'appropriance et voyons quelles étaient les différences qui séparaient ces deux modes de transfert: — 1° Dans les pays de nantissement, les devoirs de loi étaient l'acte translatif de

(1) Hévin, sur l'art. 287 de la *Cout.*, n° 3.
(2) *Nouvelle cout.*, art. 274.
(3) *Ib.*, art. 277.

propriété entre les parties, comme à l'égard des tiers ;
en Bretagne, au contraire, l'appropriance n'était nécessaire que vis-à-vis les tiers. — 2° L'appropriance exigeait
une mise en possession réelle ; le nantissement était
purement fictif et se faisait par les mains de justice. —
3° L'appropriance produit à certains égards des effets
plus complets. Le nantissement effectué, un tiers pouvait
revendiquer et établir qu'il était le premier nanti ; l'appropriance achevée sans opposition, nul n'en pouvait con-
trarier les effets ; elle avait une force de présomption
absolue.—4° Comme moyen de publicité, le nantissement
lui devient supérieur par la création des registres publics ;
l'appropriance n'avait pas de trace durable et les bannies
arrivaient difficilement à la connaissance de ceux qui
n'habitaient pas la paroisse.

Tels sont les formalités et les effets de l'appropriance ;
la *Coutume de Bretagne* lui est restée fidèle jusqu'à la
Révolution.

SECTION III

Coutume de Normandie

En Normandie, l'acquéreur devait procéder à des publications analogues. « La lecture se doit faire publique-
ment, issue de la messe parochiale du lieu où les héritages sont assis en la présence de quatre témoins pour
le moins, qui seront à ce appelez ; et signeront l'acte de
la publication sur le dos du contrat, dont le curé, vicaire,
sergent ou tabellion du lieu qui aura fait ladite lecture
est tenu faire registre et n'est reçeu aucun à faire preuve
de ladite lecture par tesmoins... (1). » Mais la portée de

(1) *Cout. de Normandie*, art. 455.

cette publicité était très restreinte; elle n'avait pour but que de faire courir le délai d'an et jour pour exercer le retrait. La *lecture* ou *clameur* n'était qu'une sommation faite au seigneur féodal et aux lignagers du vendeur, « jusques au septième degré icelui includ », d'user de leur droit dans le délai, sans autre effet sur la transmission de propriété.

SECTION IV

Droit commun

§ I. — Règles générales

A. *Idée générale de la transformation juridique.* — La propriété s'est affranchie peu à peu des entraves du régime féodal. Déjà Britton (1) enseigne que pour l'acquéreur le simple acte d'entrée dans le fonds acquis, vivifié par le concours de sa volonté avec celle du vendeur, constitue une prise de possession suffisante aux yeux de la loi et que les solennités de l'ensaisinement *contrevaillent* seulement à la *déclaracion de la tesmoynaunce de la seisine*. L'alleu était entré le premier dans la voie de l'affranchissement; son isolement, sa nature particulière, ses privilèges constamment reconnus, tout en lui avait facilité son émancipation : « En plusieurs lieux pour faire vente de son alleu il n'y faut que la cognoissance qu'en fait le vendeur par devant notaire ou tabellion, et lettres sur ce lever, ou par devant gens sur son séel, s'il a seul cogneu dont les lettres s'en facent (2). » Au

(1) Britton, ch. L, *de seisine*.
(2) Bouteiller, *Somme rurale*, liv. I, tit. LXXXIV.

xiv° siècle , le principe est encore qu'en vente d'héritage, il peut *vest* et *devest* (1) : jusqu'à l'ensaisinement,
l'acheteur n'a que la *saisine vuide* de la chose vendue
et il n'en peut être propriétaire que quand il en a été
ensaisiné de fait par le seigneur ou par ses gens. C'est
le principe formulé par les *Coutumes notoires* du Châte-
let : mais déjà la soixante-douzième coutume de ce
même recueil signale une exception : « Aucun ne peut
être propriétaire se il n'est ensaisiné roalement et de
fait par le seigneur d'icelle propriété ou par les gens
dudit seigneur soubs qui elle est, *excepto in censu, car
par la condition des lettres la seigneurie de la censive
s'acquiert sans être vestu par le seigneur*. » Le *Grand
Coutumier*, après avoir décrit les anciennes formalités,
pose également le principe novateur : « Se ainsi est que
ledict vendeur vueille se faire ensaisiner , *car par la
coustume de la prévosté de Paris, il ne prend saisine
qui ne veut, et adoncques ledict seigneur ne reçoit que
ses ventes* (2). »

Ne prend saisine qui ne veut, c'est en effet la maxime
proclamée par Paris. C'est de Paris, ville royale et anti-
féodale, que partit la réaction contre les entraves ap-
portées au libre mouvement de la propriété foncière ; le
commerce s'y était principalement développé, et il fallait,
dit Dumoulin, que le commerce fût plus libre, *quo libe-
rius esset rerum commercium præsertim Parisiis*.
Qu'en résulta-t-il ? L'affranchissement complet des
censives en premier lieu ; celui des fiefs ne tarda pas à
suivre. L'idée de concession renouvelable se perdit peu
à peu ; pour transférer un domaine, il ne fut plus néces-

(1) *Décisions de Jean Desmares*, 189 (sous les rois Charles V
et Charles VI).
(2) *Grand Cout.*, liv. II, ch. xxv, xxvi, xxvii.

saire de recourir à l'intermédiaire du seigneur, et aux formes solennelles et symboliques de l'investiture (1) se substitua la forme simplifiée de la tradition, qui mettait directement l'acquéreur en possession, conformément à la maxime : « Appréhension de fait équipolle à saisine (2). »

La province s'empressa de suivre l'exemple de la capitale et beaucoup de Coutumes reproduisent la maxime adoptée par elle ; les unes l'étendent formellement aux biens féodaux, et chez d'autres, l'absence de toute disposition conduit à l'abolition de la saisine seigneuriale.

Toutefois il y eut quelques exceptions locales.

La *Coutume de Clermont* (art. 114) avait conservé l'ancien usage : « Quand aucun a acquis quelque héritage roturier, il ne peut se mettre audit héritage sans saisine du seigneur sous peine de soixante sols d'amende. » Même dérogation au droit commun dans la *Coutume de Limoges* (3) ; elle est d'autant plus remarquable que, dans cette cité il y avait absence complète de tout bien féodal, et qu'elle était pourvue d'une organisation consulaire.

Quant aux fiefs, l'ancienne règle féodale : *Point de saisine sans foy,* fit difficulté et arrêta un instant l'extension des nouvelles doctrines ; on hésitait quelque peu à admettre que le fief pût changer de mains et le vassal se substituer à une autre personne sans que le seigneur eût donné son consentement à cette mutation. La formalité de la foi et hommage fut donc retenue, mais seulement comme une obligation que le vassal devait accomplir

---

(1) On peut lire dans la *Revue historique,* XII, p. 85, la prise de possession d'un village seigneurial de l'Alsace en l'année 1728 ; il est curieux d'y rencontrer cet ensemble de rites symboliques que nous trouvons aux origines de nos institutions.

(2) Loysel, *Institutes coutumières,* liv. V, tit. IV, § 6, édition Laboulaye.

(3) Cité par Barny de Romanet, *Histoire du Limousin.*

dans un certain délai et dont la seule sanction était la *saisie féodale,* c'est-à-dire la détention du fief avec acquisition des fruits par le seigneur. L'absence de la formalité ne suspendait pas d'ailleurs un seul instant la transmission de propriété. C'est ce que décide formellement la *Coutume de Poitiers :* « Quand aucune chose est vendue ou par autre juste contrat transportée, soit chose noble ou roturière, hommagée ou non hommagée, celui à qui elle est transportée en peut prendre possession sans y appeler le seigneur duquel elle est tenue. Et supposé qu'il n'ait esté reçu en l'hommage, partout ne laisse à posséder et à prescrire (1). »

Trois Coutumes en France : les Coutumes de Bourgogne, de Bar-le-Duc et de la prévôté de Vaucouleurs, défendaient à l'acquéreur d'un fief de s'en mettre en possession, sans avoir fait la foy et hommage au seigneur, à peine de *commise;* le fief y portait à cause de cela le nom de *fief de danger* (2).

Dans les autres Coutumes elles-mêmes, une restriction était en général apportée à la règle que l'appréhension de fait équivaut à la saisine. En effet, lorsque l'immeuble aliéné était un propre, le droit de l'acquéreur n'était pas irrévocable : car les lignagers pouvaient reprendre l'immeuble en remboursant le prix, les frais et loyaux coûts du contrat ; ils avaient un an pour exercer ce retrait. Il était donc de l'intérêt de l'acquéreur de faire courir ce délai le plus tôt possible : la saisine avait précisément l'avantage d'en marquer le point de départ. L'ensaisinement consistait dans une formule qui était mise sur le contrat d'acquisition ; elle était ordinairement conçue en ces termes : « Ensaisiné le présent contrat et

(1) Poitiers, *Nouv. cout.*, art. 29.
(2) Salvaing, *loc. cit.*, p. 275.

mis en possession tel acquéreur, après avoir reçu les droits. »

« Le temps du retrait lignager, dit la *Coutume de Paris*, article 130, court depuis l'inféodation ou saisine faite ou prise par l'acheteur et doit l'ajournement être fait et l'assignation eschoir dedans ledit an et jour de ladite inféodation ou saisine. » Dans quelques Coutumes (1), il fallait pour le faire courir une prise de possession en présence de deux notaires ou d'un notaire et de deux témoins.

« Au milieu de ces transformations, dit M. Aubépin(2), la possession annale, considérée comme complément de l'ensaisinement, a perdu de son autorité et a fini par tomber dans une désuétude presque complète ; le développement de la civilisation lui a enlevé son utilité et le contact du droit romain l'a rejetée dans la sphère purement possessoire. » Le xvie siècle vit s'achever cette révolution dans la transmission de la propriété ; le principe nouveau passa dans la plupart des Coutumes réformées.

En résumé, liberté absolue dans la transmission de l'alleu, dont la condition était très enviable, et, paraît-il, très enviée ; en effet, dit Brillon(3); on voit des gens, surtout des Normands, faire sonner plus haut leur prétendu franc aleu que la grosse cloche de Rouen, appelée *Georges d'Amboise*, ne fait de bruit.

Liberté au censitaire d'aliéner sa censive sans le consentement du seigneur, sans ensaisinement, mais avec le maintien des droits de lods et ventes.

(1) Touraine, art. 159 ; Loudunois, art. 4, au titre *des Retraits.*
(2) *De l'influence de Dumoulin sur la législation française,* loc. cit., p. 70.
(3) *Dict. des arrêts,* vo *Franc aleu.*

Liberté enfin au vassal de transférer le fief sans autorisation, à condition de payer au seigneur les droits de
mutation, sous réserve de l'exercice du retrait féodal.

B. — *Doctrine et pratique au temps de Dumoulin.*
— « On tendit, dit M. Troplong (1), à secouer le joug
des anciennes formes et à modeler le droit sur les *Institutes* de Justinien. » Les formes étaient supprimées ;
l'explication des *Coutumes* par le *Digeste* était devenu
le principal souci des jurisconsultes et dans notre
matière, on se retrouve en présence de la règle fondamentale du droit romain : *Traditionibus, non nudis
pactis dominia rerum transferuntur.* La tradition est
le mode de transmettre la propriété ; et désormais, par
ce mot, il faut entendre, non plus les formalités symboliques léguées par les Franks au droit féodal, mais la
tradition romaine étudiée au début de ce travail. La tradition germanique et l'investiture des fiefs déplaçaient
immédiatement la propriété ; l'ensaisinement des censives
et des alleux ne conférait que la *saisine de droit* et la
possession annale était indispensable pour la convertir
en *vraie saisine.* La tradition nouvelle assujettit au déplacement de la possession le transport de la propriété ;
mais ce déplacement opéré, l'acquisition était parfaite et
immédiate.

Mais de quelles circonstances fit-on résulter le déplacement de la possession ? Appliqua-t-on purement et
simplement la tradition romaine ? En matière de vente,
des dissentiments éclatent ; d'après l'école et les pays
de droit écrit, la tradition faite en exécution de la vente
ne transfère pas nécessairement la propriété, et le vendeur n'est tenu qu'à procurer à l'acheteur la libre possession, *tantum vacuam rem tradere et facere ut em-*

(1) *Transcription*, n° 6.

ptori frui habereque liceat. C'est la théorie romaine, et
celle de Dumoulin commentateur du droit romain ;
ce n'est plus celle de Dumoulin jurisconsulte français,
et, suivant lui, la vente engendre pour le vendeur l'obligation de rendre l'acheteur propriétaire. Sa doctrine
est nettement formulée dans son commentaire sur la
Coutume de Paris : Venditor... transtuli dominium
in emptorem (1). Il dit ailleurs, en parlant d'une tradition faite à un mandataire : *Per traditionem ei fac-*
ctam immediate acquirimus nobis ipsis dominium
et possessionem (2). Nous ne nous étendrons pas davantage sur cette discussion, qui rentre moins dans la
théorie des modes d'acquisition que dans celle des contrats. Il résulte cependant de ce court exposé des deux
systèmes que pour l'un et l'autre la propriété n'est transférée que par une mise en possession de l'acheteur. En
principe, les règles et les conditions de la tradition, en
vigueur sous Justinien sont adoptées dans la dernière
période de l'ancien droit français.

L'acquisition romaine avait lieu *corpore et animo ;* le
corpus était la mise de la chose aliénée à la disposition
de l'acquéreur. *Animo solo non potest adquiri possessio,*
dit la glose (3), *nisi interveniat apprehensio corporalis.*
Dicunt quidam, vel aliud quod pro apprehensione habe-
tur. Ces derniers mots sont le point de départ de la
fausse conception que les jurisconsultes du xvie siècle
s'étaient faite du droit romain et qu'ils ont transportée
dans notre droit. L'*apprehensio corporalis* et les faits
équivalents, auxquels le texte fait allusion, sont également des traditions, la tradition étant, nous l'avons vu,

(1) Dumoulin, *ad Cons. Paris,*, § 78, gl. 1, n° 15.
(2) Dumoulin, *loc. cit.*, § 33, gl. 2, n° 22.
(3) Sur la loi 3, pr., D., *de acq. possess.*

tout fait qui met la chose aliénée à la disposition de l'acquéreur. Mais les commentateurs ne le comprirent pas ainsi, et, croyant être en cela fidèles au droit romain, ils virent dans le fait équivalent, non pas une tradition, mais la fiction d'une tradition. Le pacte de constitut, les clauses de précaire et de rétention d'usufruit étaient d'un usage assez fréquent ; on décida que dans tous ces cas il y avait une tradition feinte. Dumoulin en donne notamment l'application suivante : un fief a été vendu, une tradition feinte est intervenue ; plus tard les parties se désistent, le seigneur conserve-t-il son droit de retrait ? Oui, car ce droit s'ouvre à chaque mutation , or, dit Dumoulin qui s'exprime en termes remarquables, la tradition feinte a pour effet de déplacer le domaine comme une tradition réelle : *Quia æque per traditionem fictam transfertur verum dominium* (1).

Dumoulin s'arrête ici dans la simplification des formes ; mais la pratique poussa plus loin la réaction contre le formalisme du droit féodal, et la tradition romaine elle-même fut bientôt considérée comme trop gênante. Les jurisconsultes en vinrent à raffiner sur le droit romain. Par le pacte de constitut, dans la clause de précaire ou de rétention d'usufruit, le cédant détenait la chose au nom du cessionnaire, en vertu du principe : *Animo nostro, corpore etiam alieno adquirere possumus.* Une fois dans cette voie, rien n'empêchait qu'au lieu d'un acte symbolique réel, les parties ne s'entendissent en le déclarant, par exemple, dans un acte écrit, pour le supposer accompli. La pratique eût bientôt fait d'introduire cette fiction nouvelle : ce fut la clause de *dessaisine-saisine*, dont nous allons maintenant nous occuper.

C. *Clause de dessaisine-saisine.* — Que le vendeur dé-

(1) Dumoulin, *loc. cit.*, § 20, gl. 5, n° 15.

clare dans le contrat remettre la possession de la chose vendue à l'acquéreur, cette déclaration le constitue possesseur au nom du cessionnaire, et la tradition est effectuée. Cette nouvelle tradition feinte était d'une application trop commode pour qu'on ne s'empressât pas de la reconnaître. La *Coutume d'Orléans*, dit Pothier, veut que la simple clause de dessaisine-saisine, par laquelle le vendeur ou donateur déclare se dessaisir d'un héritage et en saisir l'acheteur ou donataire, soit censée renfermer une tradition feinte qui équipolle à la tradition réelle : « Dessaisines et saisines, par devant notaire, de la chose aliénée, valent et équipollent à tradition de fait et possession prise de la chose, sans qu'il soit requis autre appréhension. »

C'est bien là cette fois une véritable fiction ; car en vertu de la clause, quoi qu'en ait dit Voët (1), la propriété était toujours et en tous cas immédiatement transférée, que l'acquéreur pût ou non entrer en possession immédiate. Les jurisconsultes avaient mal interprété le droit romain, où, la tradition étant toujours une réalité, l'acquéreur devait être mis dans la possibilité physique d'entrer à l'instant en possession effective : c'est ainsi que la remise des clefs, qualifiée à tort par les commentateurs de *tradition symbolique*, ne réalisait nullement le transfert, si elle n'était faite à proximité de la chose elle-même, *apud horrea*.

La clause de constitut possessoire n'avait pas été admise sans difficulté, principalement en matière de donations ; elle rencontra de la résistance, surtout dans les pays de droit écrit. Du temps de Ricard encore, à Bordeaux, la clause ne suffisait pas, et il fallait une tradition réelle (2). La raison en est que ces pays étaient imprégnés de droit romain ; or le *Code Théodosien* y était en vigueur,

(1) Voët, *ad Pand.*, l. XII, tit. I, n° 3.
(2) Ricard, *Des donations*, p. 906.

et non le *Code Justinien*. Au xviiie siècle, on retrouve encore la nécessité de la tradition réelle ; mais l'influence du droit de Justinien a gagné du terrain, et en définitive le constitut possessoire est devenu la règle dans les pays de droit commun.

D'ailleurs l'innovation des praticiens modernes fut soumise à certaines conditions que Pothier (1) nous fait connaître, et on ne permit point à la clause de dessaisine-saisine d'opérer une translation de propriété par une fiction qui aurait été en contradiction trop évidente avec la réalité :

1° La clause doit être insérée dans un acte passé devant notaire ; car c'est la solennité de l'acte et le caractère de l'officier public, qui donnent à la clause la vertu de passer pour une tradition qui équipolle à la tradition de fait.

2° Il faut que le vendeur ou le donateur qui déclare dans l'acte se dessaisir de la chose en saisir l'acheteur ou donataire, soit, lors de l'acte, en possession réelle de cette chose ; car la fiction imite la vérité.

3° Après l'acte, le vendeur ou le donateur doit évacuer l'immeuble, de telle sorte qu'il soit loisible à l'acquéreur d'entrer en possession sans obstacle.

En dépit de ces tempéraments et de ces restrictions, la clause de dessaisine-saisine fut accueillie par quelques protestations énergiques. Dumoulin lui dénia tout effet translatif : *Si apponatur in contractu venditionis, non importat nisi facultatem possessionis apprehendendæ et non aliud* (2). Et ailleurs il s'écrie : *Ista non est neque vera neque ficta traditio, nec operatur dominii nec possessionis translationem* (3). Repoussé par Dumoulin, le

(1) Pothier, IV, *Du droit de propriété*, p. 42.
(2) Dumoulin, *loc. cit.*, § 28, gl. 1, n° 16.
(3) Dumoulin, *loc. cit.*, § 20, gl. 3, n° 16.

système reparut au Palais en 1595; le parlement donna gain de cause à Dumoulin.

Ricard se plaint aussi de voir la tradition réduite à une pure subtilité ; elle ne sert plus, dit-il, qu'à grossir les clauses du contrat, et ne dépend plus que du style des notaires. Mais peu de temps après Dumoulin, Loysel constatera l'insuccès de ces protestations dans une formule qui résume nettement la doctine triomphante : « Dessaisine-saisine faite en présence de notaires et de témoins vaut et équipolle à tradition et délivrance de possession (1). »

D. *Conflit de deux traditions.* — *Inter partes* la tradition feinte avait, cela n'est pas douteux, le même effet que la tradition réelle, mais *à l'egard des tiers* la clause de dessaisine-saisine permettait-elle à l'acquéreur, bien que rien n'eût révélé au public son acquisition, de revendiquer la chose contre tous, même contre un second acquéreur de bonne foi mis en possession effective de la chose ? Je suppose que Primus a vendu un immeuble à Secundus, mais que, l'ayant retenu par devers lui à titre précaire, il le vende à Tertius, auquel il en fait tradition réelle. On peut également supposer une saisie de l'immeuble vendu faite par les créanciers du vendeur entre ses mains : la question est la même. Armé de la clause de dessaisine-saisine, le premier acheteur est-il fondé à revendiquer l'immeuble contre le second acheteur ou contre les créanciers ? J'écarte un instant l'hypothèse d'une tradition feinte ; la négative fut admise sans discussion pour le cas où le premier acquéreur ne présentait d'autre titre que son contrat . La loi romaine *Quoties duobus* (2) était appliquée ; l'acquéreur qui le

(1) Loysel, *loc. cit.*, l. V, t. IV, § 7.
(2) L. 15, C., *de rei vindicatione.*

premier avait reçu tradition restait propriétaire, quoique
son contrat fût postérieur en date à celui de son rival
et il ne restait à celui-ci qu'un droit de recours contre
son vendeur.

La solution était-elle la même en cas de tradition feinte ?
Celle-ci était-elle translative même à l'égard des tiers ?
La question fut très vivement controversée ; elle l'était
encore au temps de Pothier. D'après Charondas le Caron,
Belordeau et le Parlement de Bretagne, la tradition feinte
n'était qu'une convention et par conséquent ne pouvait
produire d'effet qu'entre les parties ; dans cette opinion,
le second acquéreur était donc préféré. La jurisprudence
fut quelquefois de cet avis, et Charondas rapporte en
ce sens des arrêts de 1428 et de 1569 (1). Par arrêt du
29 avril 1595, le Parlement de Paris jugea que la loi
Quoties se gardait au palais. Un père avait donné un
immeuble à son fils en contrat de mariage, sans lui en
faire la délivrance ; cinq ans après, il l'avait vendu et
livré à un tiers. En vain le donataire répondait qu'il y
avait « grande différence entre les venditions qui nous
lisons en droict, et celles qui se contractent en France
par devant notaires ; » en vain, après avoir rappelé les
principes du droit romain, ajoutait-il : « Mais que *jure
nostro* c'était autre chose que le style commun des
notaires, lesquels par les clauses ordinaires dessaisis-
saient le vendeur à tous droicts qu'il eût pu prétendre,
et donnaient une hypothèque spéciale sur la chose. » Le
Parlement donna gain de cause à l'acheteur.

Charondas disait que la possession du second acheteur
était plus forte et mieux fondée et que la constitution
des empereurs qui préférait celui des deux acheteurs
auquel premier la tradition avait été faite, parlait d'une

(1) Charondas, *Répert. du dr. fr.*, liv. II, rép. 62.

tradition de fait et non de celle suppléée et entendue par la subtilité du droit. Il y avait certainement du vrai au fond de cette doctrine, et on voit percer au milieu de ces luttes juridiques comme un effort de l'idée moderne du crédit pour se faire place dans la législation. Mais l'argumentation de Charondas était-elle juridique? Était-ce bien une interprétation exacte du droit romain?

Evidemment une pareille distinction n'était jamais entrée dans l'esprit des jurisconsultes romains, et les auteurs qui se montraient fidèles au droit romain, Pothier (1), Gui-Pape (2), n'eurent pas de peine à démontrer qu'entre la tradition réelle et la tradition fictive il n'y avait jamais eu de différence et que toutes avaient pour effet de transférer la propriété aussi bien à l'égard des tiers qu'à l'égard des parties contractantes. La tradition feinte, disaient-ils avec raison, était une application de la règle : *Animo nostro, corpore etiam alieno adquirere possumus*, et ainsi la clause de constitut, de rétention d'usufruit ou de dessaisine - saisine, était en réalité une prise de possession par l'intermédiaire d'un tiers. Cette opinion sacrifiait le second acquéreur.

Au xviiie siècle, les auteurs romains furent dépassés, tout au moins dans une hypothèse spéciale ; lorsqu'une vente avait été constatée par acte authentique, on admit que le titre authentique devait l'emporter. « Entre deux acquéreurs, dit Bourjon (3), c'est droit acquis à l'un que l'autre n'a pu affaiblir, l'autorité du titre, lorsqu'il est authentique, doit entre eux l'emporter sur la prise de possession. » Ainsi la tradition feinte par acte authentique

(1) *Vente*, no 321.
(2) *Décisions*, 112.
(3) Bourjon, *le Droit commun de la France et la Cout. de Paris réduite en principes*, Paris, 1770, in-fo, p. 438.

était prise en grande considération et la tradition réelle ne reprenait ses anciennes conséquences que lorsque ni l'un ni l'autre des deux acquéreurs ne pouvait rapporter un titre authentique à l'appui de ses prétentions (1). Telle était la véritable théorie suivie dans la pratique au moment de la Révolution. Un pas de plus, et on serait arrivé au résultat atteint par le Code civil, où l'idée qui dominera sera de rattacher le transfert de propriété au seul effet de la convention.

E. — *Progrès de la théorie spiritualiste*. — La doctrine subtile enseignée par les commentateurs du droit romain fut attaquée par de esprits supérieurs, qui, au nom du droit naturel, rangèrent l'ancien principe que la tradition était nécessaire pour transférer la propriété, au nombre de ceux que la raison réprouve, et démontrèrent que la volonté seule devait suffire pour transférer immédiatement toute espèce de droits sans qu'il soit besoin pour certains de tradition ni d'aucun acte extérieur.

Au commencement du XVIIe siècle, François Caillet, professeur à l'Université de Poitiers, avait soutenu que le principe des jurisconsultes romains était purement arbitraire et contraire à la nature des choses (2). Grotius y voyait également une dérogation au droit naturel et une fiction du droit civil. Il prétend que la tradition ou délivrance a été exigée par le droit civil pour la sûreté de la propriété elle-même et pour prévenir des aliénations téméraires ou irréfléchies, et de ce que beauconp de peuples ont adopté ce principe, on en a conclu, dit-il,

---

(1) M. Hureaux. *Étude sur la transmission de la propriété par acte entre vifs*. (*Revue du droit français et étranger*, 1846).

(2) *Comment. sur le titre du C. de evict* l. V. On le trouve dans le *Trésor de Meerman*, t. II.

que c'était un principe du droit naturel (1). Puffendorf (2) professait aussi l'opinion de Grotius. « Le domaine d'une chose, ajoutaient-ils, étant essentiellement le droit d'en disposer comme bon nous semblera, c'est une suite de ce droit, que je puisse par ma seule volonté et sans aucun fait, transférer le domaine de cette chose à telle personne que bon me semblera, qui voudra bien l'acquérir. » C'était là une hérésie en présence des lois romaines, et Pothier lui-même refuse d'admettre que le consentement des parties puisse avoir une aussi grande influence. Et à ces esprits qui, se plaçant à un point de vue métaphysique, séparaient le droit, qualité morale, du pouvoir physique d'en faire usage, et ne faisaient pas dépendre la propriété de la possession, on répondait par cet argument péremptoire que le principe était universellement admis dans la jurisprudence. On abandonnait la question à la dispute de l'école, et comme il était partout reçu que le domaine de propriété d'une chose ne pouvait passer d'une personne à une autre que par une tradition réelle ou feinte, on devait s'y tenir : tel était le langage de Pothier (3).

Cependant certaines Coutumes de Lorraine avaient ouvertement rompu avec les formes du passé : il est impossible d'aller plus loin que celle de Metz: « Tous contrats et marchez sont irrévocables et nécessaires à tenir sitost que les parties contractantes y ont mutuellement consenti ou que seulement en signe de consentement, elles ayent touché en main, qu'on dit donner la paulmée, jaçoit (quoique) ils ne soient passés par devant notaires et tabellions (4). » « Sitost qu'il y a contract fait et passé

---

(1) *De jure pacis et belli,* lib. II, cap. xii, n° 15.
(2) *Droit de la nature et des gens,* l. IX. ch. ix, § 3.
(3) Pothier, *Vente,* n° 48 ; *Propriété,* n° 245.
(4) Évéché de Metz, tit. VII, art. 1.

par devant tabellion et sous le sceau du prince, la tradition de ce qui a esté convenu et contracté est entendue faite, de sorte que l'acateur, sans autres formalités, en est fait et rendu possesseur (1) .»

Les formalités étaient supprimées ; on rejetait même la nécessité d'une clause de style insérée dans le contrat. Comment expliquer ces dispositions exceptionnelles dans le voisinage des pays de nantissement? La transformation du droit dans ces Coutumes doit être attribuée sans doute à un certain dédain pour des formes surannées. Notons bien, en effet, que ces Coutumes reconnaissaient toujours, en principe, la nécessité d'une tradition pour transférer la propriété ; seulement elles sous-entendaient cette tradition dans le contrat : c'est le point de vue auquel se placeront les rédacteurs du Code civil.

Sur le terrain de la doctrine, les auteurs, à la fin de l'ancien régime, étaient fort partagés. Pothier reconnaît six espèces de tradition : réelle, symbolique, *longa manu*, *brevi manu*, constitut possessoire, et clause de dessaisine-saisine ; c'est le jurisconsulte qui reste le plus fidèlement attaché à la doctrine romaine. Domat est de la même école ; mais il va plus loin que Pothier : « Si la clause de précaire a été omise dans un contrat de vente

(1) Évêché de Metz, tit. VII, art. 3.

« Le contrat ainsi passé, deux ou plusieurs témoins présents, ou par devant deux tabellions ou notaires, sans témoins et grossoyé sous le scel du tabellionage de la terre et seigneurie, la tradition de ce dont a été convenu est estimée faite, les droits d'investiture payez à qui il appartient, si que l'acquéreur en est fait possesseur sans aucune appréhension. » (*Gorze*, tit. VII, art. 7.)

« En acquêts, n'est requis vest ny devest, en la main de justice ; car, par la vendition ou tradition desdites lettres, sans autres vest ni devest, l'acquéreur en est réputé possesseur et propriétaire, et on peut par soy appréhender la possession. » (Évêché de Verdun, tit. X, art. 4.)

d'immeuble, elle y est sous-entendue pour l'effet de
mettre l'acheteur en droit de prendre possession, *car la
vente transférant la propriété*, elle renferme le consentement du vendeur que l'acheteur se mette en possession (1). » Chez Domat et la plupart des auteurs la théorie
du transfert ne se dégage pas avec une grande netteté ;
parfois les textes se contredisent. Cependant Denisart,
résumant la pratique de son temps, est très affirmatif :
« Quelques-unes et même le plus grand nombre des
nouvelles coutumes, en négligeant l'ancien usage, ont
admis pour principe que la propriété des immeubles peut
être transférée *par la seule convention*, sans qu'il soit
besoin d'ensaisinement pour opérer l'expropriation (2). »

Bourjon paraît avoir partagé cette opinion ; car il
donne en propres termes à l'achat l'effet de faire passer
la propriété dans la personne de l'acheteur, ajoutant
que c'est là son *effet naturel* (3).

Argou n'est pas moins explicite, quand il dit que « la
vente, parmi les Romains, obligeait le vendeur à la tradition », et que « parmi nous, elle transfère la propriété, si le vendeur est propriétaire (4). » Mais plus loin
il explique sa pensée et montre qu'en tenant ce langage,
il se préoccupait plus des faits et de la pratique que de
la théorie pure ; il nous jette, d'ailleurs, dans l'incertitude, en revenant au droit romain, qu'il mêle au droit
français : « Il suffit au vendeur, dit-il, pour se libérer
de l'obligation par lui contractée, de mettre l'acheteur
en paisible possession et promette de l'y maintenir ; car

---

(1) Domat, *Lois civiles*, l. I, t. II, sect. II, nos 5 et ss.
(2) Denisart, *Collection d'arrêts*, vo *Saisine*.
(3) Bourjou, *loc. cit.*, tome I, p 458.
(4) Argou, *Institutions*, t. II, p. 238.

tant que l'acquéreur n'est pas troublé, il est censé le vrai propriétaire (1). »

Domat résume dans les lignes suivantes toute la théorie de l'ancien droit : « La délivrance des immeubles par le vendeur lorsqu'il en laisse la possession libre à l'acheteur en s'en dépouillant lui-même, soit par la délivrance des titres s'il y en a, ou des clés, si c'est un lieu clos, comme un parc, un jardin, ou en mettant l'acheteur sur les lieux, ou seulement en lui donnant la vue, ou en consentant qu'il possède, ou le vendeur reconnaissant que s'il possède encore ce ne sera plus que précairement, c'est-à-dire comme possède celui qui tient la chose d'autrui, à condition de la rendre au maître quand il la voudra ; et si le vendeur se réserve l'usufruit, cette réserve tiendra aussi lieu de tradition (2). »

La clause de dessaisine sert toujours de base au transfert ; elle est valablement insérée dane un acte sous seing privé et même cette clause est tellement passée dans l'usage qu'on la sous-entend *ipso jure* dans les contrats de vente où elle n'est pas exprimée.

Le principe de la tradition était donc singulièrement énervé dans la pratique.

Que l'on dise que le seul consentement transfère la propriété, ou que le consentement transfère la propriété quand les parties déclarent le vouloir ; que la formule soit : Primus vend à Secundus, ou : Primus se dessaisit de la propriété et de la possession pour en saisir l'acquéreur, où est la différence ? Ainsi dès cette époque la propriété était véritablement transmise par le seul effet de la convention ; mais comme les esprits étaient encore imbus de cette idée que la tradition était nécessaire, on conti-

---

(1) Argou, *loc. cit.*, p. 244.
(2) Domat, *Lois civiles, loc. cit.*

nuait d'y donner une certaine satisfaction par ces clauses
de dessaisissement, d'où résultait la tradition feinte.
Cette tradition feinte, les parties pouvaient toujours
l'opérer à leur gré, en déclarant qu'elles le voulaient
ainsi. C'est sous l'empire de ce même préjugé que nous
verrons le mot *tradition* se glisser dans la rédaction du
Code, quoique la théorie spiritualiste y soit bien consacrée.

    F. *Essais infructueux d'organisation de la publicité*.
— La théorie avait entrevu le principe philosophique de
la tradition *solo consensu*, mais sans tenir compte de
l'idée corrélative du crédit et de l'intérêt des tiers, autre
face du problème qui réclamait plus que jamais une
solution. Cependant plus d'un jurisconsulte avait signalé
les inconvénients de la transmission occulte, et Argou, à
la fin du XVIIe siècle, demandait qu'un acte fût dressé :
« A l'égard des tierces personnes qui peuvent y être
intéressées, la vente des immeubles n'est prouvée et par
conséquent n'a son effet que lorsqu'il y a contrat passé
devant notaire (1). » En général cette règle proposée ne
prévalut pas, la question de preuve réservée ; était-ce
là d'ailleurs un remède efficace ? Les actes notariés
n'étaient pas plus dans l'ancienne France qu'aujourd'hui
à la disposition du public. Ricard regrettait aussi que la
pratique nouvelle, en annihilant la tradition, rendît les
mutations clandestines (2) ; mais il commettait la même
erreur que Grotius, en voulant voir, dans une question
de crédit l'origine de la tradition réelle. Quoi qu'il en
soit, sa critique prouve que déjà certains esprits se
préoccupaient de la question de publicité.

---

(1) Argou, *loc. cit.*, liv. VII, t. XXIII.
(2) Ricard, *Des Donations*, part. I, n° 901.

Maynard, qui se place à un point de vue plus étroit, déplore aussi les inconvénients de la clandestinité : « Les seigneurs en étaient, dit-il, bien préjudiciés à cause que par ce moyen les acquisitions leur estoient cachées et la plupart recélées, et par si longtemps qu'ils venoient quelquefois en danger de perdre leur seigneurie, contraints souvent entrer en grand procès pour ce regard avec dépens, dommages et intérêts inestimables (1). » C'est en se mettant à ce point de vue que les princes, plus préoccupés de l'état de leurs finances que de spéculations philosophiques, essayèrent quelques réformes.

L'insinuation avait été, nous le verrons, rétablie par François Ier en matière de donations ; un édit de mai 1553, rendu à Saint-Germain-en-Laye, tenta de généraliser la mesure ; il créait un greffier des insinuations en chaque bailliage, prévôté, etc. Après avoir indiqué dans son préambule les motifs et fraudes qui l'ont inspiré, les fraudes et les procès qui sont la conséquence des contrats occultes, cet édit ordonnait dans son article 1er : « Que par quelque contrat que ce soit, de vendition, échange, donation, cessions et transports... et toute autre obligation excédant pour une fois la somme de 50 livres... et généralement par toute autre disposition soit entre-vifs ou dernière volonté, ne pourra estre acquise aucune seigneurie, propriété ou droit d'hypothèque en réalité... si ilz ne sont insinués et enregistrés... ; tellement que toutes venditions, cessions... qui premièrement auront été insinués, seront préférés pour lesdits droits de propriété, seigneurie, hypothèque et réalité à tous autres qui ne l'auront été, combien qu'ils soient en date précédente, et que les contractants eussent prins et

(1) Maynard, *Notables questions de droit escript.*, liv. IV, ch. xxxviii.

fussent en possession des choses à eulz cédées et trans-
portées. » L'article 9 accorde un délai de deux mois pour
procéder à l'insinuation ; passé lequel, le droit de l'acquéreur ne sera opposable aux tiers qu'à dater du jour
où il aura rempli cette formalité. L'article 12 trouve la
véritable publicité, en ordonnant de donner communication des registres à tous ceux qui la demanderont.

Ces dispositions sont vraiment remarquables et on croi-
rait lire les dispositions de la loi de brumaire an VII ou
celles de la loi du 23 mars 1858. C'était un premier essai
d'organisation du crédit foncier ; mais la bonne volonté
du gouvernement ne sut pas résister devant l'opposition
générale et l'édit tomba après une existence éphémère.

En 1581, Henri III renouvela cette tentative et exigea
l'enregistrement de toute mutation ou constitution de
droit réel. Mais, porte l'article 8, il ne sera donné communication du registre « qu'à ceux qui y auront intérêt
ainsi que par justice et non autrement ». C'est à peine
si cette fois on cherchait à dissimuler le côté fiscal de
la mesure. Rendu dans le but apparent de prévenir les
falsifications et les antidates, l'édit avait pour but réel
de créer de nouveaux offices et de procurer ainsi de
nouvelles ressources au Trésor. L'édit de de 1581 ne
vécut pas longtemps ; en 1588, il était rapporté.

Henri VI et Sully poursuivirent aussi la publicité des
contrats, des hypothèques et des déclarations d'emprunt ;
mais ils rencontrèrent les mêmes obstacles, et l'édit de
1606 ne fut enregistré qu'au Parlement de Normandie.

Colbert enfin, voyant les choses de plus haut que ses
prédécesseurs, comprit l'importance de la publicité pour
le crédit ; dans la pensée profonde de ce grand ministre,
l'édit de 1673 devait, est-il dit dans son préambule,
« perfectionner par une disposition universelle ce que

quelques Coutumes avaient essayé de faire par la voie des saisines et des nantissements. » Mais il trouva, pour le combattre avec acharnement, une noblesse endettée, grandement intéressée à cacher l'état de son patrimoine. Il recula devant les difficultés de l'exécution ; l'édit de 1673 ne s'occupa que du régime hypothécaire, et l'année suivante il fut révoqué.

Ajoutons que la force des préjugés lui fit rencontrer des adversaires parmi d'éminents jurisconsultes et magistrats. Chose étonnante, le chancelier d'Aguesseau combattit lui-même le principe de la publicité ; il s'inspirait de l'intérêt des débiteurs obérés et ne voulait pas qu'on mit à nu l'état de la fortune de chacun (1). Quant aux jurisconsultes, Basnage en tête, ils ne jugèrent pas sainement les intentions de Colbert ; ils ne virent dans son œuvre qu'une mesure purement fiscale (2). La postérité lui a rendu justice ; mais il s'écoulera plus d'un siècle avant que le problème de la constitution du crédit n'ait reçu une solution.

§ II. — Insinuation des donations

La renaissance du droit romain au XIIᵉ siècle exerça une heureuse influence sur le transfert en matière de donations ; l'insinuation, formalité établie aussi bien dans l'intérêt des familles que dans l'intérêt général, fut bientôt remise en vigueur dans la France méridionale. L'insinuation fut exigée pour toute donation qui dépassait 500 solides : on y ajouta d'autres restrictions. Les preuves de la réapparition de l'insinuation dans le Midi dès le XIIᵉ siècle ne font pas défaut ; les cartulaires de

(1) D'Aguesseau, t. XII, pp. 622, 623.
(2) Basnage, *Traité des Hypothèques*, ch. I, § 2.

l'époque et les ouvrages des jurisconsultes en font foi (1). Johannes Faber nous montre l'insinuation requise au delà de 500 solides, sauf pour quelques donations ; Guy-Pape en parle dans ses *Decisiones Gratianopolitanæ*.

En 1456, une ordonnance de Louis XI, alors Dauphin, prescrivit une formalité spéciale applicable au Dauphiné elle exigea que la donation fût faite en présence du juge, bailli, châtelain ou lieutenant de la justice du domicile du donateur et en présence de trois de ses plus proches parents s'il en avait dans la même paroisse : et si ceux-ci, dûment appelés, refusaient de comparaître, la donation devait être faite devant *trois honnêtes gens* de la même paroisse.

Par un édit du 28 août 1472, une réforme analogue fut introduite en Provence par le roi René ; le donateur devait faire une déclaration en présence du juge et des consuls pour toute donation qui dépassait dix florins.

Le droit coutumier, dès qu'il affirma sa personnalité, céda lui-même au besoin d'entourer les donations de certaines garanties. Il éleva un premier obstacle aux générosités irréfléchies par la règle : *Donner et retenir ne vaut*. La réserve coutumière ne s'appliquait pas aux donations entre vifs ; elle ne limitait que le droit de disposer par testament ou à cause de mort, et l'ancien législateur craignit que la donation entre-vifs ne devînt un moyen de dissiper les propres. Aussi chercha-t-il à restreindre la faculté de donner ; il pensa que l'héritier aux propres était suffisamment protégé si le donateur avant de le dé-

(1) Du Cange, vᵒ *Insinuatio ;* Baluze, *Hist. Arvern.*, t. II, preuves 277, 329, 332 ; *Hist. générale du Languedoc*, t. III, preuves, col. 128 ss. — Cf. Giraud, *Hist. du dr. franc.*, t. II, pp. 70, 128 ; *Revue de législation*, 1870, Fournier, *Bibl. de l'École des chartes*, 1879, p. 296.

— La plus ancienne donation connue est celle du comté de Melgueil, faite par Béatrix au comte de Toulouse (1172).

pouiller devait se dépouiller lui-même d'une façon définitive et immédiate, et il édicta la règle : *Donner et retenir ne*
vaut, dont la conséquence était de ranger la tradition parmi
les conditions essentielles à la validité des contrats à titre
gratuit. Nous ne reviendrons pas sur les règles qui régissent la tradition ; en vain Ricard et quelques auteurs, qui
subissaient à contre-cœur le tradition feinte, essayèrent-
ils de la faire rejeter en matière de donations. L'opinion
générale et la jurisprudence refusèrent de consacrer cette
différence entre les actes à titre onéreux et les actes à
titre gratuit. Mais de l'excès du mal allait sortir un remède
d'une grande efficacité ; c'est ce que nous dit Sallé : « Tant
que nous n'avons reconnu parmi nous d'autre tradition
que la réelle dans les donations, nous n'avons pas eu besoin d'autres voies pour les rendre publiques que cette
tradition même. Mais depuis qu'à l'instar du droit romain
nous avons admis parmi nous la tradition par voie feinte,
et que nous l'avons fait marcher de pair avec la tradition
réelle, depuis qu'il a été permis de séparer la propriété
d'avec l'usufruit, la porte a été ouverte à la fraude et à la
mauvaise foi... Il a donc fallu trouver un remède propor-
tionné à un aussi grand désordre, et ôter, s'il était possible,
la clandestinité qui faisait le vice de ces traditions par voie
feinte (1). »

Ces motifs, auxquels se joignit l'enthousiasme des jurisconsultes pour les lois romaines, contribuèrent puissam-
ment au succès d'une réforme qu'on accepta volontiers
parce qu'elle était renouvelée du droit ancien ; l'insinuation reparut au xvie siècle dans la célèbre ordonnance de
Villers-Cotterets, rendue par François Ier (1539). L'article
132 s'exprimait ainsi : « Nous voulons que toutes dona-

(1) Sallé, *Esprit des ordonnances* de Louis XV ; Paris, 1759,
in-4, p. 46.

tions qui seront faites ci-après, par et entre nos sujets, soient insinuées et enregistrées en nos cours et juridictions ordinaires des parties des choses données ; *autrement seront* réputées nulles, et ne commenceront à avoir leur effet que du jour de la dite *insinuation*. » C'était la reproduction pure et simple du droit romain ; à défaut d'insinuation, le donation était nulle même *inter partes*, c'est-à-dire même à l'égard du donateur et de ses héritiers. L'insinuation était donc une formalité *essentielle* à la validité de la donation, tout aussi essentielle que l'est chez nous la solennité de l'authenticité.

L'article 132 fut modifié par l'article 58 de l'ordonnance de Moulins de 1566. L'idée moderne apparaît ; l'ordonnance distingue la transmission de propriété à l'égard des parties et la transmission à l'égard des tiers.

L'article 58 est ainsi conçu : « A défaut d'insinuation, seront et demeureront nulles lesdites donations et de nul effet et valeur, tant en faveur du créancier que de l'héritier du donnant. » C'était refuser au donateur la faculté d'opposer le défaut d'insinuation. L'insinuation cesse, dès cette époque, d'être une formalité essentielle à la validité de la donation *inter partes ;* ce n'est plus qu'une formalité extrinsèque, exigée *dans l'intérêt des tiers* intéressés à connaître la donation. L'insinuation devait être faite dans le délai de quatre mois du jour de l'acceptation, tant au greffe de la juridiction royale ordinaire du donateur qu'à celui de la situation des immeubles. Faite dans le délai, elle avait un effet rétroactif ; faite après les quatre mois, elle était encore valable, mais elle ne pouvait porter préjudice aux tiers qui avaient acquis des droits antérieurs. Cette distinction, déjà faite par Ricard (1), fut confirmée par l'impor-

(1) Ricard, *Des donations*, part. I, nº 1258.

tante déclaration de Versailles du 17 novembre 1690 ; elle décida, en outre, qu'à l'égard des héritiers, il importait peu que l'insinuation fût faite après les délais fixés, pourvu qu'elle le fût durant la vie du donateur.

La matière fut enfin réglementée d'une manière complète et définitive par l'Ordonnance de 1731, due à l'initiative du chancelier d'Aguesseau ; inspirée par des idées généreuses, elle ne porte pas la trace des préoccupations qui présidèrent le plus souvent aux tentatives de réforme. « L'Ordonnance de 1731, disent des lettres patentes du 3 juillet 1769, n'a établi la formalité de l'insinuation que pour donner aux donations une authenticité capable de prémunir ceux qui ont ou peuvent avoir par la suite des droits sur les biens donnés, de toute espèce de surprise. »

Résumons les principales dispositions de l'Ordonnance relatives à l'insinuation. Elle consistait dans la copie intégrale de l'acte sur un registre spécial tenu au greffe de chaque bailliage ou sénéchaussée royale ; le dépositaire était tenu d'en donner communication toutes les fois qu'il en était requis et sans ordonnance de justice. *Inter partes*, il suffisait, comme autrefois, que les parties eussent donné leur consentement, que ce fût sous seing privé ou devant notaire, et que ce consentement fût suivi du dessaisissement actuel du donateur ; autrement c'eût été donner et retenir.

Non insinuée, la donation ne produisait aucun effet *à l'égard des tiers* intéressés à la méconnaître, même à l'égard des héritiers du donateur ; la nullité ne pouvait être invoquée par le donateur, ni par les personnes chargées de faire insinuer, telles que maris, tuteurs, administrateurs et leurs héritiers.

Toutefois un délai de quatre mois, à partir du jour de

la donation, était accordé pour remplir la formalité, et l'insinuation faite dans ce délai rétroagissait toujours au jour de la perfection du contrat. Insinuée après le délai légal, mais du vivant du donateur, la donation était encore opposable aux tiers, mais seulement à partir du jour où cette formalité avait eu lieu, c'est-à-dire sans rétroactivité.

Plusieurs arrêts avaient décidé que les donations étaient sur tout le territoire soumises aux prescriptions de l'Ordonnance de 1539, même dans les pays de nantissement ; c'était le sentiment de Dumoulin (1), par la double raison, disait-il, que l'Ordonnance de 1539 était générale et fondée sur une très forte raison d'équité. Mais l'insinuation était superflue dans les provinces où se pratiquaient les devoirs de loi : aussi l'Ordonnance de 1731 prit-elle soin, dans son article 33, de les exempter de cette formalité.

Tel est le dernier état de notre ancien droit relativement aux transmissions de propriété à la suite de donations.

---

(1) Dumoulin, *Note sur l'art.* 132 *de l'Ord. de* 1539.

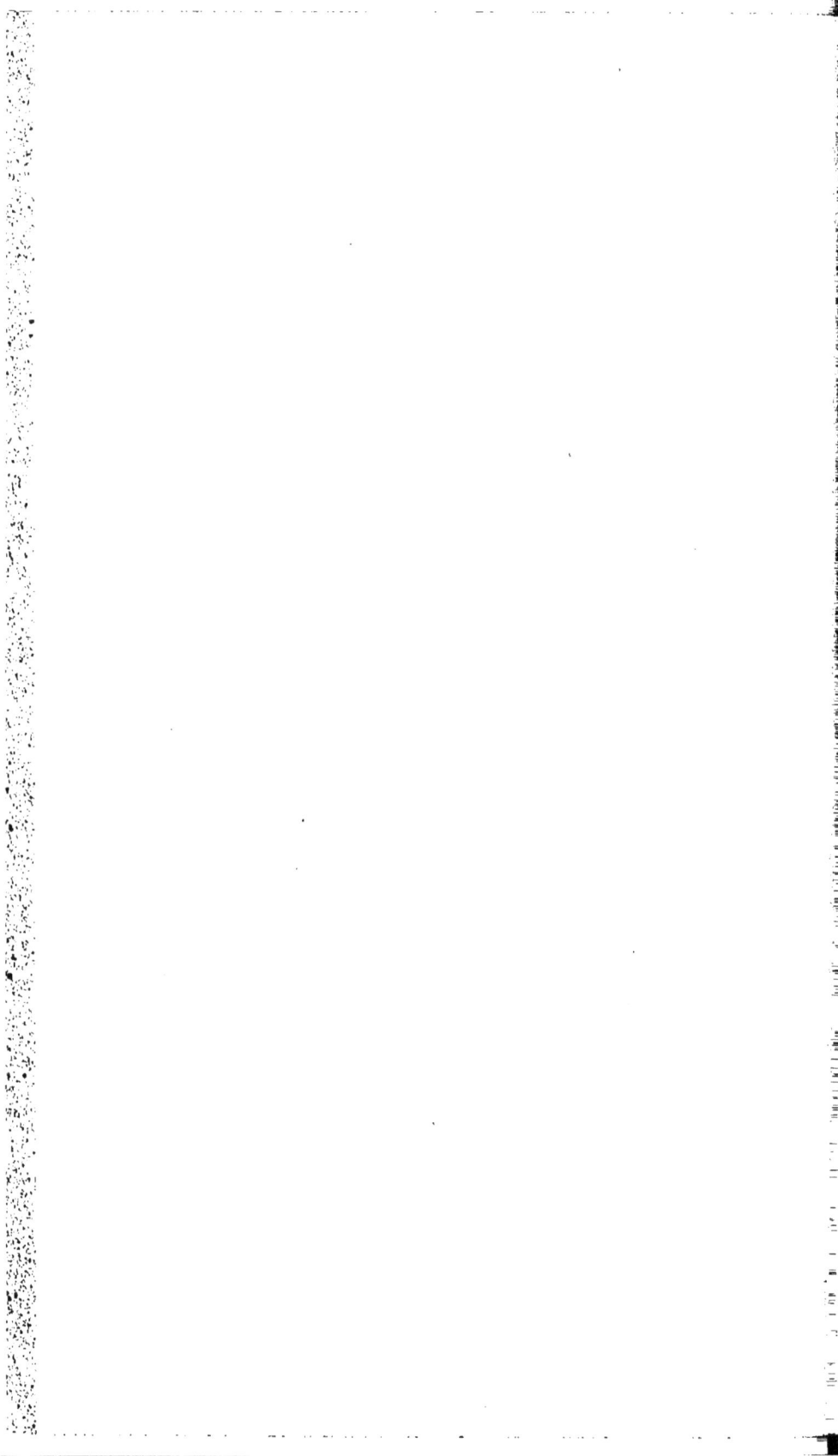

DROIT INTERMÉDIAIRE

CHAPITRE I

LOI DU 19 SEPTEMBRE 1790

Dans la nuit mémorable du 4 août 1789, et sur la proposition même des membres les plus éminents de la noblesse et du clergé, la Constituante, dans un élan d'enthousiasme, abolissait les droits féodaux et les privilèges ; les justices seigneuriales se trouvaient donc supprimées. Que devenaient les devoirs de loi et autres formalités empreintes d'un cachet compromettant de féodalité ? Allait-on priver les coutumes de nantissement d'une institution aussi bienfaisante? La révolution de 1789 fut surtout une révolution dans le domaine de la propriété, et le législateur ne perdit jamais de vue cette grave question. Aussi sut-il discerner fort bien deux choses distinctes ; d'une part, les formalités du vest et du dévest qu'il abolit, et d'autre part, la publicité des contrats translatifs de propriété et constitutifs des droits réels ; et comme cette publicité n'avait rien de féodal, il la maintint et la réglementa de manière à la mettre en rapport avec la nouvelle organisation judiciaire. Il s'empressa, l'année suivante, de pourvoir à la situation faite aux Coutumes du Nord par l'abolition des justices seigneuriales ; la loi du 19 septembre 1790, sanctionnée le 27, décida, dans son article 3, que, « à compter du jour où les Tribunaux de districts seront installés dans les pays de nantissement, les formalités de saisine, dessaisine, deshéritance, vest. devest, reconnaissance échevinale, mise de fait, main assise, et généralement toutes celles qui tiennent au nantissement féodal ou censuel, seront et demeureront abolies; et jusqu'à ce qu'il en ait été autrement ordonné, la *transcription* des contrats d'aliénation ou d'hypothèque en tiendra lieu, et suffira, en conséquence, pour *consommer* les aliénations et les constitutions d'hypothèque, sans préjudice, quant à la manière d'hypothèquer les biens, de l'exécution de l'article 35 de l'édit du mois de juin 1772, et de la déclaration du 27 juin 1782, dans ceux des pays de nantissement où ces lois ont été publiées. »

L'article 4 ajoutait que « lesdites transcriptions seront faites par les greffiers des tribunaux de district de la situation des biens.......: ils seront tenus de les communiquer sans frais aux requérants. »

Ce ne fut qu'une loi transitoire et d'expédient, *jusqu'à ce qu'il en ait été ordonné autrement,* dit l'article 3. De l'ancienne pratique, elle retenait l'élément capital, l'inscription sur un registre public; pour le reste, elle se bornait à supprimer l'intervention du juge et à substituer aux greffes des justices féodales les greffes des tribunaux de district; à l'ancien mot *nantissement,* le mot *transcription* qui apparaît pour la première fois dans notre législation.

Comme le nantissement, la transcription était nécessaires pour consommer les aliénations; les termes généraux et absolus de la loi de 1790 excluaient une distinction qui semblait naître dans les derniers temps, la distinction entre les tiers et les parties contractantes.

L'étendue d'application de la transcription restait la même ; elle ne s'appliquait qu'aux pays du Nord où le nantissement était en vigueur et ne touchait pas au droit commun de la France, à la jurisprudence que nous avons étudiée plus haut, c'est-à-dire aux règles de la tradition réelle ou feinte.

CHAPITRE II

LOI DU 9 MESSIDOR AN III

L'exemple légué par les pays de nantissement et recueilli par le nouveau législateur produisit ses fruits ; celui-ci comprit l'utilité qu'il y avait à étendre à toute la France une pratique jusque-là localisée sur une petite partie du territoire. La loi du 9 messidor an III reflète l'esprit de l'époque ; la propriété était entravée et immobilisée par le régime qui venait d'être violemment emporté par la tourmente révolutionnaire ; que fit le réformateur ? Il passa à l'excès contraire et voulut faire de la propriété du sol une valeur facilement négociable, dont la circulation aurait été, pour ainsi dire, aussi rapide et aussi commode que celle d'un effet de commerce ; la voie, d'ailleurs, lui avait été préparée par les doctrines économistes du xviiie siècle, qui faisaient de cette propriété l'élément unique de la fortune publique.

Voici les principales dispositions de la loi de messidor (art. 99 et suiv.). Elle ne reconnaissait pas la vente verbale, et exigeait que tout acte translatif fût passé par acte authentique. *Inter partes*, elle respectait le principe consacré par les siècles comme mode translatif de propriété ; le vendeur était dessaisi par la tradition feinte, résultant du contrat, et ne pouvait disposer ensuite de la propriété en faveur d'un second acquéreur, même en faisant à ce dernier tradition réelle. Mais pour être propriétaire incommutable *à l'égard de tous*, deux autres conditions étaient exigées de l'acquéreur ; la loi institua dans chaque arrondissement un bureau de la conserva-

tion des hypothèques, où l'acquéreur devait d'abord noti-
fier son contrat et en déposer expédition, sous peine de
subir, comme valablement acquis, les droits réels consentis par son auteur postérieurement au contrat. La
seconde condition consistait à payer toutes les créances
hypothécaires antérieures, faute de quoi l'acquéreur n'était
pas présumé propriétaire à l'égard des créanciers qui
avaient le droit de poursuivre la vente au plus offrant
et dernier enchérisseur. Ce sont là autant d'idées utiles
dans une certaine mesure qui sont entrées dans notre
législation avec la loi de messidor an III, mais dans la
pratique et l'application seulement avec la loi de brumaire an VII.

A côté de ces mesures excellentes, la loi contenait des
dispositions singulières (art. 36 à 83); elle donnait à tout
propriétaire foncier le pouvoir de prendre hypothèque
sur soi-même pour un temps déterminé au moyen de
cédules transmissibles par endossement, et ce, jusqu'à
concurrence des trois quarts des biens désignés dans la
cédule. Ces dispositions ont été vivement critiquées; elles
faisaient, a-t-on dit, de la propriété foncière une valeur
de portefeuille, c'est-à-dire une valeur qui permettait de
dissiper la fortune la mieux assise avec la même facilité
que la fortune en billets de banque.

On a répondu, dans une opinion contraire, que la loi
de messidor ne voulait pas du tout mobiliser le sol et
ébranler la fortune immobilière de la France, qu'elle ten-
dait seulement à mobiliser les titres du crédit foncier, ce
qui n'est pas la même chose. Le but poursuivi n'était pas
d'ailleurs aussi irréalisable qu'on l'a prétendu; aujourd'hui
les mêmes institutions fonctionnent en Prusse depuis la
loi du 5 mai 1872.

Une série de décrets retardèrent successivement la

mise à exécution de la loi de messidor (1); mais elle fit triompher le principe de publicité et créa les conservations des hypothèques. Si elle ne fut pas appliquée, le principe était posé, et, le 8 vendémiaire an V, on annonça une loi définitive qui statuerait sur les modifications à introduire dans la loi de messidor. Cette loi fut celle du 11 brumaire an VII.

(1) Lois des 3 vendémiaire, 26 fructidor, 19 ventôse, 19 prairial, 24 thermidor an IV, et du 8 vendémiaire an V.

CHAPITRE III

LOI DU 11 BRUMAIRE AN VII

Le législateur de brumaire, mieux inspiré que ses devanciers, mit de côté les idées de mobilisation de la propriété foncière, et se préoccupa uniquement de constituer un bon régime de publicité des hypothèques et des transmissions entre-vifs. Le moyen d'exécution consista dans des registres, que le public fut mis à même de consulter, et qui présentaient le bilan de la propriété immobilière. Désormais ce public ne pourra prétexter cause d'ignorance, s'il se laisse surprendre; car les surprises seront impossibles, à moins d'incurie de sa part. La loi de brumaire eut sur la loi de l'an III l'avantage incontesté d'être praticable; elle était préférable à l'édit de 1673, parce qu'elle veillait surtout aux intérêts du crédit, en faisant connaître toutes les mutations d'immeubles et en associant la spécialité de l'hypothèque à sa publicité.

A. *Actes soumis à la transcription.* — La loi de brumaire ne soumet à la publicité que les actes *entre vifs;* elle parle, en effet, du vendeur. Voici comment s'exprime l'article 26 : « Les actes translatifs de biens et de droits susceptibles d'hypothèques doivent être transcrits dans les registres du bureau de la conservation des hypothèques, dans l'arrondissement duquel les biens sont situés. Jusque-là, ils ne peuvent être opposés aux tiers qui auraient contracté avec le vendeur, et qui se seraient conformés aux dispositions de la présente. »

Jugements, partages ou dispositions à cause de mort

échappent donc à la publicité ; la pensée du législateur a été que la formalité de la transcription eût été inutile en présence de la notoriété qui entoure en général dans ces hypothèses la translation de propriété. Ce premier point sera réformé en partie par le législateur de 1855.

La loi contient une seconde limitation : elle restreint sa portée aux *biens et droits susceptibles d'hypothèques*. Or, aux termes de l'article 6, sont seuls susceptibles d'hypothèques : « 1° les biens territoriaux transmissibles, ensemble leurs accessoires inhérents ; 2° l'usufruit ainsi que la jouissance à titre d'emphytéose, des mêmes biens pour le temps de leur durée (1). »

Ne sont pas compris dans cette énumération, et, par conséquent, ne sont pas assujettis à la publicité, les constitutions de droits d'usage et d'habitation, de servitudes, d'antichrèses. Comment la loi a-t-elle pu laisser dans l'oubli des charges qui déprécient aussi gravement la valeur d'un immeuble ? Les hautes raisons de sécurité, de confiance, d'activité industrielle qui justifient la transcription, ne réclament-elles pas aussi en faveur des tiers la publicité de ces charges foncières que l'examen vigilant des titres de propriété ne révèle pas toujours ?

La loi de brumaire a été avant tout une loi hypothécaire ; elle songeait principalement à protéger l'acquéreur contre les hypothèques, et c'est en se plaçant à ce même point de vue qu'elle n'a exigé la transcription que pour les biens susceptibles d'hypothèque. C'était là une lacune regrettable, nous verrons plus tard qu'elle a été comblée par la loi de 1855.

Telles sont les translations soumises à la transcrip-

(1) Comp. l'art. 2118 C. civ.

tion ; il n'y a pas à distinguer si elles sont à titre onéreux ou à titre gratuit (1).

B. *Effets de la loi dans les rapports des parties entre
elles.* — Étudions les d'abord relativement aux biens non
susceptibles d'hypothèque. La loi de brumaire a-t-elle
introduit le principe nouveau de la transmission par la
seule force du consentement?

On l'a soutenu, et on a dit qu'il ne pouvait en être
autrement quand on voit dès la fin du xvie siècle des
esprits novateurs attaquer dans sa légitimité le principe
même de la tradition et démontrer que la volonté des
parties devait être suffisante pour transférer la propriété. De son côté, la pratique avait rendu la tradition
illusoire en la faisant consister dans une clause du
contrat.

Comment croire dès lors que le législateur de brumaire, imbu de doctrines spiritualistes, n'ait point entendu se dégager d'une formalité devenue inutile et sans
objet? Cela résulte d'ailleurs, ajoute-t-on, d'une déclaration très nette faite par le représentant Crassous dans
son rapport au Conseil d'État : « La mutation, en ce
qui concerne le vendeur, est parfaite par leur seul consentement mutuel. »

Nous ne croyons pas que la loi de brumaire ait touché à la théorie de l'ancien droit. Nous verrons, en effet,
que les rédacteurs du Code n'ont pas osé rompre ouver-
vertement avec les subtilités du passé ; or, comment
expliquer leurs hésitations, s'ils avaient pu asseoir la
nouvelle doctrine sur un précédent législatif? On objecte
un passage du rapport de Crassous ! mais est-ce là un

(1) M. Troplong, qui avait essayé de faire cette distinction, a reconnu plus tard son erreur. *Donations*, t. III, n°° 1177-79, et *Commentaire de la loi de 1855*, n° 155.

argument solide? Avant la Révolution, Argou tenait le même langage ; et cependant peut-on affirmer qu'il ait jamais fait abstraction complète de l'idée de tradition ? Il vaut mieux reconnaître que les apparences de la pratique, apparences qui certes, n'étaient pas éloignées de la doctrine spiritualiste, ont influé sur les paroles de Crassous, comme sur le style d'Argou.

Mais la tradition réelle ou feinte restait-elle suffisante *inter partes* à l'égard des biens susceptibles d'hypothèques ?

La question a été controversée et d'éminents jurisconsultes ont prétendu que la transcription était une formalité exigée sans distinction, à l'imitation des devoirs de loi (1) ; dans ces pays, jusqu'au dévest, comme dans les autres jusqu'à la tradition, la propriété reposait sur la tête du vendeur. Et ces auteurs invoquent l'article 28, ainsi conçu : « La transcription prescrite par l'article 26 transmet à l'acquéreur les droits que le vendeur avait à la propriété de l'immeuble, mais avec les dettes et hypothèques dont cet immeuble est grevé. » On lit enfin dans le rapport définitif de Jacqueminot : « La translation de la propriété immobilière s'opérera seulement par la transcription de l'acte sur les registres du conservateur (1).

Ce n'est point, croyons-nous, la pensée de la loi de brumaire. L'article 26 est trop formel : « Jusque-là (jus-

---

(1) « C'était aux pays de nantissement, dit Crassous dans son rapport, qu'ils avaient emprunté la disposition qui prescrit l'inscription de tout acte de mutation, pour qu'il y ait effet contre les tiers. » (*Moniteur* du 7 germinal an VI.)

(2) Rapport du 13 vendémiaire an VII. — *De l'effet ordinaire de l'inscription*, par M. Valette, p, 8 et s. — Pont, n° 292. — Hureaux, *Revue pratique*, 1871. — Conf. Cour de Rouen, 7 déc. 1809.

qu'à la transcription), ils ne peuvent être opposés aux tiers qui auraient contracté avec le vendeur. » Dans le premier système, on cite plusieurs passages des rapports ; mais, en sens contraire, d'autres passages ne sont pas moins catégoriques : « Des tiers peuvent croire que celui qui était propriétaire hier, l'est encore aujourd'hui... Il fallait que les mutations ne pussent nuire à ceux qui auraient contracté avec le vendeur avant cette insrciption (1). »

Cette dernière proposition exprime nettement le but poursuivi par la loi. Elle n'a pas voulu, comme on le lui attribue, bouleverser toute l'économie des principes sur les transmissions de la propriété, c'est-à-dire anéantir le droit des pays coutumiers ; ce qu'elle s'est proposé, c'est de constituer un véritable crédit réel, en inspirant aux prêteurs et aux acquéreurs la confiance, qui est l'âme de l'activité commerciale. Par conséquent, dans les rapports du vendeur et de l'acheteur, la transcription était inutile ; la vente était parfaite par la convention notariée. En un mot, comme l'a fort bien dit M. Duverger (2), la transcription n'est pas l'acquisition, mais la *consolidation* du domaine sur la tête de l'acquéreur.

C. *Effets de la loi dans les rapports des parties avec les tiers.* — Ce n'est que par la formalité de la transcription que la propriété *absolue* de la chose vendue passe du domaine du vendeur dans celui de l'acheteur. Jusquelà, dit l'article 26 *in fine*, ils ne peuvent être opposés aux tiers qui auraient contracté avec le vendeur ; l'acheteur n'est pas devenu propriétaire, le vendeur n'a

(1) Rapport de Jaqueminot.
(2) M. Duverger, *Revue pratique*, t. X, p. 165 et s. et t. XVIII, p. 449 et 529. — Avis du Conseil d'État du 11 fructidor an XIII. — Conf. Paris, 28 août 1806, et Turin, 16 mars 1811.

pas cessé de l'être, et un second acquéreur n'a rien à craindre de cette aliénation précédemment consentie, mais non rendue publique. Cependant il ne suffit pas qu'il invoque le défaut de transcription de la part du premier acquéreur; il faut, dit l'article 26, que les tiers se soient *conformés aux dispositions de la présente.* La transcription est donc pour eux la condition préalable du bienfait de la loi; et entre deux acquéreurs qui auraient également négligé de publier leurs contrats, le juge, conformément au droit commun, doit préférer le premier en date. Hypothèse évidemment rare; car il est loisible à celui qui veut opposer le défaut de transcription de commencer par se mettre lui-même en règle avec la loi.

Mais quels sont au juste les tiers que la loi a eu en vue de protéger? Quels sont ceux qui, ayant contracté et s'étant conformés aux prescriptions de la loi, peuvent opposer à un contrat antérieur l'absence de la formalité? Ce sont exclusivement ceux que la même loi assujettit à la publicité de leurs droits, ce qui comprend les créanciers hypothécaires et un second acquéreur. Cependant des auteurs avaient voulu exclure ce dernier; mais les termes généraux de la loi ne permettent aucune distinction, et un arrêt de cassation du 23 messidor an X a tranché la question en sa faveur (1). En résumé, la transcription seule rend inattaquable le droit de l'acquéreur; cette formalité remplie, il peut repousser, non seulement les tiers qui ont acquis des droits postérieurs, mais encore ceux qui auraient acquis des droits antérieurs et qui ne les auraient pas rendus publics avant la transcription de son contrat.

D. *Règles spéciales aux donations.* — La loi de bru-

(1) Sirey. III. 1. 31. — Voy. aussi 23 thermidor an XIII, Sirey. VI. 1. 60.

maire, avons-nous dit, s'appliquait à toute aliénation de biens et droits susceptibles d'hypothèques, qu'elle fût à titre onéreux ou à titre gratuit. D'autre part l'insinuation restait en vigueur. Les donations d'immeubles étaient donc soumises à une double condition de publicité : on les insinuait au greffe des tribunaux et on les transcrivait au bureau des hypothèques. Indiquons les différences entre les deux formalités.

1° Toute donation devait être insinuée ; les donations immobilières étaient seules soumises à la formalité de la transcription ;

2° L'insinuation se faisait au greffe ; la transcription à la conservation des hypothèques.

3° Le donataire avait un délai pour faire insinuer la donation quatre mois à partir de l'acceptation : lorsqu'il habitait le royaume, six mois dans le cas contraire. L'insinuation faite dans ce délai avait un effet rétroactif au jour de la donation. Ce délai passé, elle pouvait être encore faite, pourvu que le donateur fût vivant ; mais alors elle ne produisait son effet qu'à sa date. — Le donataire n'avait aucun délai pour faire transcrire : le plus tôt était le mieux, car la transcription n'avait point d'effet rétroactif.

4° Le défaut d'insinuation pouvait être opposé au donataire par toute personne qui y avait intérêt, *même par les héritiers du donateur.* — La donation, quoique non transcrite, était, au contraire, valable non seulement à l'égard du donateur, mais encore à l'égard de ses héritiers : ceux-ci, bien qu'intéressés à la nullité de la donation, n'étaient pas admis à invoquer le défaut de transcription.

Ces deux systèmes, l'insinuation et la transcription, ont subsisté ensemble jusqu'à la promulgation du Code, qui supprima l'une des deux formalités.

DROIT ACTUEL

PREMIÈRE PARTIE

TRANSMISSION DE LA PROPRIÉTÉ ENTRE LES PARTIES

§ I. — Travaux préparatoires

Le principe que la propriété ne peut être transférée que par la tradition avait été profondément atteint par la pratique dans l'ancien droit. Ce principe séculaire, encore respecté par la loi de brumaire dans sa forme dégénérée, passa-t-il dans le droit actuel? ou les rédacteurs du Code se rallièrent-ils à la doctrine spiritualiste de Grotius et Puffendorf? L'affirmative n'est pas douteuse, si on pénètre au fond de leur pensée, dont les textes ne sont que l'expression imparfaite et souvent inexacte. Rien n'est en effet plus singulier que la manière dont se trouve formulée dans le Code la théorie de la transmission de la propriété ; elle a donné lieu à un grand nombre d'articles énigmatiques et parfois contradictoires en apparence.

En exécution d'un décret de la Convention du 24 juin 1793 un premier projet de Code civil fut présenté, le 9 août suivant, par Cambacérès. Le titre II du livre III avait pour rubrique : « Des manières d'acquérir la propriété indépendantes des contrats. »

En principe, la tradition seule transférait la propriété ;

puisqu'elle était fictive et s'opérait par la délivrance du titre (1). Le projet reconnaissait donc implicitement que la convention suffit pour transférer la propriété ; mais il se contredisait aussitôt en ajoutant que « les obligations peuvent servir de *moyens pour arriver à la propriété ;* elles ne la transmettent pas de plein droit, la tradition peut seule opérer cet effet. » (Art. 1.)

Une commission spéciale fut chargée de reviser le projet. « La propriété, dit l'article 88 du travail de revision (liv. II, tit. V), s'acquiert par l'occupation, par l'accession, par la *tradition*..... » La tradition reconnue nécessaire dans la translation volontaire, l'article 91 la définissait ainsi : « La tradition s'opère par l'acte qui a pour objet de transférer la propriété. » Le nouveau texte était plus net que le premier, la délivrance du titre était supprimée, et le mot *acte* désignait évidemment la convention translative. Mais on usait de détours et, par respect pour l'antique tradition, au lieu d'énoncer franchement le principe admis, on préférait dire que la tradition était réputée accomplie par la formation du contrat.

En messidor an IV, un troisième projet fut présenté par Cambacérès. L'article 88 était maintenu ; mais cette fois le rapporteur eut soin d'expliquer clairement sa pensée : « La tradition, disait-il, est une sorte d'investiture donnée par le propriétaire d'une chose à celui qu'il veut se substituer.... C'est par la volonté seule que se fait la transmission de la propriété... Tout sera simplifié en décidant que la tradition s'opère par l'acte qui transmet la propriété (2). »

Le principe était nettement posé, et si le mot *tradition* était maintenu, ce n'était que par la force de l'habitude ;

(1) Fenet, t. I, p. 74.
(2) Fenet, t. I, p. 255.

cependant les différents projets de Cambacérès avortèrent.

C'est au Consulat qu'appartient l'honneur d'avoir doté la France d'un Code civil. Par un arrêté du 24 thermidor an VIII, Bonaparte, à peine investi du pouvoir consulaire, nomma une commission chargée d'étudier les travaux antérieurs et de rédiger un nouveau projet. Elle fut composée de MM. Tronchet, Bigot-Préameneu, Portalis et Malleville ; les trois derniers devaient prendre part aux discussions du Conseil d'État.

On lisait dans l'article 1er du livre IV : « La propriété des biens s'acquiert :... 3° par les obligations qui naissent des contrats ou conventions. »

L'article 37 était ainsi conçu : « Entre les parties, la convention transporte la propriété mobilière et immobilière. L'obligation de livrer la chose est parfaite par le seul consentement des parties contractantes. Elle rend e créancier propriétaire, etc. »

L'article 2 du titre de la vente disposait que : « La vente est accomplie, dès qu'on est convenu de la chose et du prix, quoique la chose n'ait pas encore été livrée, ni le prix payé. » L'article 25, que : « La tradition des immeubles s'opère par l'acte seul qui en transfère la propriété. »

Le premier consul, voulant s'entourer des lumières du pays, soumit le travail de la commission à l'appréciation du Tribunal de cassation et de tous les Tribunaux d'appel. Le Tribunal de Paris critiqua vivement l'innovation que le projet semblait introduire : « Il ne paraît pas exact, dit-il, que la propriété s'acquiert par les obligations qui naissent des contrats ou conventions. Elle s'acquiert par la tradition... Il semble qu'on aurait mieux fait de s'en tenir aux idées reçues... Si le Code hypothécaire est aboli, il faut s'en tenir à l'ancien principe suivant lequel la propriété de l'immeuble passe d'une main à l'autre, non point par le seul contrat d'aliénation et les différentes clauses qu'il contient, mais par la tradition réelle et la mise en possession du nouvel acquéreur... Le vendeur est exproprié par son seul fait, et le consentement qu'il donne à l'entrée en jouissance de l'acquéreur. »

Ces critiques, sans être complètement écoutées, ne laissèrent pas d'exercer leur influence sur l'esprit des rédacteurs du Code ; tout en consacrant la théorie spiritualiste, ils la dissimulèrent sous des formules qui pouvaient donner quelque satisfaction aux partisans du passé.

§ II. — Système du Code

Les législateurs de 1804 anéantissent en fait la tradition, en la faisant toujours résulter du contrat lui-même, qui devient ainsi, par sa seule force, translatif de propriété. C'est là ce qui ressort des travaux préparatoires et de toutes les déclarations faites par les orateurs dans la discussion :

« C'est le consentement, disait Bigot-Préameneu, qui rend parfaite l'obligation de livrer ; il n'est donc pas besoin de tradition réelle, pour que le créancier doive être considéré comme propriétaire. »

Dans son rapport au nom du Tribunat, M. Favart s'exprimait ainsi :

« L'obligation de livrer la chose rend le créancier propriétaire, du moment que le consentement a formé le contrat ; d'où il résulte que la chose périt pour lui, à moins que le débiteur n'ait été mis en demeure ; car, dans ce cas, la chose est à ses risques. »

S'expliquant sur l'article 1583 (ancien article 2), M. Portalis était encore plus explicite :

« Dans les premiers âges, dit-il, il fallait tradition et occupation corporelle pour consommer le transport de la propriété. Dans les principes de notre droit français, le contrat suffit... Il s'opère, par le contrat, une sorte de *tradition civile*, qui consomme le transport des droits. »

Si maintenant nous passons à la rédaction définitive, nous voyons que la même théorie se dégage des textes et des formules, cependant peu précises, que le législateur y emploie.

C'est d'abord l'article 711 qui pose le principe de la transmission, en dehors de tout acte matériel, par le seul effet du contrat :

« La propriété des biens s'acquiert et se transmet par succession, par donation entre vifs ou testamentaire, et par l'*effet des obligations*. » La pensée de la loi n'est pas douteuse ; mais son langage est-il correct ? Est-il exact de dire que la propriété s'acquiert en vertu d'une obligation ? La translation de propriété et la naissance des obligations sont deux effets provenant d'une même source, mais deux effets absolument dissemblables, et l'une n'est pas la cause de l'autre. L'effet naturel de l'obligation, c'est la faculté pour le créancier d'employer les moyens de coercition que la puissance publique lui prête contre le débiteur récalcitrant ; et, si parfois elle est un moyen indirect d'arriver à l'acquisition de la propriété, toutes les obligations ne tendent pas au même résultat : telles sont les obligations de faire ou de ne pas faire.

C'est donc abusivement que le Code attribue la translation de propriété à l'effet de l'obligation ; il faut dire, en corrigeant sa formule : la propriété est acquise par *l'effet des conventions.*

La mention de la donation, dans l'article 711, soulève aussi une observation. La donation entre vifs n'est pas, comme le legs, une manière spéciale d'acquérir ; elle est une convention, et, par conséquent, elle rentre dans la catégorie des modes d'acquisition par l'effet des conventions.

La tradition, qui était citée dans les premiers projets, a donc été supprimée dans l'article 711. Cambacérès, au moment de voter cet article, demanda pourquoi, conformément au droit romain, la tradition n'était pas mise au nombre des manières d'acquérir, et Tronchet répondit que la tradition n'était que le mode d'exécution d'un engagement (1).

Au titre de la Vente, l'article 1583 répète le principe : « Elle est parfaite entre les parties, et la propriété est acquise de droit à l'acheteur à l'égard du vendeur, dès qu'on est convenu de la chose et du prix, quoique la chose n'ait pas été livrée ni le prix payé. »

Le principe est également reproduit dans l'article 938, sur les donations : « La donation dûment acceptée est parfaite par le seul consentement des parties ; et la propriété des objets donnés sera transférée au donataire, sans qu'il soit besoin d'autre tradition *que celle du consentement.* » Ces derniers mots furent retranchés pour cause de pléonasme.

C'est enfin l'article 1138, au titre des Contrats, qui nous dit : « L'obligation de livrer la chose est parfaite par le seul consentement des parties contractantes. Elle rend le créancier propriétaire et met la chose à ses

(1) Fenet, t. XII, p. 4.

risques, dès l'instant où elle a dû être livrée, encore que la tradition n'en ait point été faite... »

Que ressort-il de tous ces textes? Incontestablement ceci : c'est que ni la tradition réelle, ni même une manifestation expresse de volonté, clause de dessaisine ou autre, ne sont plus exigées, ou que du moins la loi les sous-entend toujours de plein droit. Seulement les rédacteurs du Code, influencés par les souvenirs de l'ancien droit, ont voulu en conserver les idées générales ; c'est ce qui explique la formule obscure, et qui paraît énigmatique, de l'article 1138.

Cet article contient trois propositions :

1° L'obligation de livrer est parfaite par le seul consentement des parties ; — 2° Cette obligation rend le créancier propriétaire, encore que la tradition de la chose n'ait pas été faite ; — 3° Elle met la chose aux risques et périls du créancier devenu propriétaire.

Le législateur a eu tort de rapprocher ainsi dans un même article la question de la propriété et la question des risques, et il semble que celle-ci l'a tellement absorbé qu'il n'a posé la règle de la translation de la propriété qu'en vue de mettre les risques à la charge de l'acquéreur.

L'explication des deux autres propositions a soulevé une controverse entre les commentateurs. Deux systèmes sont en présence ; il importe de les connaître.

Première explication. — « L'obligation de livrer est parfaite par le seul consentement des parties ; » c'est-à-dire que l'obligation de livrer est *créée, formée*, engendrée indépendamment de toute sòlennité : *solus consensus obligat*, c'est tout simplement la consécration d'une ancienne règle.

L'innovation se trouve dans le second alinéa. « Elle rend le créancier propriétaire dès l'instant où la chose a dû être livrée. »

Le principe de la transmission est posé ; seulement la formule est inexacte, et plusieurs corrections sont à faire. D'abord ce n'est pas l'obligation qui rend le créancier propriétaire, c'est la convention, la convention de *donner*, c'est-à-dire celle par laquelle l'une des parties promet à l'autre la propriété de la chose ; ainsi le locataire d'une maison n'en acquiert point la propriété, bien que son locateur soit convenu avec lui de la lui *livrer*.

Mais ce qui surtout doit être modifié, ce sont les derniers termes : « *dès l'instant où elle a dû être livrée.* » C'est là une grosse inexactitude ; prise à la lettre, cette formule signifierait que, dans les conventions *à terme,* la propriété est transférée, non pas du jour du contrat, mais du jour de l'échéance du terme ; or c'est précisément le contraire qui a lieu.

Remplaçons donc la formule de la loi par celle-ci : *dès l'instant où est née l'obligation de donner.* A l'aide de ces légères modifications, on donne à l'article un sens satisfaisant.

Deuxième explication. — Elle ne fait subir à l'article 1138 aucune correction ; elle prend le texte tel qu'il est et explique chacun de ses termes. Elle maintient d'abord ces mots : *l'obligation de livrer,* c'est-à-dire l'obligation de faire tradition ; en effet, pourquoi les modifier ? Ils ont le même sens que dans l'article 1136, qui dispose que l'obligation de donner une chose emporte celle de la livrer et de la conserver jusqu'à la livraison. L'obligation de livrer est *parfaite,* c'est-à-dire *accomplie, exécutée* par le seul consentement des parties, *per-*

fecta dans le sens latin (1). C'est la même forme de langage que celle d'Argou, dans ses *Institutions :* « Dès le moment que le contrat est *parfait* et accompli, tous les droits qui appartenaient au vendeur passent à la personne de l'acquéreur. » Il faisait ainsi allusion à la clause de dessaisine-saisine.

Quant aux derniers mots : « elle rend le créancier propriétaire dès l'instant où elle a dû être livrée », la loi veut dire que l'acquéreur devient propriétaire dès l'instant où la tradition légale a dû être faite, dès l'instant où la clause de dessaisine-saisine aurait été inscrite, si elle avait été maintenue par le Code. La tradition feinte, la tradition qui, dans l'ancien droit, résulte de la volonté expresse des parties est, sous l'empire du Code, supposée dans tous les cas. Elle a lieu à partir du moment que les parties ont fixé ; ce moment est, sauf déclaration contraire, le moment même du contrat. En résumé, la propriété se transfère par le seul effet de la convention ; c'est d'ailleurs le résultat auquel aboutit la première explication, bien qu'elle diffère par la manière d'entendre les termes de l'article.

Il n'est donc plus exact de dire aujourd'hui que l'on s'oblige à transférer la propriété ; en effet, s'obliger à la transférer, c'est la transférer pour cela même à l'instant. Et voilà de quelle manière ce grand principe de la société moderne a été introduit dans notre Code, timidement, presque subrepticement, par une sorte de détour qui rappelle les procédés à l'aide desquels les Préteurs corrigeaient l'ancien droit civil romain.

(1) Valette, *Revue de droit français et étranger*, 1846, p. 782, note.

DEUXIÈME PARTIE

TRANSMISSION A L'ÉGARD DES TIERS

TITRE I

CONTRATS A TITRE ONÉREUX

I. — Code civil

Un premier point est établi : la transmission de la propriété s'opère *entre les parties* par le seul effet du consentement : par le seul effet de la vente, l'acheteur est devenu propriétaire, le vendeur a cessé de l'être; mais ce transfert est occulte et de nature à tromper les *tiers*, auxquels il importe de discerner le propriétaire véritable. Il fallait satisfaire aux exigences du crédit public ; la question fut franchement abordée par les jurisconsultes. Ne faudra-t-il pas qu'une formalité de publicité vienne révéler aux tiers la mutation qui s'est produite pour la leur rendre opposable ? En d'autres termes, le Code maintiendra-t-il le système de publicité organisé par la loi de brumaire ou bien reviendra-t-il au régime des transmissions occultes, tel qu'il était pratiqué dans notre ancien droit?

La commission de rédaction du Code civil, d'abord hostile à l'œuvre de brumaire, écrivit un article 38 destiné à rendre la transcription inutile : « Dès l'instant que le propriétaire a contracté, par un acte authentique, l'obligation de donner ou livrer un immeuble, il en est exproprié... ; l'aliénation qu'il en fait postérieurement est nulle, et la tradition qu'il en aurait pu faire à un second acquéreur ne donne aucune préférence... »

Les tribunaux furent consultés ; celui de Paris distingua très nettement les droits des tiers. Il demanda qu'on s'en tînt à la loi de brumaire, et, si elle était écartée, que tout au moins le changement de propriété fût soumis aux règles du droit romain, c'est-à-dire qu'il se manifestât pour un fait *extérieur* et *public*, par la tradition réelle et la mise en possession de l'acquéreur (1).

Le projet revint devant le Conseil d'État, où la lutte fut des plus vives : elle s'engagea au titre des obligations. Les partisans de la loi de brumaire disaient : « Rien n'est dangereux comme les mutations clandestines ; il importe que la société connaisse l'aliénation, afin que chacun sache *quis dominus sit*. » Les réformateurs répondaient : « Un acheteur ignore souvent le danger auquel il s'expose en ne transcrivant pas : aussi il ne se hâte point de faire transcrire, le jour même ou le lendemain du contrat. Pourquoi le rendre victime de son ignorance ou de son oubli ? Pourquoi laisser au vendeur le droit de le dépouiller? D'autre part la transcription, si profitable aux fisc, est ruineuse pour les particuliers obligés d'en supporter les frais. » Personne ne voulut céder, et on ne tomba d'accord que sur le renvoi de la discussion : ce fut l'objet de l'article 1140 qui ajourna aux titres de la Vente et des Hypothèques la solution de la question.

Au titre de la Vente, sur l'article 1583, la lutte recommença ; la discussion fut encore suivie d'un ajournement. Personne ne contestant que la convention suffit pour

(1) Fenet, t. V, p. 230.

transférer la propriété *inter partes*, on consacra le principe que la vente rend l'acheteur propriétaire *à l'égard du vendeur*, laissant entière la question de savoir s'il serait obligé ou non de transcrire pour devenir propriétaire *à l'égard des tiers*.

Fut-elle enfin tranchée au titre des Privilèges et Hypothèques ?

La section de législation au Conseil d'État proposa deux articles ainsi conçus :

Article 91 : « Les actes translatifs de propriété qui n'ont pas été ainsi *transcrits* ne peuvent être opposés aux tiers qui auraient contracté avec le vendeur, et se seraient conformés aux dispositions de la présente. »

Article 92 : « La simple transcription des titres translatifs de propriété sur le registre du conservateur ne purge pas les privilèges et hypothèques établies sur l'immeuble. Il ne passe au nouveau propriétaire qu'avec les droits qui appartenaient au précédent, et affecté des mêmes privilèges et hypothèques dont il était chargé (1). »

C'était, en réalité, la reproduction des articles 26 et 28 de la loi de brumaire et, par conséquent, le maintien de la transcription ; les articles 91 et 92 suscitèrent les débats les plus vifs.

Le Conseil d'État était partagé en deux camps : d'un côté, Tronchet, jurisconsulte éminent, qui représentait avec Portalis et les autres qui les suivirent, l'école de Pothier et l'école coutumière ; de l'autre, Treilhard, d'une science non moins étendue, mais partisan résolu des progrès accomplis. Pour Tronchet, la transcription ne sera ni la base du crédit foncier, ni la base de la propriété immobilière. Il n'en verra que les inconvénients ; il n'en saisira pas les avantages.

(1) Fenet, t. XV, pp. 346 et s.

Qu'est-ce que le crédit foncier ? Une affaire bursale, une affaire de régie et rien de plus. « Celui qui achète, disait-il encore, n'a pas besoin que la loi pourvoie d'une manière particulière à sa sûreté; il a les titres sous les yeux, il peut vérifier la possession du vendeur, et ce serait pour le dispenser de cet examen qu'on ne craindrait pas de compromettre la propriété d'un citoyen qui se repose avec sécurité sur un contrat légal ! »

Treilhard combattit pied à pied les objections de son adversaire : « L'effet du système serait manqué, répondait-il, si l'on n'était pas autorisé à regarder comme propriétaire celui qu'on trouve inscrit sous cette qualité. Si cet individu a vendu son héritage et que néanmoins il l'engage comme s'il lui appartenait encore, point de doute qu'il ne se rende coupable de stellionat ; mais sur qui les suites de cette faute doivent-elles retomber? Sera-ce sur un prêteur qui n'a pu s'éclairer que par l'inspection des registres hypothécaires? Non, sans doute ; ce sera sur l'acquéreur, qui était obligé de faire connaître son contrat, et qui, pour ne pas l'avoir publié, a jeté dans l'erreur celui que la loi renvoyait aux registres. »

Et comme Tronchet faisait observer : 1° que la loi porterait atteinte aux contrats antérieurement passés, et 2° qu'elle aurait pour effet de consolider la propriété sur la tête d'une personne ayant acquis *a non domino*, Treilhard fit cette réponse facile, que, d'une part, la loi n'avait pas d'effet rétroactif, et que, d'autre part, les articles ne concernaient pas le cas où le vendeur n'aurait jamais été propriétaire (1).

Le Conseil d'État vota une note, qui n'est pas de nature à jeter beaucoup de lumière sur ces débats confus, et

(1) Fenet, t. XV, p. 389.

qui est ainsi reproduite par M. Locré : « Le Conseil adopte en principe :

« 1° Que la disposition de l'article 91 n'est pas applicable aux contrats de vente antérieurs à la loi de brumaire.

« 2° Que la transcription du contrat ne transfère pas à l'acheteur la propriété, lorsque le vendeur n'était pas propriétaire. »

Sur l'observation de Cambacérès, qui reprochait aux articles 91 et 92 leur obscurité, on les renvoya à la section pour les rédiger plus clairement *dans le sens que venait de leur donner M. Treilhard.* Le principe était voté ; cela n'est pas douteux. Le 22 ventôse an XII, le projet revenait devant le Conseil d'État ; l'article 92 était ainsi modifié (2° alinéa de l'art. 2182) : « Le vendeur ne transmet à l'acquéreur que la propriété et les droits qu'il avait lui-même sur la chose vendue. »

Quant à l'article 91, il avait disparu ! Et avec lui, le principe de la transcription, défendu par Treilhard dans la séance du 12 ventôse et certainement adopté dans la même séance ! Résultat inexplicable, et jusqu'à présent inexpliqué : étourderie des rédacteurs, erreur de copiste, ou même escamotage, comme l'a prétendu M. Troplong, toutes ces hypothèses sont possibles. Toujours est-il que la disposition ne se trouve pas dans le Code ; mais ce résultat était si inattendu qu'aussitôt la question suivante se posa entre les jurisconsultes : La transcription, comme mode translatif de propriété, a-t-elle été maintenue ou rejetée par le Code civil ?

Les partisans de la loi de brumaire s'efforcèrent de démontrer que, sous l'empire même du Code, la transcription était encore en vigueur. Ils invoquaient en faveur de leur thèse le silence des travaux préparatoires et de la loi elle-même, qui ne contient aucune dérogation expresse ou tacite du système admis par la loi précédente ; ils s'appuyaient sur ce passage du rapport de Grenier, au Tribunat : « La loi de brumaire sera regardée comme le type et le fondement du projet de loi actuel. Le mot de « transcription » est revenu souvent, disaient-ils, sous la plume du législateur, et s'il a disparu une fois avec l'article 91, il est resté dans les autres articles du projet. Les textes nombreux, relatifs à la transcription, que renferme le Code, sont inexplicables si on suppose l'abrogation de cette formalité en matière de transmission de propriété (1).

C'est d'abord l'article 2180, qui ne permet au tiers détenteur de prescrire contre l'action hypothécaire qu'à dater du jour de la transcription, sans doute parce que la propriété à l'égard des tiers n'a été transmise au tiers détenteur que par la transcription.

Autrement ce serait une disposition vexatoire, aussi bien que l'article 2181, d'après lequel la transcription est le préliminaire de la purge ; pourquoi l'exiger, sinon par cette raison que celui qui purge est l'acquéreur ? « La simple transcription, dit ensuite l'article 2182, ne purge pas les hypothèques et privilèges *établis* sur l'immeuble, » c'est-à-dire que l'acquéreur doit respecter tout privilège inscrit avant la transcription : dénier ce sens à l'article, c'est en faire une disposition tout à fait inutile et sans valeur.

L'article 2189, ne prouve-t-il pas aussi la règle en dispensant, par une exception évidente, le donataire ou l'acquéreur qui conserve l'immeuble mis aux enchères, de faire transcrire le jugement d'adjudication ?

(1) *Sic* M. Bureaux, *Revue de droit français et étranger*, 1846. — M. Jourdan, *Thémis*, t. I, p. 373.

Citons encore l'article 2198 : « L'immeuble, à l'égard duquel le conservateur aurait omis dans ses certificats une ou plusieurs des charges inscrites, en demeure, sauf la responsabilité de l'acquéreur, affranchi dans les mains du nouveau possesseur, pourvu qu'il ait requis le certificat depuis la transcription de son titre. » Cet article semble bien reconnaître aux créanciers de l'aliénateur le droit de s'inscrire jusqu'à la transcription ; c'est la seule explication qu'on puisse en donner.

Les articles 939 et 941 fournissent enfin un dernier argument ; ils faisaient partie dans le projet d'un système général sur le mode de publicité destiné à transmettre la propriété à l'égard des tiers. A ce point de vue, d'ailleurs, il eût été contradictoire de ne pas assimiler les actes à titre gratuit et les actes à titre onéreux.

Cette théorie ne prévalut pas cependant dans la doctrine, et la jurisprudence la rejeta constamment. Elle était en effet difficile à soutenir en présence de la loi du 30 ventôse an XII, qui abrogeait les lois antérieures sur les matières faisant l'objet du Code civil, et surtout devant la suppression de l'article 91 qui consacrait le principe de la transcription. On ne pouvait tirer des discussions du conseil d'Etat des arguments très solides ; sa manière de voir n'en ressort pas d'une façon bien nette. Si on veut d'ailleurs invoquer les travaux préparatoires, nous y répondrons en citant ce passage du rapport du tribun Grenier : « La transcription n'est plus nécessaire aujourd'hui pour la transmission des droits du vendeur à l'acquéreur respectivement à des tiers, ainsi que l'avait voulu l'article 26 de la loi du 11 brumaire an VII. »

Quant à la transcription des donations, rien d'étonnant à ce qu'elle ait été maintenue ; depuis trois siècles, on les rendait publiques, et le législateur de brumaire lui-même n'avait pas remarqué le double emploi de la transcription et de l'insinuation (1).

La transcription avait cependant ses avantages ; nous en avons vu les principales applications.

En résumé, d'après le Code, la vente étant par elle-même et sans le secours de la tradition ou de la transcription translative de propriété, le vendeur cesse d'être, et l'acheteur devient, dès le moment de la perfection même du contrat, propriétaire de la chose vendue. Il en résulte : 1° que toute hypothèque, servitude ou autre charge, constituée par le vendeur, dans l'intervalle de la vente à la tradition effective, est frappée d'une nullité radicale ; — 2° que, s'il la vend une seconde fois ou s'il la donne, le premier acheteur peut la revendiquer entre les mains du tiers qui la possède ; — 3° que les créanciers du vendeur ne peuvent point la saisir, quoiqu'elle soit encore en sa possession.

A partir de la vente, en un mot, la propriété était transférée *erga omnes*.

II. — Code de procédure civile ; nécessité d'une réforme

A. — La résistance ne venait plus que de quelques rares auteurs, et n'était soutenue que par un très petit nombre d'arrêts ; l'abrogation de la transcription comme mode translatif fut bientôt considérée comme une règle de droit indiscutable. Les applications de cette formalité étaient restreintes et, malgré leur utilité, les transcriptions devinrent moins fréquentes ; or elles étaient une source de revenus pour la régie. Le gouvernement

(1) Nîmes, 11 juin 1807, Sirey. IX. 2. 31 ; Cassation, 10 octobre 1810, Sirey. III. 1. 241 ; Poitiers, 7 juillet 1825, Sirey. XXV. 2. 426.

s'en émut ; il fallut remédier à cet appauvrissement sensible du Trésor, et l'intérêt fiscal, en voulant rendre les transcriptions plus fréquentes, produisit une réforme importante.

D'après le Code civil, les créanciers hypothécaires du vendeur qui ne s'étaient pas fait inscrire avant l'aliénation de l'immeuble, ne pouvaient pas s'inscrire après. Cette disposition était rigoureuse et même injuste, quand la vente avait lieu fort peu de temps après la constitution d'hypothèque et que les créanciers n'avaient pas eu le temps de prendre inscription.

Aussi par bienveillance, l'article 834 du Code de procédure permit-il aux créanciers de s'inscrire dans les quinze jours qui suivent la transcription ; ils n'avaient donc plus à redouter une brusque aliénation et une transcription frauduleuse qui leur eussent enlevé le temps nécessaire pour s'assurer par l'inscription le bénéfice de l'hypothèque.

C'était là un tempérament heureusement apporté au système du Code dans l'intérêt des tiers. Mais cette atténuation n'avait qu'une portée limitée ; la transcription n'était en effet nécessaire que pour arrêter le cours des inscriptions du chef des créanciers hypothécaires *antérieurs à la vente*. L'article 834 consacrait donc implicitement l'abrogation de la loi de brumaire ; car, pourquoi ne pas valider les hypothèques consenties après l'aliénation, si le vendeur était resté propriétaire au regard du public ?

La loi de finances du 28 avril 1816, donna une plus complète satisfaction aux intérêts du fisc, en décidant que le droit de transcription serait perçu par le Trésor, alors même que la formalité ne serait pas remplie. Elle réunit au droit de mutation, qui était de 4 %, le droit proportionnel de transcription, qui était de 1,50 %, et les deux droits durent être acquittés en même temps aux bureaux de l'Enregistrement, que l'acquéreur eût ou non l'intention de requérir la transcription.

B. — Le Code civil avait fait un pas en arrière en revenant à la clandestinité, et mieux eût-il fait d'adopter l'ancienne pratique de la tradition, dont les avantages sans doute inférieurs à ceux de la transcription, donnaient cependant une certaine satisfaction aux exigences du crédit public. Aussi la théorie du Code ne tarda-t-elle pas à être l'objet de vives attaques que les abus de la pratique vinrent bientôt justifier ; il est facile de voir par les espèces suivantes combien ce système était dangereux.

Un acheteur se présente pour acquérir un immeuble ; il vérifie avec soin les titres de son vendeur ; il les trouve en règle : il achète et il paye. Il se croit propriétaire paisible. Mais tout à coup un acheteur précédent, dont le titre est resté secret jusqu'alors, réclame et obtient l'immeuble : le second acheteur demeure victime de l'erreur invincible dans laquelle on l'a laissé !

On peut supposer même qu'aucun changement matériel ne se produit dans l'état des choses : hypothèse encore plus périlleuse. Un propriétaire vend son immeuble *avec réserve du droit d'usufruit ;* les titres de propriété restent entre ses mains ; il continue de jouir de l'immeuble comme par le passé. Rien donc ne révèle aux tiers l'aliénation qu'il a consentie. A la faveur de ce piège tendu à la confiance publique, il vend l'immeuble à un second acheteur qui paye son prix sans hésiter. Plus tard, le premier acheteur se présente, qui l'évince !

Enfin, contradiction étrange ! la loi permettait au prêteur sur hypothèque de connaître les hypothèques antérieures ; et elle ne lui donnait aucun moyen de savoir si le débiteur était encore propriétaire de l'immeuble sur lequel devait être établie son hypothèque !

Cette clandestinité des mutations immobilières et de l'établissement des droits réels sur les immeubles jeta dans la pratique des affaires les plus graves perturbations ; il en résulta pour les particuliers des mécomptes si désastreux, qu'en 1833, M. Dupin, portant la parole devant la Cour de cassation, put dire sans rien exagérer : « Celui qui achète n'est pas sûr de rester propriétaire ; celui qui paye, de ne pas être obligé de payer une seconde fois, et celui qui prête d'être remboursé. »

Une réforme était urgente ; mais la France se prélassait dans une admiration aveugle pour le Code civil, et on se gardait bien d'y porter une main sacrilège. A l'étranger, un mouvement s'était opéré ; la Russie, dès 1820, la Hollande, dès 1834, et la Belgique, en 1821, avaient rétabli la transcription. On y fondait des sociétés de *crédit foncier*, et nous assistions impassibles à l'activité nouvelle qui était le fruit de ces réformes.

Cependant, dès 1827, Casimir Périer ouvrait spontanément un concours qui avait pour but de récompenser le meilleur travail sur la réforme hypothécaire : ce fut là l'origine de nombreuses études sur cette importante question, et la publication des *Privilèges et hypothèques* de M. Troplong contribua surtout à en accélérer la solution.

Cédant enfin à de trop justes réclamations, le gouvernement prit l'initiative d'une réforme, et provoqua, en 1841, une enquête dans les Cours d'appel et les Facultés de droit du royaume. Vingt-sept Cours sur vingt-huit, et sept Facultés sur neuf, au nombre desquelles la

Faculté de Rennes (1), se prononcèrent pour le rétablissement de la publicité des transferts de propriété. La réforme était en bonne voie ; malheureusement l'exécution s'en fit attendre. Le projet n'en fut repris qu'en 1849 ; son élaboration fut confiée à une commission présidée par M. Troplong. En avril 1850, elle déposa son rapport ; mais les événements politiques retardèrent le vote définitif du projet de loi, qui n'eut pas les honneurs de la troisième lecture.

L'exemple donné par l'étranger produisait en France son heureuse influence ; il y faisait pénétrer l'idée des sociétés de crédit foncier, destinées à fournir le crédit aux petits propriétaires. Le 7 août 1850, une proposition relative à l'établissement de ces sociétés fut déposée ; mais l'Assemblée reconnut qu'elles ne pouvaient rendre les services qu'on en attendait, sans une réforme hypothécaire qui donnerait au prêteur une sécurité complète et l'assurance du remboursement.

Une société de crédit foncier avait été fondée à Paris à la suite du décret de 1852 ; son existence ne dépendait plus que du succès de la réforme projetée et imposée par la situation économique : c'était pour elle une question de vie ou de mort. Le 11 mai 1853, le Conseil d'État choisissant dans les nombreux matériaux rassemblés depuis 1841 les questions capitales, présenta un projet de loi qui fut voté par le Corps législatif le 17 janvier 1855 et sanctionné le 23 mars de la même année.

C'est la dernière étape du long historique que nous venons de retracer ; nous devons maintenant étudier la nouvelle loi au point de vue des transmissions de propriété.

(1) *Documents relatifs au régime hypothécaire*, publiés par M. Martin (du Nord), p. 382.

§ III. — Loi du 23 mars 1855

Le trait capital de la loi de 1855 est la distinction entre les conditions nécessaires pour transférer la propriété entre parties et celles qui sont exigées pour rendre le transfert opposable aux tiers ; il ressort pleinement des travaux préparatoires qu'elle n'a nullement troublé le système du Code sur les effets de la convention entre les parties et qu'elle a respecté le principe des articles 711, 1138 et 1583. La transmission à l'égard des tiers a été son unique et grande préoccupation ; son but a été d'asseoir la propriété immobilière sur des bases solides, en mettant à jour son état, en signalant les modifica-qu'elle subit et en permettant ainsi à chacun d'éviter les surprises et les fraudes, dont la possibilité seule est une cause de ruine pour le crédit.

Aujourd'hui, comme sous la loi de brumaire, la transcription est nécessaire pour transférer la propriété à l'égard des tiers ; et par *tiers* il ne faut pas entendre *tout intéressé*, mais seulement les personnes qui, ayant traité avec le vendeur, ont devancé le premier acquéreur au bureau où s'opère la publicité.

Mais la loi nouvelle est beaucoup plus complète ; elle ne concerne pas seulement les droits susceptibles d'hypothèque, c'est-à-dire la propriété et l'usufruit, mais encore tous les droits dont l'existence est de nature à diminuer la valeur de l'immeuble auquel ils se rapportent. Voici d'ailleurs l'énumération des actes dont elle exige la transcription :

Article 1er. « Sont transcrits au bureau des hypothèques de la situation des biens :

« 1° Toute acte entre vifs, translatif de propriété immobilière ou de droits susceptibles d'hypothèques ;

« 2° Tout acte portant renonciation à ces mêmes droits ;

« 3° Tout jugement qui déclare l'existence d'une convention verbale de la nature ci-dessus exprimée ;

« 4° Tout jugement d'adjudication autre que celui rendu sur licitation, au profit d'un cohéritier ou d'un copartageant. »

Article 2. « Sont également transcrits :

« 1° Tout acte constitutif d'antichrèse, de servitude, d'usage et d'habitation ;

« 2° Tout acte portant renonciation à ces mêmes droits ;

« 3° Tout jugement qui en déclare l'existence en vertu d'une convention verbale ;

« 4° Les baux d'une durée de plus de dix-huit années ;

« 5° Tout acte ou jugement constatant, même pour bail de moindre durée, quittance ou cession d'une somme équivalente à trois années de loyer ou fermages non échus. »

De toutes ces dispositions nous ne retiendrons que celle qui est relative à la translation conventionnelle de la pleine propriété.

CHAPITRE I

DANS QUELS CAS EST EXIGEE LA TRANSCRIPTION

SECTION I

Des conditions exigées pour qu'il y ait lieu à la transcription

Est soumis à transcription tout acte entre vifs, à titre onéreux, translatif de propriété immobilière :

1° *Tout acte entre vifs.* — La loi n'est donc pas applicable aux mutations par décès. Leur exclusion n'était pas dans le projet de 1849 ; mais consacrée, dès cette époque, par l'Assemblée législative, elle le fut encore par le législateur de 1855.

2° *A titre onéreux.* — Ces mots ne figurent pas au texte du numéro 1 de l'article 1er de la loi ; nous les ajoutons, parce qu'il résulte du dernier alinéa de l'article 11 qu'elle n'a pas dérogé aux dispositions du Code Napoléon sur la transcription des donations de droits susceptibles d'hypothèques, et qu'ainsi le numéro 1 de l'article 1er ne s'applique en réalité qu'aux actes à titre onéreux.

3° *Translatifs.* — Ce qui exclut les *partages* de la nécessité de la transcription. En droit romain, le partage était un échange que faisaient entre eux les copartageants ; chacun d'eux transférait à ses héritiers le droit qu'il avait sur les choses comprises dans leurs lots et recevait, en échange, le droit qu'ils avaient sur les biens qui lui étaient attribués. Le partage était donc pour chacun des copartageants tout à la fois un titre d'acquisition et un titre d'aliénation.

Sous l'empire du Code, comme dans notre ancien droit, le partage n'est pas un échange; il n'a d'autre effet que de déterminer les objets relativement auxquels, par une fiction légale, chaque héritier est censé avoir succédé seul au défunt En substituant ainsi la fiction à la réalité, la loi française a eu pour but d'assurer la paix des familles et de prévenir les recours d'héritier à héritier que faisait naître la théorie romaine. Le projet de loi n'exceptait point le partage de la transcription; mais il échoua devant les résistances de la commission, gardienne jalouse du Code Napoléon, qui préféra pousser la fiction jusqu'à ses dernières conséquences. Elle fit observer que la transcription porterait atteinte au caractère déclaratif du partage et que l'article 882 donnait aux créanciers des cohéritiers une protection suffisante en leur permettant de faire opposition à ce qu'il fût procédé au partage hors de leur présence.

Cependant la transcription eût été très utile: il importait de faire connaître aux tiers la réalisation du partage. Il ne s'agissait pas évidemment de protéger les droits consentis pendant l'indivision ; la transcription n'aurait eu aucune influence sur l'existence de ces droits qui, dans la pensée elle-même des parties contractantes, sont implicitement subordonnés aux résultats du partage. Mais l'indivision peut avoir cessé, et l'un des cohéritiers peut consentir à un tiers qui ignore le partage, sur un immeuble placé dans le lot d'un autre, des droits dont la validité dépend, dans la pensée de ce tiers, d'un partage à intervenir. Si la transcription avait été exigée, le défaut de publicité lui aurait permis de provoquer un nouveau partage, le premier étant nul et non avenu à son égard. Le principe de l'effet déclaratif n'en recevait aucune atteinte ; c'est ce que la commission ne voulut pas comprendre.

4° *De propriété immobilière*. — Que faut-il entendre par ces mots ? Sous cette expression générale, nous devons comprendre :

1° La propriété ordinaire, c'est-à-dire la pleine propriété, la propriété du dessus et du dessous, suivant l'article 552 ;

2° La propriété du dessus seulement, telle que la propriété des divers étages d'une maison sans celle du sol (art. 664), ou celle d'une construction élevée sur un terrain du domaine public, ou la propriété superficiaire résultant d'un bail à domaine congéable (1) ;

3° La propriété du dessous, telle que la propriété acquise sous le sol ou les bâtiments d'autrui (art. 553) ;

4° La propriété des mines concédées, en vertu de la loi du 21 avril 1810, fût-ce même au propriétaire de la surface, la mine formant, en effet, une propriété immobilière distincte de celle de la surface ;

4° Les actions immobilières de la Banque de France, dont la transcription se fait à Paris (2) : l'utilité de cette formalité est évidente, puisque ces actions sont susceptibles d'hypothèque.

— Que décider de l'acte par lequel un propriétaire vend soit une récolte de fruits pendants par branches ou par racines, soit une coupe de bois tenant encore au sol, soit les matériaux d'une maison à démolir, soit des matières minérales non extraites ? Cette cession doit-elle

(1) Art. 9, loi électorale du 19 avril 1831.
(2) Art. 7, décret du 16 janvier 1808.

être transcrite ? En d'autres termes, le droit cédé est-il mobilier ou immobilier ?

La jurisprudence (1) décide avec raison qu'il est mobilier. Vendre des choses destinées à être détachées d'un immeuble auquel elles sont actuellement adhérentes, c'est les vendre, non point dans leur condition présente et immobilière, mais en l'état qu'elles auront après la séparation. La loi, d'ailleurs, a soumis elle-même ces ventes à la même réglementation que les ventes mobilières : c'est ainsi que la loi du 22 frimaire an VII a frappé les ventes de récoltes sur pied, ainsi que celles qui ont pour objet des coupes de bois taillis ou de haute futaie, d'un droit de 2 %, à titre de ventes mobilières ; la loi du 5 juin 1851 les a également assimilées aux ventes mobilières, en permettant que les ventes publiques de cette nature soient faites indifféremment par les notaires ou par les commissaires-priseurs, huissiers et greffiers de justice de paix.

Donc la cession des droits mentionnés n'est pas assujettie à transcription.

— *Quid* des immeubles par destination ? Leur aliénation isolée ne peut donner lieu à transcription ; car dès qu'ils sont détachés de l'immeuble dont ils font partie, ils perdent leur caractère immobilier.

— *Quid* des immeubles par l'objet auquel ils s'appliquent, et notamment des actions immobilières qui tendent à revendiquer un immeuble ? Ainsi, par exemple, une cession d'action en revendication, en nullité ou en rescision doit-elle être transcrite ?

L'affirmative n'est point douteuse. Dans le cas où l'action réussit en justice, l'immeuble revendiqué n'a été

(1) Cass., 8 septembre 1813 ; 8 mars 1820 ; 4 avril 1827 ; 24 mai 1815, 9 août 1825, etc.

transféré de l'ancien propriétaire au nouveau que par la cession de l'action. Ce n'est point assurément par le jugement que cette translation s'est opérée ; car le jugement n'est que déclaratif. Jusqu'à son prononcé, la propriété ne reposait que sur des chances ; mais le jugement les a effacées rétroactivement (1).

SECTION II

Actes volontaires entre vifs soumis à transcription

§ I. — De la vente

Parmi les actes translatifs de propriété, la vente se présente au premier plan, comme le type des mutations à titre onéreux ; c'est le principal et le plus usité des contrats, celui surtout en vue duquel la transcription a été établie (2).

La vente peut être pure et simple ou affectée de certaines modalités.

1° *Vente pure et simple.* — C'est l'hypothèse la plus simple de toutes, et elle n'offre aucune difficulté. Dès que la vente est parfaite, commence pour l'acheteur l'obligation de la faire transcrire. Quand est-elle parfaite ? L'article 1583 nous répond : « Elle est parfaite entre les parties, et la propriété est acquise de droit à l'acheteur à l'égard du vendeur, dès qu'on est convenu de la chose et du prix... » Peu importe qu'elle soit verbale ou non, la question de preuve réservée ; en principe, au-dessus de 150 francs la preuve testimoniale n'est pas admise, à

---

(1) Troplong, *Transcription*, n° 56.
(2) Flandin, *Transcription*, n° 58.

moins qu'il n'y ait un commencement de preuve par écrit : auquel cas l'acheteur pourra obtenir un jugement, qu'il fera transcrire.

La même règle régit les ventes *à terme* (art. 1185) ; le terme, en effet, ne suspend pas l'existence du contrat, il ne fait qu'en retarder l'exécution.

2° *Des promesses de vente.* — A. PROMESSE SYNALLAGMATIQUE. — Il y a promesse synallagmatique de vente quand une personne, s'engage à vendre une chose à une autre personne qui s'engage à l'acheter ; pour qu'elle puisse produire un effet, il faut que les parties soient d'accord et sur la chose et sur le prix.

Quelle est la nature de cette promesse ? Est-elle translative de propriété, et, comme telle, assujettie à la transcription ? L'article 1589 s'exprime ainsi : « La promesse de vente vaut vente, lorsqu'il y a consentement réciproque des deux parties sur la chose et sur le prix. » Ainsi les parties sont d'accord sur la chose et sur le prix ; et cependant, à ne consulter que le texte, cette convention *n'est pas une vente ; mais elle vaut vente.* Quel est donc le sens de cette énigme : elle a donné naissance à deux systèmes :

Premier système. — La promesse de vente ne produit pas les effets de la vente ; elle oblige seulement celui qui a promis à passer contrat. 1° On invoque d'abord un argument historique : Dans l'ancien droit, il y avait à ce sujet, deux systèmes, l'un qui n'accordait au stipulant qu'une action en dommages-intérêts, et l'autre qui lui reconnaissait le droit d'obtenir jugement tenant lieu de vente et suppléant au consentement. C'est ce dernier système que l'on exprimait en disant que la promesse de vente vaut vente, et c'est celui que le Code a

visé en reproduisant la formule (1). 2° L'assimilation
n'est pas exacte ; les parties n'ont pas entendu faire une
vente ordinaire, puisqu'elles ont renvoyé à une époque
ultérieure un arrangement définitif. C'est à cette époque
qu'elles ont entendu reculer le déplacement des risques
et le transport de la propriété (2).

Deuxième système. — Le premier système n'a pas
saisi le sens et la portée de l'article 1589 ; cet article
est formel, et on doit le prendre tel qu'il est. Dans le système de l'ancien droit, qui ne donnait au stipulant que
le droit d'exiger qu'on passât contrat, la formule était
exacte, puisque la promesse de vente n'était que pro-
ductive d'obligation, et que la vente elle-même n'avait
pas d'autre effet. Dans notre droit, pour que la promesse
de vente produise les effets de la vente, il faut qu'elle
transfère la propriété, qu'elle engendre un droit égal, un
droit réel ; si elle n'engendrait qu'un droit de créance,
ce serait un contrat différent.

Donc promettre de vendre et vendre, c'est tout un : la
conséquence est que la promesse de vendre doit être
transcrite sans retard, afin d'être opposée aux tiers (3).

B. PROMESSE SYNALLAGMATIQUE ACCOMPAGNÉE D'ARRHES. —
L'article 1590 semble avoir adopté une distinction déjà
faite dans l'ancien droit : jointes à une vente, les arrhes
seraient la preuve du contrat ; jointes à une promesse
de vente, elles seraient la preuve du dédit. Article 1590 :
« Si la promesse de vendre a été faite avec des arrhes,

(1) Ferrières, v° *Promesses de vente.*
(2) Troplong, *Transer.*, n° 52 ; *Vente,* I, n° 130. — Marcadé ;
art. 1589. — Toullier, t. IX, n° 92. — Verdier, I, 48 et 49.
(3) Duranton, t. XVI, n° 51. — Mourlon, I, 31. — Flandin, I, 69.
—Trib. d'Agen, 20 juillet 1878, Dalloz. 80. 3. 120.

chacun des contractants est maître de s'en départir ; celui qui les a données, en les perdant ; celui qui les a reçues, en les restituant au double. » Dans cette hypothèse, la transcription serait inutile.

Mais ce n'est là qu'une présomption, qu'une interprétation de la volonté des parties ; si donc il est constant qu'elles ont entendu se lier *hic et nunc* et irrévocablement, les arrhes ne seraient plus alors que l'*argumentum contractæ emptionis*, un à-compte sur le prix à payer : la transcription serait alors nécessaire.

C. PROMESSE UNILATÉRALE DE VENTE. — Il y a promesse unilatérale de vente, quand une personne s'engage à vendre sa chose à une autre personne, qui se réserve de se décider ultérieurement. Il faut bien la distinguer de la *pollicitation :* la pollicitation est une offre qui n'a pas été acceptée, même conditionnellement ; elle n'engendre aucune obligation.

La promesse unilatérale de vente est-elle translative de propriété ?

La question est discutée. On a dit, dans un premier système, qu'il y a là une offre et non une convention, qu'il n'y a de contrat que du jour où l'acquéreur déclare vouloir acheter, que la propriété n'est transférée qu'à ce moment, et que par conséquent toute transcription ultérieure est inutile : c'est l'opinion de la jurisprudence (1).

Tel n'est pas notre avis : 1° L'erreur de la jurisprudence consiste à croire que la propriété n'est pas transférée au moins conditionnellement. Là vente n'est pas le seul contrat qui opère la translation de propriété ; celle-ci résulte de tous les contrats qui emportent obli-

(1) Aubry et Rau, 4ᵉ édition, t. II, p. 287. — Troplong, nᵒ 52. — Laurent, *Principes de droit civil*, t. XXIV, nᵒ 14.

gation de *dare :* l'article 1138 dit, en effet, que l'obligation de livrer, *dare*, rend le créancier propriétaire. Or Primus s'était engagé sous condition à transférer la propriété du fonds ; Secundus en est donc devenu propriétaire sous condition suspensive. Quand il aura accepté définitivement, la condition suspensive se sera accomplie et aura opéré rétroactivement. — 2° L'article 1589 peut être invoqué, au moins par analogie ; il en résulte en effet que la promesse synallagmatique de vente transfère la propriété et n'est pas seulement créatrice d'obligations. Il doit en être de même de la promesse unilatérale de vente, avec cette différence, que celle-ci est affectée d'une condition ; mais la condition opère rétroactivement. Nous concluons donc que la promesse unilatérale de vente doit être immédiatement transcrite (1).

D. Promesse unilatérale d'acheter. — C'est l'opération précédente en sens inverse ; elle a lieu quand une personne s'oblige à acheter d'une autre personne, qui se réserve un délai pour répondre. Ici la transcription est inutile, le vendeur conditionnel restant libre de disposer de sa chose (2).

3° *Vente conditionnelle.* — A. Vente faite sous condition suspensive. — Cette vente doit-elle être transcrite ? L'affirmative est généralement admise. La propriété, il est vrai, n'est pas encore transférée, il y a seulement espoir qu'elle le sera. Mais cette *espérance* d'un droit pur et simple est un droit *sui generis*, qui dès le moment du contrat compte dans les biens du créancier conditionnel, qui est susceptible d'hypothèque, cessible et transmissible. De plus la condition accomplie ayant un effet rétroactif au jour du contrat, il importe aux tiers qui

(1) Mourlon, *Transcription*, II, 39. — Duranton, XVI, 53.
(2) Troplong, n° 52.

contracteraient avec le vendeur depuis la vente, de connaître la nature conditionnelle de son droit. Mais à l'égard des tiers, la condition accomplie ne rétroagit au jour du contrat qu'autant qu'il a été transcrit le jour même de sa passation ; s'il a été transcrit postérieurement à sa date, mais *pendente conditione*, la condition, lorsqu'elle se réalise, ne remontera qu'à la date de la transcription ; si enfin il n'a été transcrit qu'après la condition accomplie, celle-ci n'a aucun effet rétroactif, et le contrat n'est opposable aux tiers que du jour où il a été transcrit (1).

Mais la réalisation de la condition exige-t-elle une nouvelle transcription ? A première vue, l'affirmative semble certaine ; c'est en effet le seul moyen de faire cesser l'incertitude de la propriété. Il n'en est point cependant ainsi et nulle part dans la loi nous ne trouvons trace d'une pareille exigence. Ce sont là des faits que les tiers doivent chercher à connaître par des renseignements pris en dehors des registres du conservateur. L'existence d'une première transcription les avertit suffisamment de l'incertitude des droits de l'acheteur et des dangers qu'ils courent en traitant avec lui ; c'est tout ce que la loi s'est proposé.

B. — Vente dont le prix est laissé a l'arbitrage d'un tiers. Si le tiers est déterminé dans le contrat (art. 1592), on applique les règles de la condition suspensive. Mais a détermination a été renvoyée à une date ultérieure, la vente est-elle valable? suivant les uns, elle est nulle ; car elle est faite sous une condition potestative, puisque chacune des parties peut ne pas l'exécuter, en refusant de nommer l'arbitre. L'article 1592 peut être invoqué par

(1) Flandin, I, nº 87. — Mourlon, 1, 34. — Troplong, nº 54. — Verdier, I, nº 76.

analogie; si le tiers désigné venait à mourir, la vente serait annihilée. La justice ne peut davantage vaincre la résistance de la partie récalcitrante; la loi exige que l'arbitre tienne ses pouvoirs des parties et non du tribunal. Il y a là tout au plus un contrat innommé, qui peut se résoudre en dommages-intérêts (1).

Suivant les autres, la convention est parfaite; car si l'une des parties refuse de nommer l'arbitre, il existe un moyen de vaincre sa résistance: le tribunal le nommera pour elles. La justice, en effet, doit procurer au créancier ce qui lui a été promis, toutes les fois qu'elle le peut sans recourir à des violences sur le débiteur. La situation n'est pas d'abord analogue à celle de l'article 1592; dans ce dernier cas, les parties avaient choisi un tel pour mandataire, parce qu'elles avaient confiance en lui, et on peut aisément présumer que cette confiance a été la cause déterminante de la convention.

Cette vente est donc valable, et, comme la précédente, soumise à transcription (2).

C. Vente faite sous condition résolutoire. — C'est celle qui tient en suspens, non plus l'existence et les effets du contrat, mais sa résolution. La vente faite sous cette condition produit, de même qu'une vente pure et simple, tous **ses** effets *hic et nunc*, c'est-à-dire dès qu'elle est formée; il est donc évident que l'acquéreur doit transcrire immédiatement.

Mais la condition réalisée, une nouvelle transcription serait-elle nécessaire? Non, et cela est conforme à une logique rigoureuse; tous les effets que la vente avait produits sont révoqués rétroactivement, et le vendeur, qui avait cessé d'être propriétaire, est réputé n'avoir

(1) Troplong, *Vente*, n° 15. — Duranton, XVI, n° 14.
(2) Mourlon, I, n° 36. — Flandin, I, n° 99. — Verdier, I, n° 74.

jamais cessé de l'être. La loi a considéré en outre que la transcription primitive serait un avertissement suffisant pour les tiers, d'avoir à se mettre en garde contre le danger d'une résolution. Observons toutefois que, si la logique est satisfaite, l'intérêt des tiers l'est beaucoup moins, et que la loi aurait pu assimiler la résolution amiable à la résolution prononcée en justice, pour laquelle elle exige une mention inscrite en marge de l'acte translatif.

— Que décider si la résolution a eu lieu, non *ex causa antiqua*, mais *ex causa nova?* Il y a là une véritable rétrocession, qui est, par conséquent, soumise à transcription (1). Ce criterium, admis par plusieurs auteurs, ne paraît pas à MM. Aubry et Rau tout à fait exact au point de vue de la transcription. D'après eux, la résolution constitue une véritable rétrocession, lorsque l'acquéreur renonce *spontanément* et *sans nécessité*, à son acquisition. En effet, une résolution peut être spontanée et dégénérer en rétrocession, bien qu'elle se rattache à une condition inhérente au contrat, c'est ce qui aurait lieu, par exemple, si l'acquéreur, quoique se trouvant en situation de solder son prix, consentait la résolution du contrat de vente pour défaut de payement du prix (2).

La transcription doit avoir lieu, peu importe que le contrat résolu ait été ou non transcrit ; en effet, si les ayants-cause de l'acquéreur faisaient ultérieurement transcrire le titre de ce dernier, la résolution non transcrite ne pourrait leur être opposée.

4° *Vente alternative.* — La vente alternative est-elle soumise à une transcription immédiate ? Que le choix

---

(1) Troplong, n° 244. — Rivière et Huguet, n° 6 et s. — Mourlon, I, n° 44. — Flandin, I, 221.

(2) Aubry et Rau, II, p. 294, texte *g*, et note 32.

porte sur deux immeubles ou sur un immeuble et un meuble, l'intérêt est le même. La solution de notre question est intimement liée à la solution de cette autre : la convention de donner sous une alternative est-elle translative de propriété ou simplement génératrice d'obligations ?

Quelques auteurs pensent que l'acheteur n'acquiert qu'un *simple droit de créance*. On peut, à l'appui de ce système, citer ces paroles de M. Bigot-Préameneu : « Lorsque deux choses ont été promises sous une alternative, il y a incertitude sur celle des choses qui sera livrée, et de cette incertitude il résulte qu'*aucune propriété n'est transmise au créancier que par le payement;* jusque-là la propriété reste celle du *débiteur*, et conséquemment aux risques du débiteur.

L'opinion contraire est très généralement enseignée : mais il y a des divergences entre ses défenseurs. Suivant M. Mourlon, la vente alternative se décomposerait en deux ventes conditionnelles : l'acheteur serait propriétaire de chacune des deux choses, mais sous une condition suspensive. M. Flandin ne reconnaît à l'acquéreur de droit éventuel que sur la chose à déterminer par l'option. Enfin, d'après MM. Aubry et Rau, la vente alternative confère à l'acquéreur un droit actuel sur les deux choses comprises *in obligatione*, droit qui s'évanouira cependant, quant à l'une d'elles, par le choix de l'autre. Mais tous admettent qu'elle peut et doit être transcrite immédiatement, c'est-à-dire avant toute option, et sans distinguer si l'option appartient à l'acqué-

---

(1) Fenet, t. XIII, n° 246. — Voy., en ce sens, M. Larombière, t. II, art. 1193-1194, n° 2.
(2) Aubry et Rau, tome II, p. 287. — Mourlon, I, 37. — Flandin, I, 105.

reur ou au vendeur. Si le choix appartient à l'acquéreur, la transcription a pour effet de le garantir contre
les droits que concèdcrait le vendeur sur l'un ou l'autre des immeubles compris dans la vente ; si le choix
appartient au vendeur, la transcription a pour conséquence de rendre inefficaces, à l'égard de l'acheteur,
les droits qu'après avoir usé de sa faculté d'option en
vendant ou en hypothéquant l'un des immeubles, le
vendeur aurait ultérieurement concédés sur l'autre.

5° *Vente nulle et vente annulable.* — A. La VENTE
NULLE n'a aucune existence ; elle a manqué de se former ; c'est le néant, un simple fait destitué de tout effet juridique. Elle ne peut donc être ratifiée, et la question
de transcription ne se pose pas. Evidemment les parties
peuvent refaire un autre acte ; mais c'est là un nouveau contrat, ce n'est pas l'ancien qui est fortifié (1).

B. La VENTE ANNULABLE est celle qui n'est frappée que
d'une nullité relative. C'est un contrat vicieux, imparfait sans doute ; mais le vice peut être effacé par une
ratification expresse ou tacite : *expresse* au moyen
d'une déclaration écrite ou verbale ; *tacite*, lorsque la
partie qui peut demander la nullité du contrat l'exécute
volontairement. Une vente est annulable pour cause
d'incapacité, dol, violence ou erreur ; Primus a, par
exemple, acheté, en 1880, un immeuble de Paul, mineur
en tutelle, sans que les formalités prescrites par l'article
456 aient été accomplies. Je prétends que cette vente
doit être soumise à transcription ; en effet, bien qu'in-
fectée d'un vice, elle n'en est pas moins translative de
propriété, elle existe tant qu'elle n'est pas annulée, elle
produit ses effets et même devient parfaitement valable si elle n'est pas attaquée dans un certain délai. Je

(1) Ces principes ont été méconnus par Flandin, nᵒˢ 480 et 481.

suppose donc que Primus a publié son titre ; en 1881, Paul, devenu majeur, revend le même immeuble à Secundus, qui ne transcrit pas : puis, en 1882, il ratifie la vente consentie à Primus. Quel est le droit le plus fort ? Est-ce celui qui a été publié le premier ?

Premier système. — Le second acheteur l'emporte sur le premier : 1° La ratification produit son effet, mais « *sans préjudice du droit des tiers* », dit l'article 1338 ; la ratification d'un incapable ne nuit donc pas aux actes qu'il a pu consentir depuis sa capacité. En consentant une vente en 1881, il s'est interdit tout acte de nature à l'anéantir ou à la diminuer. 2° Il est vrai que la première vente lui a été révélée par la transcription ; mais il a vu en même temps que cette vente n'était pas valable, et il a dû conclure qu'en traitant avec lui, son vendeur s'interdisait de la ratifier à son préjudice.

Deuxième système. — Le droit le plus fort est celui qui a été publié le premier. L'article 1338 signifiait sous l'empire du Code que les droits des tiers devaient rester intacts, malgré toute ratification (1); mais la loi de 1855 a modifié le principe, et maintenant le vendeur reste propriétaire à l'égard des tiers, tant que le contrat de vente n'a pas été porté à leur connaissance. Primus est dans la situation d'un homme qui aurait acheté de Paul après Secundus et qui, par sa transcription, l'emporterait sur Secundus, qui n'a pas transcrit. Secundus, d'ailleurs, avait vu la première vente transcrite : il devait donc compter sur l'éventualité d'une ratification (2).

(1) Cassation, 16 janvier 1837, Dalloz. 37. 1. 62.
(2) Flandin, I, n° 115. — Troplong, n° 174. — Verdier, I, 67.

Mais l'acte de ratification devra-t-il être transcrit ? L'action en nullité était susceptible d'être ratifiée par le temps ou par l'exécution de l'obligation ; la ratification expresse produit les mêmes effets.

Le silence gardé pendant un certain temps est une ratification tacite, qui n'est pas soumise à transcription, pourquoi admettre une règle différente, quand il s'agit d'une ratification expresse?

Ce n'est pas là le cas de translation d'un droit ; c'est la confirmation d'un droit préexistant. Or l'on connaît cette maxime juridique : *Confirmatio nihil novi juris addit.* En ratifiant, le mineur, devenu majeur, reconnaît par un aveu implicite que, la vente ayant été par lui consentie en toute liberté d'action, sagement, utilement, elle a été réellement valable *ab initio ;* à proprement parler, il ne renonce point à son action en nullité, il reconnaît plutôt qu'il n'y a aucun droit. Mais pourquoi M. Mourlon, qui tient ce langage, distingue-t-il aussitôt l'hypothèse où la ratification intervient postérieurement à la passation d'un acte impliquant de la part de l'aliénateur un aveu contraire? C'est une distinction qu'il paraît difficile d'admettre ; d'ailleurs, par la transcription primitive, les tiers ont connu la vente, et leur sécurité est ainsi mise à couvert (1).

6° *Vente par mandataire ou par gérant.* — A. PAR MANDATAIRE. — « Le mandat ou procuration, dit l'article 1984, est un acte par lequel une personne donne à une autre le pouvoir de faire quelque chose pour le mandant et en son nom. » Le contrat passé par le mandataire lie le mandant: celui-ci devient immédiatement propriétaire et est tenu de transcrire. — Mais la transcription de l'acte de vente

_____

(1) Flandin, I, 116, 468 et s. — Larombière, *Oblig.*, t. IV, nos 57 à 59. — Aubry et Rau, t. II, § 202, p. 301. — Mourlon, t. I, 125 et 126. — Verdier, I, 67.

ne doit-elle pas être accompagnée de la transcription de la procuration ? Il est généralement admis que la transcription de l'acte de vente suffit. Le public est prévenu ; c'est ensuite aux tiers intéressés à rechercher si la procuration existait, et si l'acte de vente est valable. C'était l'opinion déjà admise sous l'empire de la loi de brumaire : « La loi, disait Merlin, n'exige que la transcription du contrat. » Il faut d'ailleurs que l'acte de mutation fasse mention de la procuration (1).

Mentionnons le cas où le mandataire achète en son propre nom, sauf à retransférer immédiatement la propriété au véritable acquéreur ; il se produit en réalité deux aliénations successives, qui toutes deux doivent être transcrites. Il importe, dans l'intérêt du mandant, que l'intervalle qui sépare les deux transcriptions soit aussi court que possible ; et même, si diligent qu'il puisse être, il ne pourra éviter les hypothèques légales qui, du chef du mandataire, mari ou tuteur, frapperont irrévocablement l'immeuble pendant cet instant de raison.

B. Par gérant d'affaires. — La gestion d'affaires est le fait volontaire d'une personne qui, sans avoir reçu mandat à cet effet, agit, stipule ou promet dans l'intérêt d'un tiers. Elle diffère du mandat par un point essentiel : c'est qu'elle n'est jamais parfaite dès l'instant où le gérant a contracté et qu'elle n'acquiert force entière et complète que par sa ratification.

a) *Le gérant d'affaires agit au nom et pour le compte de l'acheteur.* MM. Mourlon et Flandin y voient une vente conditionnelle, dont la condition est la ratification de l'acheteur. Il y a en effet ici, comme dans la promesse unilatérale de vente, un consentement donné par le vendeur

(1) Merlin, *Quest. de droit,* vᵒ *Transcription.* — Flandin, I, 119.

et accepté par le gérant pour le compte du maître, celui-ci ayant conservé d'ailleurs la liberté de s'engager ou non selon son gré (1).

MM. Aubry et Rau sont d'avis qu'une pareille vente ne saurait être considérée comme soumise à une condition suspensive. Elle constitue, disent-ils, un *contractus claudicans*, par l'effet duquel le vendeur est définitivement lié, quoique l'acheteur ne le soit pas encore (2).

Le vendeur s'est donc dépouillé de la faculté de disposer au préjudice de l'acheteur, et par conséquent une pareille vente peut être transcrite immédiatement ; cette transcription est à la fois nécessaire et suffisante pour garantir l'acheteur contre les actes émanés du vendeur dès avant même la ratification, et la ratification n'aura pas besoin d'être soumise à la formalité (3).

b). Le gérant agit au nom et pour le compte du vendeur. — La vente consentie dans ces conditions peut-elle être transcrite *ab initio* avant toute ratification? La question est vivement controversée, et a donné lieu à plusieurs systèmes.

Premier système. — Les solutions sont les mêmes que dans l'hypothèse précédente ; les deux cas sont identiques. La gestion d'affaires est, au point de vue du transfert, un véritable mandat : *ratihabitio mandato æquiparatur*. C'est l'acte du gérant qui a dessaisi le maître, puisque la ratification opère rétroactivement ; dès lors, pourquoi ne pas transcrire l'acte de vente (4)?

(1) Mourlon, I, n° 33. — Flandin, I, n° 126.
(2) Aubry et Rau, II, p. 288, texte et note 5.
(3) Flandin, I, n° 127. — Labbé, *Dissertation sur les effets de la ratification des actes d'un gérant d'affaires*, pp. 63 et s. — Verdier, I, 62 *in fine*.
(4) Labbé, *op. cit.* — Verdier, I, n° 60.

Deuxième système. — Le contrat intervenu n'a pu modifier les droits du propriétaire sur son immeuble : il est toujours resté libre d'en disposer. L'acte passé par le gérant n'aura de valeur que s'il est ratifié par le propriétaire ; jusque-là il est nul et l'acheteur n'a pu recevoir du gérant un droit que celui-ci n'avait pas. « Il y a mieux, disent MM. Aubry et Rau, le propriétaire de l'immeuble vendu serait autorisé à demander la radiation, avec dommages-intérêts, de la transcription faite avant sa ratification. »

M. Troplong enseigne qu'il y a là une vente conditionnelle, et que la transcription peut et doit avoir lieu immédiatement, dès avant la ratification. Mais à quoi bon, si le propriétaire conserve la plénitude de son droit de disposer, si, comme M. Troplong le reconnait lui-même, les droits concédés par le propriétaire avant la ratification de la vente sont opposables à l'acheteur, quand ils ont été dûment conservés ? Puisque la ratification transfère seule la propriété, la transcription ne sera utilement effectuée qu'à dater de cette époque, et c'est l'acte de ratification qu'il importe surtout de publier ; si cet acte n'était pas assez précis par lui-même, il serait prudent de transcrire en même temps le contrat de vente (1).

§ II. — De la dation en payement

La dation en payement, *datio in solutum*, présente avec la vente de grandes analogies. Il y a *datio in solutum*, lorsque le créancier consent à recevoir la chose qui lui est offerte au lieu et place de celle qui lui est

---

(1) Aubry et Rau, t. II, p. 288. — Laurent, t. XXIX, nᵒ 60. — Flandin, I, 125 et s. — Mourlon, I, 32.

due : c'est une sorte de vente dans laquelle il y a compensation immédiate entre le prix de vente dont le débiteur est devenu créancier et la somme qu'il doit à son créancier. Elle est au premier chef un acte entre vifs translatif de propriété et, par conséquent, elle est soumise à transcription.

On peut citer, comme étant les plus intéressantes, les *dationes in solutum*, que, par exception, l'article 1595 permet entre époux.

1° Après la séparation de biens, si, liquidation faite, l'un des époux se trouve reliquataire de l'autre, l'époux débiteur est autorisé à se libérer en abandonnant en payement un de ses biens personnels.

2° Le mari peut encore s'acquitter de cette façon, quand la femme est créancière et lui-même débiteur, en vertu du fonctionnement régulier du régime matrimonial

3° La femme peut également recourir à ce mode de payement, toutes les fois qu'elle est débitrice envers son mari d'une certaine somme apportée à titre de dot. — Dans tous ces cas, il n'est pas douteux que l'acte d'aliénation ne doive être transcrit pour être opposable aux tiers.

§ III. — De l'échange

L'echange étant un acte translatif de propriété, celui dans lequel se trouve compris au moins un immeuble est soumis à transcription. Si l'échange est de deux immeubles et qu'ils soient situés dans des arrondissements différents, la transcription doit être faite aux bureaux de l'un et de l'autre de ces arrondissements.

§ IV. — Du contrat de mariage

Sous le régime de la communauté légale, chacun des époux reste propriétaire exclusif de ses immeubles personnels ; au moment de la célébration du mariage, il ne s'opère aucune mutation immobilière, et, par suite, il ne peut être question de transcription. Mais, parmi les clauses usitées dans la communauté conventionnelle, il en est qui confèrent à la communauté des droits sur un ou plusieurs des immeubles de l'un des époux. Nous voulons parler de la convention d'*ameublissement*.

Les clauses d'ameublissement peuvent se diviser à deux points de vue.

1° L'ameublissement peut être *parfait* ou *imparfait* : *parfait*, quand il fait tomber l'immeuble ou les immeubles tout entiers dans la communauté, qui en devient propriétaire ; *imparfait*, quand il n'y fait tomber l'immeuble ou les immeubles que jusqu'à concurrence d'une certaine somme.

2° L'ameublissement est *général* ou *spécial* : *général*, quand il porte sur tous les immeubles des époux ou de l'un des époux ; *spécial*, quand il porte sur un ou plusieurs immeubles déterminés. De là quatre combinaisons possibles ; les rédacteurs du Code n'ont pas suivi cette division, et l'article 1506 ne distingue que deux espèces ; *déterminé*, quand il porte sur un ou plusieurs immeubles déterminés, soit pour le tout, soit jusqu'à concurrence d'une certaine somme, ce qui comprend l'ameublissement spécial parfait et l'ameublissement spécial imparfait ; *indéterminé*, quand il porte sur tous les immeubles jusqu'à concurrence d'une certaine somme.

A. AMEUBLISSEMENT PARFAIT. — L'article 1507 en indique

les effets ; le mari peut les aliéner et les hypothéquer,
alors même qu'ils seraient tombés dans la communauté
du chef de la femme. L'article 1507 est inexact en disant
qu'il en peut disposer, comme des autres effets de la
communauté ; car il lui est interdit de les aliéner à titre
gratuit. Les biens ameublis forment le gage des créanciers
du mari ou de la communauté ; ils sont enfin aux risques de la communauté, qui les reprend dans l'état où
ils se trouvent au moment de la dissolution. La communauté en devient donc véritablement propriétaire. Mais
le contrat de mariage qui contient une clause d'ameublissement est-il soumis à la nécessité de la transcription ? cette formalité n'est-elle pas utile dans certains cas
pour la protéger contre les droits du chef de l'époux
ameublissant? Trois hypothèses sont à examiner.

a) Avant le mariage, des droits ont été consentis sur
l'immeuble, mais n'ont pas été transcrits en temps utile :
le défaut de transcription de ces droits peut-il profiter
à la communauté ? Non, car en vertu de l'article 1409,
paragraphe 1, les dettes mobilières de chacun des époux
tombent dans la communauté. Or, que l'époux ameu-
blisse, le tiers pourrait être, il est vrai, repoussé dans
son action en revendication, si l'ameublissement était
transcrit ; mais il intenterait immédiatement contre l'époux
une action en garantie, et la communauté, qui a succédé
aux engagements personnels de celui-ci, se verrait condamnée à des dommages-intérêts (1).

b) Pendant la communauté, le mari, par exemple,
donne l'immeuble ameubli à un tiers qui opère la transcription : cette donation est-elle opposable à la communauté ? Si la transcription est exigée pour la rendre propriétaire à l'égard des tiers et qu'elle n'ait pas été

(1) Troplong, nos 65 et 66.

effectuée, le mari a pu valablement donner l'immeuble ameubli. Si, au contraire, la communauté devient propriétaire indépendamment de toute transcription, la donation est non avenue ; car le mari a donné un immeuble qui appartient à la communauté, ce qui lui est interdit par l'article 1422. — Si c'est la femme qui a fait l'ameublissement, il n'est guère possible que des droits soient valablement constitués par elle. Cependant on peut supposer le cas où la femme poursuivie pour un délit serait condamnée à une peine pécuniaire par jugement emportant hypothèque sur ses immeubles ; cette hypothèque grèverait l'immeuble ameubli s'il n'y avait pas eu transscription.

c) *A la dissolution de la communauté*, l'intérêt de la question est plus évident ; il n'y a plus à distinguer entre le mari et la femme. Le mari n'est plus l'administrateur, et ses droits se sont évanouis ; d'autre part, la femme a recouvré sa pleine capacité. Si donc l'un des époux dispose d'un immeuble qui tombe ensuite ou est déjà tombé par le partage dans le lot de son conjoint, cette aliénation est-elle opposable à celui-ci, par cela seul que le contrat de mariage n'a pas été transcrit ?

Oui, si on applique à l'ameublissement la loi de 1855 ; non, au contraire, si la transcription n'est pas exigée.

Premier système. — Le contrat de mariage doit être transcrit. Tous les auteurs reconnaissent, M. Troplong lui-même, que l'ameublissement opère une véritable mutation de propriété ; cet effet de l'ameublissement une fois admis, on ne peut le soustraire à l'article 1er de la loi de 1855, qui exige la transcription de tous les actes entre-vifs translatifs de propriété immobilière (1).

(1) Mourlon, *Revue pratique*, t. II, p. 373. — Flandin, t. I, n° 274.

Deuxième système. — Nous ne croyons pas que ce raisonnement soit exact. D'abord le contrat de mariage est soumis à des règles qui lui sont propres. Puis la loi de 1855 n'est pas d'une application absolue en notre ma_ tière ; en effet, sous le régime de la communauté légale, le mari acquiert un droit d'usufruit sur les immeubles de la femme. Or la constitution d'un usufruit est soumise à transcription ; et cependant a-t-on jamais soutenu que celle qui résulte du contrat de mariage soit assujettie à cette formalité ? Nous en concluons donc que l'ameublissement ne doit pas être transcrit.

B. AMEUBLISSEMENT IMPARFAIT. — On est en général d'accord pour décider qu'il n'est pas assujetti à la transcription. En effet, émane-t-il du mari : ses droits sont intacts. Émane-t-il de la femme : le mari peut seulement hypothéquer les immeubles jusqu'à concurrence de la somme promise ; il ne peut les aliéner sans un mandat exprès de la femme : car c'est à elle et non à la communauté que les immeubles appartiennent. Il n'y a donc pas ici mutation de propriété, ni acte constitutif de droits réels susceptibles d'hypothèque, et une pareille clause ne saurait être assujettie à la loi de 1855. — Cependant M. Flandin l'a contesté ; malgré les termes si précis de l'article 1508, il a considéré l'ameublissement imparfait comme emportant, au profit de la communauté, transmission d'un droit de propriété au moins éventuel. C'est évidemment à tort, puisque le seul effet de la clause est d'obliger l'époux qui l'a consenti, à comprendre dans la masse, lors de la dissolution de la communauté, quelques-uns de ses immeubles, jusqu'à concurrence de la somme promise, et que cette obligation, qui ne doit être exécutée que lorsque la communauté aura cessé d'exister, ne saurait avoir pour conséquence de conférer à celle-ci un droit quelconque de propriété sur les immeubles qui seront compris au partage (1).

Contrairement à MM. Aubry et Rau, M. Mourlon est d'avis que l'époux n'est pas obligé de comprendre quelques-uns de ses immeubles dans la masse à partager. L'article 1508 a supposé ce qui arrive le plus souvent, savoir : que cet époux n'a pas, au moment de la dissolution de la communauté, les fonds nécessaires à l'acquittement de sa dette. C'est une somme qu'il doit, et non un immeuble, et il est naturel qu'il puisse se libérer en payant une somme ; s'il fournit un immeuble, il fait une *datio in solutum*. Jusqu'au partage, cette opinion aboutit, comme l'autre, à nier la nécessité de la transcription. Mais si l'immeuble ameubli paraît au partage et tombe au lot de l'autre époux, il s'opère alors une mutation de propriété qui, conformément au droit commun, doit être livrée à la publicité par la transcription, soit de la clause d'ameublissement et de l'acte de partage, soit d'un acte spécial dressé entre les époux.

C. COMMUNAUTÉ UNIVERSELLE. — Par cette clause, assez rare dans la pratique, les futurs conjoints mettent en commun, en outre des biens mobiliers qui tombent dans la communauté légale, soit tous leurs immeubles présents et à venir, soit tous leurs immeubles présents, soit tous leurs immeubles à venir. C'est, en somme, une clause d'ameublissement ; nous lui appliquerons ce que nous avons dit de l'ameublissement parfait.

§ V. — Du Remploi

Le remploi est l'acquisition faite par un époux d'un bien destiné à remplacer un bien propre aliéné pendant

(1) Flandin, t. I, n° 285. — Verdier, t. I, n° 138. — *Contrà :* Aubry et Rau, t. II, p. 292 et note 25. — Mourlon, t. I, n° 49.

le mariage. Le remploi peut avoir lieu au profit du mari ou au profit de la femme. Dans le premier cas, aucune difficulté ; l'immeuble acquis sera subrogé au propre aliéné, si le mari a, *dans l'acte d'acquisition*, déclaré : 1° que l'immeuble est acquis des deniers provenus de l'aliénation de son propre ; 2° qu'il est acquis pour être subrogé au lieu et place du propre aliéné. Ce remploi devra évidemment être transcrit : il en sera de même, lorsque la femme accepte dans l'acte d'acquisition le remploi fait à son profit.

Mais il n'est point nécessaire que l'acceptation de la femme intervienne au moment même de l'acquisition ; la loi, tenant compte de la gravité des intérêts que son option engage, a jugé que celle-ci exige, de sa part, beaucoup de réflexion et une grande prudence.

L'acquisition faite par le mari peut donc contenir l'offre de remploi à la femme, sans l'acceptation de cette dernière ; l'acceptation , quand elle se produira, devra-t-elle être transcrite? C'est là une question délicate, dont la solution dépend de l'opinion qu'on adopte sur la nature de l'acte par lequel le mari fait à la femme une offre de remploi.

Le mari reste-t-il le maître, tant que la femme n'a pas accepté, de révoquer sa proposition de remploi ? La femme devient-elle, par le remploi qu'elle accepte, l'ayant-cause *direct* du vendeur, ou l'ayant-cause *en sous-ordre* de la communauté ? En d'autres termes, son acceptation *rétroagit-elle* au jour même de l'acquisition, ou n'a-t-elle d'effet qu'à sa date et pour l'avenir seulement ?

Premier système. — Les déclarations du mari ne sont que l'offre d'une *revente* ou d'une *datio in solutum*. Il ressort de l'article 1434, que les déclarations exigées n'ont aucun trait aux rapports du mari avec le vendeur ; elles n'ont d'autre objet que d'établir par avance le règlement que les époux auront à faire entre eux au jour de la dissolution de la communauté. Or, s'il en est ainsi, dans l'espèce réglée par l'article 1434, pourquoi décider autrement alors qu'on se trouve dans l'hypothèse prévue par l'article 1435 ? Le vendeur n'a pas entendu se mettre en rapport de droit avec la femme de son acheteur. Il ne la connaît point ; c'est avec le mari seul qu'il a contracté. Ainsi la femme n'acquiert rien par l'acte contenant la proposition du remploi ; cet acte a pour unique effet de faire passer l'immeuble acheté, du chef du mari, dans la communauté dont il forme un conquêt. « Il est conquêt de communauté, a dit M. Tronchet au Conseil d'État, tant que l'acceptation de la femme ne lui a pas donné le caractère de propre (1). » Lorsque la femme accepte, elle n'acquiert l'immeuble qu'en vertu d'un nouveau contrat ; or jusque-là le mari reste libre de ne point contracter. Ses déclarations n'ont que la valeur d'une offre, d'une simple proposition, qu'il peut révoquer à son gré. Mais s'il y persiste, le remploi s'analyse en une *datio in solutum*, dont l'effet est de faire passer l'immeuble acquis du patrimoine commun dans le patrimoine propre de la femme.

Conséquence : la double mutation qu'implique le remploi exige, pour la parfaite sécurité de la femme, une double transcription. La femme devra, en effet, faire transcrire, d'une part, l'acte de vente, afin d'apprendre aux tiers que le vendeur, ayant cessé d'être propriétaire de l'immeuble, a perdu le droit d'en disposer ; d'autre part, l'acte d'acceptation, afin qu'ils sachent que l'immeuble tombé tout d'abord dans la communauté, en est sorti

(1) Fenet. XIII, 568.

pour entrer dans son patrimoine propre, et qu'ainsi le droit de l'aliéner ou de l'hypothéquer ne **réside plus** en la personne du mari (1).

Deuxième système. — Les déclarations du mari constituent une offre, par laquelle le mari propose à la femme, non point une *datio in solutum*, mais une *subrogation* aux effets de son acquisition. Ce n'est point, comme va le prétendre le troisième système, une gestion d'affaires ; car la loi parle d'acceptation, et c'est le mot *ratification* qu'elle eût employé. L'acceptation indique qu'il s'agit d'une offre, mais d'une offre de nature spéciale, d'une offre de subrogation. Tant qu'elle n'est point acceptée, l'offre ne produit aucun effet ; elle n'oblige point celui qui l'a faite, lequel, par conséquent, reste maître de la reprendre ou de la révoquer.

Mais ici les auteurs qui admettent ce système se divisent sur un point important. Je suppose que le mari a géré comme si l'immeuble appartenait définitivement à la communauté, et qu'il l'a aliéné, hypothéqué ou grevé d'un droit réel quelconque. D'après M. Mourlon, dans tous ces cas, la révocation est complète ; d'après MM. Aubry et Rau, l'acceptation peut encore intervenir, mais la femme devra respecter les droits réels consentis par le mari. Ainsi, pour M. Mourlon surtout, il n'y a pas grand intérêt à dire que le remploi est rétroactif, si les actes de disposition empêchent la femme d'accepter. Dans ce système, il n'y a qu'une mutation ; l'acte de vente seul doit être transcrit (2).

(1) Consultez Marc., art. 1435, III, *in fine.* — Voy. aussi M. Bug., *sur Pothier*, t. VII, p. 125. — Flandin, I, n° 309, — Mourlon, I, n° 57.

(2) Aubry et Rau, t. V, p. 306. — Mourlon, *Répétitions écrites*, III, 10° édition, p. 74.

Troisième système. — Le remploi effectué s'analyse en une véritable gestion d'affaires. Le mari achète pour lui-même, cela est évident ; mais il est non moins certain qu'il achète également *au nom et pour le compte de la femme.* Il achète sous une alternative, pour sa femme si elle ratifie l'opération, pour lui-même si elle ne consent pas à la prendre pour son propre compte.

Si donc la femme ratifie, les choses se passent comme si le mari avait eu, dès le principe, un mandat à l'effet de la représenter : *ratihabitio mandato aquiparatur.* Elle a acquis l'immeuble, du jour même du contrat conclu en son nom ; c'est là un principe élémentaire de notre droit. Le contrat conclu, le rôle du mari a pris fin ; comme un gérant d'affaires, il ne peut, après son acte de gestion, rien faire qui puisse nuire au bénéficiaire de l'acte. Qu'on ne nous objecte point l'article 1338, d'après lequel la ratification ne rétroagit point au préjudice des tiers ; cette disposition est toute spéciale aux contrats annulables ou rescindables.

Ce système a pour lui l'ancien droit : Pothier (1) et d'Aguesseau (2) sont, à cet égard, très formels, et rien ne nous autorise à croire que les rédacteurs du Code aient innové en ce point. Quant au mot *acceptation,* il n'a pas un sens si défini, qu'on puisse en déduire toute une théorie. On a invoqué les travaux préparatoires ; il s'agissait de savoir si on permettrait à la femme d'accepter après la dissolution de la communauté. Berlier fit observer que cette faculté aurait le fâcheux résultat de laisser la propriété trop incertaine ; c'est alors que Tronchet intervint et proposa : « D'amender l'amendement par la condition que l'immeuble existera encore en nature dans la

(1) *Communauté,* n° 200.
(2) 27ᵉ Plaidoyer.

communauté et n'aura pas été hypothéqué, car il est conquêt de communauté, tant que l'acceptation de la femme
ne lui a pas donné le caractère de propre. » La pensée
de Tronchet se dégage aisément ; il est facile de voir qu'il
attribue au droit de propriété de la commnauté sur l'immeuble acquis en remploi un caractère de résolubilité,
si la femme accepte pendant la communauté, et qu'il oppose à cette hypothèse celle où la femme accepte après
la dissolution.

Les deux systèmes que nous combattons détruisent la
rétroactivité du remploi et rendent presque inutile une
institution qui a pour but de reconstituer le patrimoine
dans son état primitif. La double déclaration n'aurait
pas de sens sans la rétroactivité ; si le remploi s'analy-
sait en une *datio in solutum*, dont l'effet se produirait
exclusivement dans l'avenir, le droit des tiers étant sau-
vegardé, où serait l'utilité et quel besoin y aurait-il de
les prévenir à l'avance d'un évènement possible qui, à le
supposer réalisé, ne leur nuira point ?

Au point de vue de notre sujet, la conséquence du troisième système est qu'une seule transcription suffit puisqu'il n'existe qu'une seule mutation. Ainsi il n'est pas
nécessaire que l'acceptation de la femme soit transcrite : la
transcription de l'acte de vente suffit par elle-même et
par elle seule à la sauvegarde de ses droits. Que si aucun des deux actes n'a été transcrit, elle aura tout à
craindre du chef du vendeur : mais du chef de son mari,
elle sera pleinement à couvert (1).

§ VI. — Des Prélèvements

Aux termes de l'article 1470, chacun des époux ou
son héritier a le droit de prélever sur les biens de com-

(1) Labbé, *loc. cit.*, p. 25.

munauté, avant tout partage, des immeubles pour le montant de ses reprises. Ce prélèvement opère-t-il une mutation de propriété ? L'intérêt de la question est évident : si l'époux exerce ses reprises à titre de propriétaire, il n'a rien à redouter des créanciers de la communauté ; si, au contraire, il n'est que simple créancier, il vient nécessairement en concours avec eux. De plus, si l'on admet le premier point de vue, l'acte n'a pas besoin d'être transcrit, car il ne s'est opéré aucune transmission ; si l'on accepte le second, il y a lieu à transcription, puisque l'opération se ramène à une *datio in solutum.*

La solution dépend évidemment de cette question si célèbre, il y a quelques années, de la nature du droit de reprise. La doctrine a toujours été d'accord pour considérer la femme comme créancière purement chirographare.

La jurisprudence, au contraire, a traversé trois périodes.

Jusqu'en 1854, en dehors de l'hypothèque légale, elle ne reconnut à la femme aucun droit de préférence.

Mais, le 11 avril de cette année, la Cour de cassation posa en thèse que la femme, soit qu'elle accepte, soit qu'elle renonce, peut exercer ses reprises à titre de propriétaire et non de créancière ; en ce sens, il y eut sept arrêts successifs de la Cour de cassation.

Cette nouveauté rencontra une telle résistance dans le monde de la science et amena des résultats si désastreux dans la pratique, au point de vue de l'intérêt des créanciers et du crédit du mari lui-même, que, par un arrêt solennel du 13 janvier 1858, la Cour de cassation, désavouant sa doctrine, reconnut, selon l'ancienne théorie, que la femme exerce ses reprises à titre de créancière et non à titre de propriétaire.

Depuis la question n'a plus fait doute. Ainsi la conséquence que nous devons en tirer au point de vue de notre étude est qu'en principe la transcription est nécessaire pour assurer aux reprises de l'époux créancier leur plein et entier effet.

Toutefois cette donnée ne doit pas être acceptée sans quelques distinctions.

A. — C'est la *femme* qui exerce ses reprises.

a) Cas où elle *accepte* la communauté. La transcription est-elle nécessaire? Nous ne le croyons pas. 1° Avant le prélèvement, tous les biens de la communauté forment une masse indivise; par le prélèvement, l'immeuble, sur lequel il porte, sort de l'indivision et devient la propriété exclusive de la femme. L'opération n'est donc pas autre chose qu'un incident du partage, un acte accessoire qui s'identifie avec lui et participe de sa nature et de ses effets. 2° Au chapitre *du partage et des rapports,* il existe beaucoup de dispositions analogues à celle de l'article 1470, et on leur donne le caractère que nous reconnaissons aux prélèvements faits par l'époux à la dissolution de la communauté; l'analogie est ici d'autant plus évidente que l'article 1471 reproduit exactement l'article 83. 3° Cette doctrine a été plusieurs fois reconnue par la Cour de cassation, qui a décidé qu'en cas de prélèvement la femme acceptante n'avait pas de droit de mutation à payer. La conséquence est que la transcription n'est pas exigée (1).

— Il en est différemment dans l'hypothèse où les biens de la communauté sont insuffisants, et où la femme

(1) Cass., 3 août 1858, Dalloz. 58. 1. 310. — 20 juillet 1869, Dalloz. 69. 1. 497. — Laurent, *op. cit.*, t. XXIX, § 65.

exerce ses reprises sur les biens personnels du mari. Le bien propre du mari qu'elle reçoit en payement est un bien qui n'a jamais appartenu à la femme ; il y a ici une véritable *datio in solutum*, une mutation de propriété, et par conséquent le prélèvement est sujet à transcription.

b) Cas où la femme *renonce* à la communauté. Par sa renonciation, la femme devient complètement étrangère à la communauté ; les biens qui la composent deviennent la propriété exclusive du mari, et ne peuvent entrer dans le patrimoine de la femme que par l'effet d'une mutation de propriété (1).

B. — C'est le *mari* qui exerce ses reprises. Dans cette hypothèse, il est facile de voir qu'il n'y aura pour lui jamais lieu de faire transcrire, car si la femme accepte, les prélèvements du mari étant un incident du partage, échappent à la publicité, ainsi que nous l'avons dit pour la femme. Si elle renonce, la communauté restant tout entière au mari, il ne peut être question pour lui d'exercer des reprises sur ces biens (2).

§ VII. — De la société

Lorsqu'un associé a promis la propriété d'un immeuble, les relations entre lui et la société sont à peu près les mêmes que celles que la loi établit entre un vendeur et un acheteur: la propriété de l'immeuble qui a été promis comme apport est acquise à la société du jour du contrat et sans qu'il soit besoin de tradition. Les risques passent à la charge de la société; comme le vendeur, l'associé est garant de l'éviction : c'est donc, en un mot,

(1) Cass., rejet, 18 février 1858, Dalloz, 58. 1. 70.
(2) Flandin, I, 293 et s. — Mourlon, 1, n° 47. — Verdier, n°s 43 et 44.

qu'il a transféré la propriété, et, par suite, l'apport, pour être opposable aux tiers, devra être transcrit.

Il n'y a pas à distinguer si la société est civile ou commerciale, si elle constitue ou non une personne morale ; il y a, dans tous les cas, transmission de propriété, chaque associé acquérant au moins un droit indivis sur les immeubles apportés par les autres (1).

(1) Troplong, n° 63. — Flandin, 1, 266. — Mourlon, 1, 32. — Cf. Dalloz, 70. 1. 304.

CHAPITRE II

FORMES DE LA TRANSCRIPTION

A. Où doit être faite la transcription? — Elle doit être faite au bureau de la Conservation des hypothèques de l'arrondissement, dans le ressort duquel est situé l'immeuble dont il s'agit de transcrire la mutation ; si le domaine s'étend sur plusieurs arrondissements, il faut opérer la formalité dans les bureaux de ces divers arrondissements. Nous avons vu qu'en cas d'échange d'immeubles situés dans des arrondissements différents, la transcription devra avoir lieu dans chacun de ces arrondissements.

Il résulte de là, qu'outre la formalité de l'enregistrement, qui s'opère aux bureaux du canton, il faut en remplir une seconde au chef-lieu d'arrondissement avec augmentation de dépenses en frais d'expédition, de voyages, de séjour ou de correspondance.

B. Comment s'accomplit la transcription? — Elle consiste dans la copie littérale sur un registre public des actes ou jugements soumis à la publicité. Le conservateur des hypothèques, lorsqu'on lui apporte un acte à transcrire, doit d'abord inscrire sur le registre d'ordre ou registre *des dépôts*, la remise qui lui est faite de cet acte ; il en donne à la partie une reconnaissance sur papier timbré, rappelant le numéro du registre.

L'acte est alors porté sur le registre *des transcriptions*. On sait qu'il s'agit d'une reproduction complète, et non d'un extrait ; le projet se contentait d'une inscription par extrait, et peut-être, en effet, eût-il été bon de laisser de côté les clauses encombrantes et qui surchargent inutilement les registres.

Ce mode fut repoussé par le Corps législatif, qui voyait dans son introduction plus de dangers que d'avantages(1). Néanmoins, quand plusieurs conventions distinctes entre elles sont relatées dans un même acte, on ne porte sur le registre que la partie de l'acte où se trouve décrite la convention dont on requiert la publicité. Par exemple, s'il faut transcrire une clause d'ameublissement, il est inutile de porter à la connaissance du public toutes les conventions matrimoniales.

Les deux registres mentionnés ne suffiraient point pour la commodité et la sûreté des recherches que le conservateur doit faire lorsqu'il en est requis par les tiers. De là la nécessité d'un troisième registre, dit *répertoire*, dans lequel les transcriptions sont portées par extrait, non plus les unes à la suite des autres et d'après l'ordre des dates, mais sous le nom des propriétaires dont elles grèvent le passif.

Mais le conservateur doit-il inscrire indifféremment l'acte notarié, l'acte sous seing grivé ou même la simple déclaration verbale?

a). La transcription de l'acte *sous seing privé* fut vigoureusement combattue au sein de la commission législative chargée d'examiner le projet; on alléguait l'incertitude, l'irrégularité de leur rédaction (2). On comprit heureusement que l'admission de cette théorie eût été une atteinte fort grave à la liberté des transactions, et la transcription des actes sous seing privé fut maintenue.

b). La convention *verbale* peut être translative d'un

(1) Exposé des motifs, pp. 11 et 12; rapport au Corps législatif, p. 15.

(2) Rapport au Corps législatif, p. 16.

droit soumis à transcription : or comment donner à cette aliénation la publicité exigée par la loi ? L'article 1er, paragraphe 3 de la loi de 1855 donne la solution et indique la marche à suivre ; cette disposition ajoute que tout jugement qui déclare l'existence d'une convention verbale de la nature qu'il vient d'indiquer, devra être publié. Que l'acheteur s'adresse donc à justice ; il obtiendra une reconnaissance de son titre par l'aveu ou le serment déféré à son vendeur, et il fera transcrire le jugement qui constatera la convention verbale.

Cependant, par analogie de ce qui a lieu en cas de saisie faite par un créancier dépourvu de titre (art. 558 C. Pr.), peut-être l'acheteur aurait-il le droit de faire transcrire la simple déclaration par lui faite et affirmée de l'existence de la vente, et, en cas de refus du conservateur, d'obtenir du juge une ordonnance enjoignant à celui-ci d'avoir à mentionner sur son registre la déclaration faite par l'acheteur. Ce serait un procédé plus expéditif : or la célérité est d'un intérêt capital en cette matière.

— Notons que les actes authentiques ou sous seing privé ne sont admis à transcription qu'autant qu'ils ont été préalablement enregistrés ; les droits de transcription étant perçus en même temps que les droits d'enregistrement, le conservateur doit refuser une transcription dont les droits ne sont pas payés. Quant à la date de l'enregistrement, elle n'a plus d'importance aujourd'hui ; celle de la transcription seule détermine le moment où l'acte devient opposable aux tiers.

C. Qui peut ou doit requérir la transcription. — Peuvent requérir la transcription l'acquéreur aussi bien que l'aliénateur et leurs ayants-cause universels ; l'aliénateur peut avoir un intérêt à requérir cette transcription, qui, en cas de vente par exemple, pourra servir à conserver son privilège. Ces personnes peuvent la requérir par elles-mêmes ou par mandataire, sans que, dans ce dernier cas, le mandataire soit tenu de représenter la procuration qui l'habilite à agir. Elles peuvent le faire, bien qu'étant incapables de s'obliger, la transcription n'étant qu'une mesure conservatoire. Les représentants légaux : le tuteur du mineur ou de l'interdit, le mari administrateur des biens de la femme, le père administrateur légal, l'envoyé en possession provisoire des biens d'un présumé absent, les administrateurs des établissements publics sont tenus de requérir la transcription sous leur responsabilité ; on appliquera ici, par analogie, les articles 940 et 942 relatifs à la transcription des donations.

Quant au notaire, il n'en est nullement tenu ; son rôle se borne à rédiger les conventions et à leur donner le caractère de l'authenticité ; rien ne l'oblige à les faire transcrire, à moins qu'il n'en ait reçu des parties mandat exprès.

L'avoué y est tenu dans un cas : c'est lorsqu'il s'agit des jugements prononçant nullité ou résolution d'un acte transcrit. La loi a pris soin de le dire expressément ; c'est donc une disposition exceptionnelle.

D. COMMENT OPÈRE LA PUBLICITÉ. — Toute personne, sans distinction, a le droit de requérir du conservateur copie des transcriptions qui se trouvent sur ses registres. Cette réquisition est faite par écrit, sur papier timbré, et signée des parties. Elle peut avoir pour objet soit un état spécial des transcriptions, soit un état général qui seul permet de traiter en toute sécurité : l'état général fait connaître aux tiers, non seulement si le propriétaire apparent a ou non conservé la propriété, mais encore si ses auteurs étaient eux-mêmes propriétaires. Mais s'ils veulent simplement s'assurer, avant de traiter avec une personne qu'ils savent propriétaire d'un immeuble, si cette personne a constitué sur son fonds telle aliénation, ils peuvent se contenter d'un état spécial.

La réponse du conservateur se traduit par un *certificat positif* ou *négatif*. Le certificat est *positif* lorsque, une personne ayant demandé un état des droits consentis par un tel sur tel immeuble, ces opérations existent en effet ; alors le conservateur donne au requérant copie *entière*, sur papier timbré, des transcriptions qu'il a désiré connaître. Le certificat est *négatif* lorsque le conservateur répond qu'il n'existe pas de transcription sur ses registres.

— *Quid* si le conservateur se rendait coupable d'une omission ou d'une erreur, si, par exemple, il délivrait un certificat négatif au lieu d'un certificat positif? Sa responsabilité serait alors engagée envers le second acquéreur qui aurait acheté, en toute confiance, trompé par ce faux renseignement. Mais le premier acquéreur n'aurait rien à souffrir de la faute du conservateur.

L'étendue de la responsabilité de ce dernier est réglée conformément au droit commun. (Art. 1382 et s.)

CHAPITRE III

EFFETS DE LA TRANSCRIPTION

« La transcription comble une lacune, sans changer au Code un seul mot, un seul article... Les principes relatifs à l'effet des conventions ne reçoivent aucune atteinte ; le consentement réciproque reste la loi des parties. L'article 1583, particulier à la vente, conserve tous ses effets, toute sa portée... » Tel est le langage affirmatif que tenait M. de Belleyme dans son rapport au nom de la commission du Corps législatif. Cependant dans les premières années de l'application de la loi nouvelle, certains auteurs prétendirent qu'elle subordonnait à l'accomplissement de la transcription le dessaisissement absolu du vendeur ; la jurisprudence leur donna un instant gain de cause (1). A cette doctrine, que la jurisprudence a répudiée et qui aujourd'hui est à peu près universellement abandonnée, nous nous contentons d'opposer l'article 3, qui est, pour ainsi dire, la clef de voûte du système rétabli en 1855 : « Jusqu'à la transcription, les droits résultant des actes et jugements énoncés aux articles précédents ne peuvent être opposés *aux tiers*... » La loi se borne, comme dit M. de Belleyme, à combler une lacune, en décidant qu'à l'égard de certains tiers la transcription est exigée et que, cette formalité omise, ceux-ci peuvent se prévaloir du défaut de son accomplissement.

Deux propositions ressortent donc de l'article 3 :

1° Les actes qui sont soumis à la transcription ou pour

(1) Cassation, 1er mai 1860, Dalloz, 60, 1, 236.

lesquels cette transcription n'a pas été faite, ont néanmoins toute leur perfection et sont complètement réalisés entre les parties contractantes. S'il s'agit d'un acte translatif de propriété, la propriété est déplacée par le seul effet du consentement;

2° Mais jusqu'à la transcription ils ne sont pas opposables aux tiers (1); c'est ce dernier mot qu'il nous reste à préciser.

§ I. — Des personnes qui peuvent opposer le défaut de transcription

La loi de 1855 est plus rigoureuse que la loi de brumaire, en exigeant les deux conditions suivantes : 1° qu'on ait un droit sur l'immeuble; 2° qu'on l'ait conservé en se conformant aux lois.

Elle est plus large en accordant le droit d'invoquer le défaut de transcription aux créanciers à hypothèque légale ou judiciaire, tandis que l'article 26 de la loi de brumaire ne l'accordait qu'aux tiers qui avaient *contracté* avec le vendeur; ces créanciers, en effet, ne méritent pas moins d'égards que le second acquéreur.

On reconnaît généralement que la loi de 1855 s'applique à ceux qui ont acquis des droits du chef du vendeur par quasi-contrat et même par le seul effet de la loi. Ainsi le droit d'opposer le défaut de transcription appartient à un mineur, si le vendeur est son tuteur, à l'État, s'il est administrateur comptable, enfin à toute personne ayant acquis hypothèque en vertu d'un jugement sur les biens de l'aliénateur.

A. Première condition. — *Avoir un droit sur l'immeuble*

(1) Duverger, *De l'effet de la transcription* (*Revue pratique*, t. X, p. 184). — Demolombe, t. XXIV, nos 450 à 453.

de son débiteur, c'est avoir, soit du chef du dernier propriétaire ou de ses représentants, soit du chef des anciens
propriétaires, un droit qui affecte directement l'immeuble,
indépendamment de la règle qui fait de tout le patrimoine
du débiteur le gage de ses créanciers. Les tiers auto-
risés à exciper du défaut de transcription sont, non seulement ceux qui ont acquis des drois réels sur l'immeuble
transféré par l'acte non transcrit, mais même ceux qui
n'ont acquis sur cet immeuble qu'un droit personnel de
bail ou un droit d'antichrèse sujets à transcription.

Rentrent donc dans cette catégorie : 1° les acquéreurs
à titre particulier de la propriété ; 2° les acquéreurs d'un
droit mentionné dans la loi de 1855, usufruit, antichrèse,
servitude ; 3° les créanciers hypothécaires ou privilégiés ;
4° les preneurs à bail de plus de dix-huit ans.

L'hypothèse d'un second acquéreur de la propriété est
la plus commune et la plus simple où la loi de 1855 trouve
son application.

a) A titre onéreux. — Primus vend un immeuble à
Secundus, dont le titre reste secret ; il le revend une
seconde fois à Tertius, qui fait transcrire. Tertius pourra
opposer le défaut de transcription à Secundus, revendiquer l'immeuble entre ses mains, si Secundus est en
possession, ou repousser son action si c'est lui, Tertius,
qui a obtenu la détention de la chose. Secundus n'aura
contre Primus qu'une action en dommages-intérêts.

Tertius pourra faire valoir son droit, malgré la connaissance qu'il aurait acquise, par des voies quelconques,
de l'existence de l'acte non transcrit. Il en serait toutefois autrement, si la convention qu'il a passée avec l'auteur
de cet acte avait été frauduleusement concertée dans le
but d'en neutraliser ou d'en restreindre les effets.

b) A titre gratuit. — Le second acquéreur à titre gratuit jouit-il de la même prérogative? La négative a été soutenue par M. Troplong. L'éminent jurisconsulte invoque un argument à fortiori ; il part de ce point de vue, lui-même controversé, que le donataire ne peut opposer contre un premier donataire le défaut de transcription. Il en conclut qu'à plus forte raison, un donataire ne peut l'emporter sur un acquéreur à titre onéreux ; la situation de ce dernier est préférable, il combat *de damno vitando*, tandis que le donataire combat *de lucro captando*. D'ailleurs, que le donataire résiste et oppose le défaut de transcription, à quoi aboutira-t-il ? à se voir intenter l'action Paulienne ; sa donation sera annulée et il en sera pour ses frais (1).

Nous n'admettons point ce système ; d'abord, nous le verrons, son point de départ est contestable. Il fait, en outre, une distinction qui peut être assez raisonnable, mais qui n'est pas dans la loi ; les termes généraux et absolus de l'article 3 y résistent même énergiquement. Mais, dit M. Troplong, si vous lui refusez le bénéfice de la loi de 1855, l'acquéreur à titre onéreux arrivera au même résultat au moyen de l'action Paulienne. Nous répondrons que cette action n'est pas toujours possible, par exemple dans le cas où la donation aurait été consentie par l'héritier du vendeur, et que l'exercice en est soumis à certaines conditions, assez difficiles à réaliser ; dans la donation *dotis causa*, à laquelle la jurisprudence reconnaît le caractère d'acte à titre onéreux, la preuve de la complicité soit du mari, soit même de la femme, est imposée au poursuivant. Si l'action Paulienne était admissible dans notre hypothèse, il faudrait aller jusqu'à dire qu'un second acheteur ne pourrait pas, s'il a eu d'ailleurs, en contractant, connaissance de la première

(1) Troplong, nos 154 à 157.

vente, opposer à l'acheteur primitif le défaut de transcription de son titre : ce que M. Troplong lui-même n'admet pas. Enfin l'intérêt général et le crédit foncier réclament ici la même solution ; il importe qu'une donation ne puisse pas tout à coup s'évanouir par la découverte d'un acte de vente antérieur, et dont personne ne soupçonnait jusqu'alors l'existence (1).

B. Deuxième condition. — Il faut avoir conservé son droit *en se conformant aux lois*, c'est-à-dire aux lois sur la publicité, qui sont, soit les dispositions du Code civil qui obligent les créanciers hypothécaires ou privilégiés à publier leurs titres, soit les articles 1 et 2 de la loi même que nous étudions.

Ainsi entre deux acquéreurs qui ni l'un ni l'autre n'ont fait transcrire leurs titres, on applique les règles du droit civil. En vain le second acquéreur invoquerait-il sa bonne foi et son ignorance la plus complète du dessaisissement de son vendeur ; il sera évincé par l'acquéreur dont le contrat a reçu le premier date certaine, par exemple la formalité de l'enregistrement.

— Ici se présente une question débattue, diversement résolue par les auteurs : lorsqu'on a acheté un immeuble d'une personne qui elle-même n'avait pas fait transcrire, suffit-il de faire transcrire seulement son titre d'acquisition? ou bien doit-on faire transcrire aussi les titres de son auteur et des auteurs de celui-ci?

Soit l'hypothèse suivante : Primus vend un immeuble à Secundus, qui ne fait pas transcrire: Secundus le revend à Tertius qui fait transcrire le contrat qui l'investit, sans se préoccuper de la vente consentie par Primus à Secundus. Jusqu'à présent, pas de difficultés ; il im-

---

(1) Flandin, II, 868. — Aubry et Rau, t. II, § 209, p. 307. — Mourlon, II, n° 437.

porte peu à Tertius que Secundus ait ou non transcrit, tant qu'il s'agit de la chaîne d'acquéreurs, dont il est lui-même le dernier anneau, et la transcription de son seul titre suffira pour lui permettre de repousser les tiers qui, ayant acquis des droits du chef de son auteur immédiat, ne les auraient pas publiés avant la transcription de son titre. Mais que décider pour ceux qui traitent avec un des anciens propriétaires? La transcription du titre de Tertius suffira-t-elle pour arrêter la publication des droits qui pourraient grever l'immeuble du chef de Primus?

Primus, vendeur originaire, vend une seconde fois le même immeuble à un tiers, à Paul, par exemple : comment se réglera ce conflit? à qui donner la préférence, à Tertius ou à Paul?

Le but que le législateur a voulu atteindre ne serait pas rempli, s'il suffisait à un sous-acquéreur de faire transcrire son propre titre pour écarter les ayants-cause du vendeur originaire, puisque, d'après la manière dont sont tenus les registres et répertoires des conservateurs des hypothèques, la transcription du titre du sous-acquéreur ne met nullement ces ayants-cause en situation de connaître l'aliénation consentie par leur auteur. La publicité des mutations immobilières repose, nous l'avons vu, non sur la désignation individuelle ou cadastrale des immeubles eux-mêmes, mais sur les noms des propriétaires aliénateurs. Dès lors quelle est la publicité qui peut résulter pour les tiers de la transcription de son propre titre faite par Tertius? S'ils consultent au nom de Primus, le conservateur leur répondra forcément par un certificat négatif. On ne peut donc opposer à Paul la série des aliénations qui toutes n'ont pas été transcrites, de telle façon que la chaîne des mutations soit interrompue pour lui.

On objecte que la nécessité de plusieurs transcriptions occasionnerait de grands frais à l'acquéreur. C'est possible ; mais on ne peut pour un motif de cette sorte donner une entorse à la loi. Dans l'intérêt de l'acquéreur lui-même, mieux vaut débourser un peu plus et jouir d'une sécurité complète.

Deux hypothèses sont possibles :

a) Avant que Tertius ait contracté avec Secundus, Primus avait déjà aliéné à Paul ; mais Paul n'a publié son titre qu'après la transcription du titre de Tertius.

Nous donnons la préférence à Paul. Ce n'est pas l'avis de M. Troplong : « Tertius, dit-il, a fait tout ce qui dépendait de lui ; si Paul avait publié son contrat, Tertius aurait-été averti ; mais il n'a pas vu de transcription, il serait injuste que Paul vînt troubler sa sécurité (1). »

Cette argumentation n'est pas fondée. Paul ne peut pas souffrir de son retard ; à ses yeux, Primus était toujours propriétaire. Le sous-acquéreur, qui néglige de vérifier si le titre de son vendeur a été transcrit, commet une grave imprudence ; tandis que le tiers, qui a traité avec le vendeur originaire sur lequel il n'existait aucune transcription, n'a aucune faute à se reprocher, et deviendrait victime de sa confiance dans le principe posé par la loi elle-même, si le sous-acquéreur devait l'emporter sur lui (2).

b) Le titre de Paul est postérieur au titre et à la transcription du titre de Tertius.

---

(1) Troplong, n° 166.

(2) Aubry et Rau, t. II, § 209, texte et note 99. — Demolombe, XXIV, 465. — Mourlon, II, 447 à 450, 595 à 600. — M. Duverger : *Revue pratique*, t. X, 90, t. XXIII, p. 485.

Ici, M. Troplong distingue, et dans le cas où le titre, régulièrement transcrit, du tiers qui veut opposer le défaut de transcription, mentionnerait les noms ainsi que les actes d'acquisition des précédents propriétaires, il donne la préférence à Tertius ; dans le cas contraire, à Paul. « Il nous semble, dit-il, que cette transcription est pleinement suffisante, et qu'il est inutile d'imposer des frais de transcription multiples ; quand le tiers a contracté avec Primus, il a acheté en connaissance de cause, il ne saurait se plaindre d'une surprise (1). »

Cette opinion nous paraît doublement inexacte. D'une part, la transcription est toujours la copie intégrale de l'acte. D'autre part, comment cette mention pourrait-elle arriver à la connaissance des ayants cause des précédents propriétaires, puisque le répertoire ne contient pas les noms de ces derniers, mais seulement ceux des parties qui ont figuré dans l'acte. Nulle part la loi n'impose au conservateur la lourde obligation de lire, d'étudier à ses risques et périls et sous sa responsabilité toutes les clauses des actes qui sont présentés à transcription pour en faire, le cas échéant, une transcription spéciale. Sa mission se borne à transcrire des actes et non à rechercher les aliénations non transcrites qu'un acte transcrit pourrait renfermer.

Nous en conclurons donc que dans tous les cas, si le sous-acquéreur veut rendre son droit opposable à tous les tiers, il devra faire transcrire non seulement son propre titre, mais aussi ceux de tous les acquéreurs antérieurs, dont le droit est resté clandestin (2).

---

(1) Troplong, n° 167.
(2) Demolombe, XXIV, 466. — Aubry et Rau, § 209, p. 318. — *Contra :* Flandin, n°ˢ 886 et s. — Verdier, n° 366, 2ᵉ édition et appendice.

Autre question controversée : que décider dans l'hypothèse d'un concours de transcriptions effectuées le même jour?

D'après MM. Bressolles (1), Rivière et Huguet, la préférence appartiendrait à celui des deux acheteurs dont le titre a le premier reçu date certaine, ou, si leurs titres sont de même date, à celui qui se trouve en possession; cette solution n'est pas admissible, disent MM. Aubry et Rau, parce qu'elle est puisée dans un ordre d'idées que la loi de 1855 a précisément eu pour but d'écarter.

D'après ces derniers auteurs, la préférence se déterminerait d'après l'ordre dans lequel les pièces remises par les parties ont été inscrites sur le registre de dépôt tenu par le conservateur des hypothèques, conformément à l'article 2200 (2).

M. Mourlon émet une opinion contraire, et nous pensons avec lui que l'acte qui occupera la première place sur le registre des transcriptions l'emportera sur l'autre. Le registre des transcriptions forme la loi unique des parties, qui n'ont point à s'enquérir des mentions consignées au registre des dépôts, et qui ne peuvent respectivement se les opposer. Il est vrai que c'est mettre aux mains du conservateur un pouvoir dangereux. Mais la loi ne le lui refuse point par cela seul qu'elle n'a pas édicté ici une disposition analogue à celle de l'article 2147, en cas d'hypothèques inscrites le même jour. Quant au registre des dépôts, il ne saurait faire foi ici ; car, vis-à-vis des tiers, nous le répétons, il n'y a de registre légal, de registre faisant preuve que le registre des transcrip-

---

(1) Bressolles, *Exposé sur la transcription*, n° 45. — Rivière et Huguet, n°ˢ 203 et 204.

(2) Aubry et Rau, t. II, p. 61.

tions. C'est donc ce registre seul qui doit régler les conflits entre eux (1).

§ II. — Des personnes qui ne peuvent pas opposer le défaut de transcription

Ne sont pas admis à se prévaloir du défaut de transcription :

1° *Le vendeur lui-même.* — Ainsi, aussitôt après la vente, l'acheteur peut actionner le vendeur en revendication, et cela, avant même la transcription ; c'est une formalité superflue dans les rapports des parties entre elles. Ainsi encore, lorsque l'acquéreur, sans avoir fait transcrire son titre, a revendu l'immeuble à un sous-acquéreur qui a fait transcrire le sien, le vendeur n'est pas autorisé à opposer le défaut de transcription de la vente par lui consentie, soit pour se prétendre encore saisi de la propriété de l'immeuble à l'égard du sous-acquéreur, soit pour faire valoir contre lui son privilège ou son action résolutoire, qu'il n'aurait pas conservés par une inscription prise en temps utile.

2° *Les ayants cause universels ou à titre universel du vendeur.* — L'acheteur agira avec un égal succès contre eux ; tenus de toutes les obligations de celui auquel ils succèdent, ils doivent respecter ses aliénations et ne peuvent avoir plus de droits qu'il n'en a lui-même. Entre les parties, la propriété a été transférée par le seul effet de la vente ; or ils ont été présents au contrat dans la personne de leur auteur, et ils ne peuvent méconnaître l'aliénation consentie par celui-ci : car ils sont tenus à la garantir envers l'acheteur.

A cet égard, il n'y a pas de différence à établir entre

(1) Mourlon, II, n° 517.

'héritier pur et simple et l'héritier sous bénéfice d'inventaire ; l'acceptation sous bénéfice d'inventaire ne confère pas plus de droits que l'acceptation pure et simple. Dans aucun cas l'héritier ne peut donc se prévaloir du défaut de transcription pour soutenir que les immeubles aliénés doivent être compris dans le partage.

Mais si le défunt, après avoir vendu un immeuble à un étranger, qui n'a pas fait transcrire son titre, l'avait vendu une seconde fois à un de ses héritiers présomptifs, qui aurait fait transcrire le sien, celui-ci ne pourrait-il pas, en son nom personnel et comme tiers acquéreur, exciper du défaut de transcription pour faire maintenir la vente passée à son profit par le défunt ?

La question se résout, croyons-nous, par une distinction.

a) Si l'héritier a accepté purement et simplement, il est incontestable qu'il ne peut exciper de l'omission de la formalité. Il succède de la façon la plus absolue aux obligations du défunt, et il ne peut, par conséquent, se prévaloir des faits que celui-ci n'aurait pu invoquer. Cette règle reçoit son application au cas où il y a plusieurs héritiers, tout au moins dans l'opinion qui reconnaît que l'exception de garantie est indivisible.

b) Si l'héritier a accepté sous bénéfice d'inventaire, selon nous, la solution est la même ; mais elle est controversée.

On a invoqué, en sens contraire, les articles 941 et 1072, qui défendraient aux héritiers du /donateur d'opposer le défaut de publicité ; cette interprétation fût-elle exacte, l'argument qu'on en tire serait sans valeur. Car les règles sur le défaut de transcription, dans les contrats à titre gratuit et dans les contrats à titre onéreux, n'ont entre elles aucun lien, et ne peuvent être étendues d'une classe de contrats à l'autre par argument d'analogie.

La question qui nous occupe est d'ailleurs tout autre : il s'agit de savoir si l'héritier bénéficiaire ne peut pas invoquer la qualité de tiers acquéreur pour repousser un premier acheteur qui n'a pas transcrit. Or il est de principe que l'héritier bénéficiaire ne confond pas son patrimoine avec l'hérédité et reste, en tant qu'il s'agit de la conservation de ses propres droits, un tiers par rapport aux actes passés par le défunt. Dès lors, dans notre hypothèse, il est recevable à se prévaloir du défaut de transcription, et c'est en vain qu'on voudrait lui opposer la maxime : *Quem tenet actio, eumdem agentem repellit exceptio ;* car, précisément, *eum non tenet actio,* puisqu'il n'est pas tenu sur ses biens des dettes personnelles du défunt, il n'est pas garant de ses faits (1).

Le système de la loi est susceptible, il faut le reconnaître, de conduire à des résultats fâcheux. Le *de cujus* peut avoir disposé de biens qu'à sa mort il a encore en sa possession ; les héritiers, trompés par les apparences, acceptent purement et simplement et découvrent plus tard l'aliénation : c'est pour eux peut-être la ruine. « La loi se fût montrée plus clairvoyante, dit M. Mourlon, si elle eût admis qu'au cas où il serait constant que les héritiers du défunt n'ont accepté la succession qu'après avoir, au préalable, levé un état de transcription, les acquéreurs qui ont laissé leur titre secret seront tenus de leur faire l'abandon de leurs droits, ou, s'ils les re-

(1) Aubry et Rau, II, p. 310 et note 88. — Demolombe, t. XXIV, n° 455. — *Contra*, Flandin, II, 842 et 843. Dalloz. *Rép.*, n°⁸ 462 et 465, v° *Transcription*.

vendiquent, de les indemniser du préjudice que la dissimulation leur aura causé (1). »

3° *Les créanciers chirographaires du vendeur.* — Les pays de nantissement leur permettaient de se prévaloir du défaut de nantissement. Cette solution, encore admise en matière de donations, n'est pas applicable aux actes à titre onéreux :

a) Les créanciers chirographaires ont suivi la foi de leur débiteur, et, en ne prenant contre lui aucune sûreté, ils sont réputés lui avoir laissé la faculté de disposer de ses immeubles. Ils n'ont que le gage général que l'article 2093 accorde à tous les créanciers ; seuls, les créanciers hypothécaires ou privilégiés ont un gage spécial, et c'est là précisément leur supériorité sur les autres.

b). Il est établi, par les rapports de M. de Belleyme, que les mots : *qui ont des droits sur l'immeuble*, ont été ajoutés à la rédaction primitive de l'article 3, pour écarter les prétentions des créanciers chirographaires (2). M. Rouher a dit non moins formellement au cours de la discussion : « Le défaut de transcription peut être invoqué par les tiers qui auront des droits sur l'immeuble, ce qui exclut les créanciers chirographaires, puisqu'ils n'ont point de droits sur l'immeuble. »

c) Leur exclusion est d'ailleurs conforme au but que la loi de 1855 s'est proposé. Elle n'est pas une loi constitutive du crédit personnel, mais une loi de crédit foncier, étrangère, par conséquent, aux intérêts des créanciers chirographaires.

La saisie immobilière ou la faillite modifient-elles les

(1) Mourlon, II, n° 436.
(2) Rapport de M. de Belleyme. — Troplong, p. 23 et s., et pp. 85 et s. — Cf. Cass., 4 août 1880, Dalloz. 81. 1. 438.

droits des créanciers, et leur permettent-elles d'invo‑
quer contre l'acquéreur le défaut de transcription ?

A. *Saisie.* — L'effet de la saisie pratiquée sur l'ordre
d'un créancier, est de remettre l'immeuble entre les
mains de la justice. Les fruits civils ou naturels sont
immobilisés, et le débiteur, s'il est maintenu en posses‑
sion de l'immeuble saisi, l'administre jusqu'à la vente, en
qualité de séquestre judiciaire, non en qualité de pro‑
priétaire (art. 681 C. Pr.), quoique ce titre n'ait pas
cessé de lui appartenir. Le public est donc intéressé à
connaître l'acte qui doit restreindre le droit de disposi‑
tion du propriétaire. L'avertissement lui est donné par
la transcription de la saisie.

Nous distinguerons quatre hypothèses :

a) Le créancier saisissant et le tiers qui a acheté an‑
térieurement à la saisie n'ont fait transcrire ni l'un ni
l'autre.

Le créancier saisissant pourra-t-il, du jour de la sai‑
sie, opposer à l'acquéreur le défaut de transcription?
Non, évidemment; la saisie immobilière est seulement
la mise à exécution du droit du créancier, elle n'en
change pas la nature. De plus, le débiteur saisi con‑
serve, jusqu'à la transcription de la saisie, le droit d'alié‑
ner l'immeuble; comment admettre que les aliénations
antérieures, même restées secrètes, ne soient pas va‑
lables?

b) L'aliénation a été transcrite avant la transcription
de la saisie. Aucune difficulté dans cette hypothèse ;
l'aliénation sera toujours opposable au créancier saisis‑
sant, qu'elle ait été consentie avant ou après la saisie.

c) L'acte d'aliénation n'a acquis date certaine qu'après
que la saisie était déjà transcrite. Cette hypothèse est
aussi simple que la précédente ; l'aliénation ne peut por‑

ter préjudice au créancier saisissant. Peu importe que la saisie soit postérieure ou antérieure à l'aliénation.

d) Mais voici où la difficulté se présente : l'aliénation a acquis date certaine antérieure à la saisie ou à sa transcription ; mais cette aliénation n'a pas été transcrite ou ne l'a été que postérieurement à la transcription de la saisie. Le créancier saisissant pourra-t-il opposer à l'acquéreur le défaut de transcription ou sa transcription tardive, et repousser la demande en distraction formée par celui-ci? Sera-t-il, au contraire, tenu de respecter l'aliénation?

Premier système. — La transcription de la saisie confère au créancier un droit réel *sui generis.*

Le droit réel est la faculté accordée à une personne de s'attribuer directement et immédiatement l'utilité totale ou partielle d'une chose. Or que trouvons-nous ici ? La saisie transcrite entraine l'incapacité du débiteur saisi. Si la loi assimile ce dernier à un séquestre judiciaire, c'est qu'il possède désormais au nom de ses créanciers, ainsi *nantis* de leur gage. Cette théorie a été celle de tous les temps, celle du droit romain, celle de l'ancien droit français. Aussi M. Troplong a-t-il dit « que la saisie contient un gage tacite (1) ». Aussi lit-on dans le rapport de M. Persil sur la loi du 21 avril 1841 « que la saisie affecte la propriété ». Le droit de suite est incontestable. Quant au droit de préférence, on a dit qu'il n'existe pas ici, puisque tout créancier peut intervenir à la saisie et concourir avec le premier saisissant. Mais ce droit se manifeste lui-même par l'immobilisation des fruits qui donne aux créanciers hypothécaires un droit exclusif aux revenus, à l'encontre des créanciers

(1) Troplong, *Nantissement*, n° 46.

chirographaires, et même entre ces derniers, par le droit du saisissant de toucher, après les créanciers inscrits, et à l'exclusion de tout autre créancier chirographaire, le prix que l'acquéreur de l'immeuble saisi doit consigner pour conserver son acquisition. Donc ce droit fait passer le créancier saisissant dans la catégorie des tiers et lui permet de repousser avec l'article 3, pour clause de clandestinité du titre, la demande en distraction de l'acquéreur.

D'ailleurs, le système opposé se condamne par les conséquences mêmes auxquelles il arrive. Car soient une saisie et deux ventes successives, l'une antérieure à la transcription de la saisie, mais non transcrite, l'autre postérieure à la même époque, mais transcrite. Si la première vente l'emportait sur la saisie, la seconde vente l'emporterait sur la première et céderait elle-même le pas à la saisie.

L'hypothèse devient inextricable, tandis que si le saisissant peut se prévaloir du défaut de publicité qui affecte la première vente, il gardera l'immeuble, lui ou les autres créanciers qui viendront s'adjoindre à la saisie (1).

Deuxième système. — La saisie transcrite ne confère pas un droit réel. Les sûretés, les obstacles mis au droit de disposition du débiteur ne parviennent point à dénaturer le caractère même d'une procédure qui, avant tout, et seulement, est un acte d'exécution ; la propriété n'en reste pas moins jusqu'au jugement d'adjudication sur la tête du saisi.

La défense d'aliéner, l'immobilisation des fruits s'ex-

(1) M. Berthaud, cité par Flandin, II, 851. — Mourlon, II, 467 à 483.

pliquent bien plus par le besoin d'empêcher une fraude
que par un droit de suite accordé aux créanciers.

Peut-on, au surplus, reconnaître un droit de préférence pour le premier saisissant dans la faculté accordée à l'acquéreur d'écarter ses poursuites en le désinté-
ressant, lorsque tout autre créancier a le droit, en
intervenant, de concourir avec le premier ?

Enfin à l'objection tirée des conséquences de notre
système, nous répondrons avec M. Mourlon « que la
question étant insoluble selon la loi, l'équité seule la
gouverne ». Mais, parce que le législateur n'a pas su, en
vue de telle espèce compliquée, prévoir les conséquences
de son système, est-ce une raison pour se croire fondé
à porter la main sur les principes eux-mêmes?

La saisie est donc un acte d'exécution ; elle n'a pas
pour effet de changer le droit du saisissant, qui reste
créancier hypothécaire ou chirographaire. Après comme
avant la transcription de la saisie, le conflit entre un
acquéreur dont le titre est clandestin et le créancier qui
a fait transcrire sa saisie, est régi, non par le système
introduit par la loi nouvelle, mais par les anciens principes du Code civil (1).

Troisième système. — M. Mourlon donne une solution
différente, selon que la saisie est antérieure ou postérieure à l'acte de vente. Dans le premier cas, l'avantage
resterait à celui des deux adversaires qui aurait transcrit le premier, le conflit s'étant élevé entre deux droits
de même nature, entre deux droits réels. Dans le second
cas, la saisie ayant été faite *super non domino*, ne saurait être maintenue quand même elle serait transcrite

(1) Troplong, n° 147. — Rivière et Huguet, n° 174. — Flandin,
II, 850 à 852.

avant la vente (1). Cette distinction n'est pas admissible ; elle tient à une fausse conception du système rétabli par la loi de 1855. « En effet, disent MM. Aubry et Rau, si la transcription de la saisie pouvait conférer au saisissant le droit de se prévaloir du défaut de transcription de la vente, elle devrait, dans le système de la loi précitée, le lui conférer, tout aussi bien pour le cas où la vente est antérieure à la saisie, que pour celui où elle lui est postérieure (2). » Il importe peu qu'un droit réel transcrit le premier ait été ou non acquis le premier ; la réalité admise, la saisie transcrite devrait donc toujours l'emporter.

Quatrième système. — On distingue si le créancier qui opère la saisie est chirographaire ou hypothécaire (3). Les auteurs et les arrêts qui font cette distinction nous semblent faire une étrange confusion entre la transcription requise par la loi de 1855, comme condition de la translation de la propriété à l'égard des tiers, et la transcription des saisies immobilières, exigée par l'article 678 du Code de procédure, comme simple formalité de la poursuite en expropriation forcée. Celle-ci ne confère au créancier hypothécaire sur l'immeuble aucun droit nouveau, distinct de celui qu'il tient de son hypothèque, qui n'est pas mise en question et dont l'efficacité n'est nullement contestée.

On objecte qu'il peut y avoir un inconvénient grave à ce qu'une vente se révèle ainsi au cours d'une procédure

(1) Mourlon, II, 476 à 483.
(2) Aubry et Rau, II, p. 313, note 95.
(3) Huguet, *Revue pratique*, 1858, IV, p. 524. — Besançon, 29 novembre 1858, Sirey. 59. 2. 212 ; Caen, 23 février 1866, Sirey. 67. 2. 236.

en expropriation. Cet inconvénient existait déjà sous l'empire du Code, et la loi de 1855 n'a pas eu pour but d'y remédier ; elle ne s'en est pas occupée (1).

B. *Faillite.* — La faillite soulève la même controverse. Un commerçant aliène un de ses immeubles, puis il tombe en faillite avant que l'acquéreur ait fait transcrire son titre. ·

La masse des créanciers pourra-t-elle, soit en vertu du jugement déclaratif de faillite, soit en vertu de l'hypothèque inscrite par le syndic conformément à l'article 490 du Code de commerce, se prévaloir du défaut de transcription ?

L'affirmative est soutenue par M. Demangeat. Le dessaisissement qui résulte pour le failli du jugement déclaratif constitue, au profit des créanciers, un droit réel *sui generis*, qui est désormais à l'abri de toute atteinte de la part du failli ou de ses ayants cause.

Nous rejetons ce système. La vente, quoique non transcrite, étant valable quant aux créanciers du vendeur, l'immeuble vendu cesse d'être leur gage. La faillite dessaisit, il est vrai, ce dernier, mais ses créanciers n'acquièrent de droits que sur les biens dont se compose en ce moment son patrimoine. Or l'immeuble vendu en est sorti définitivement et régulièrement ; comment la faillite aurait-elle la vertu de le faire rentrer dans le gage de ses créanciers ? Si on admet une solution différente quant à la transcription requise en matière de donation, c'est parce que, dans cette matière, l'article 941 du Code civil reconnaît le droit d'exciper du défaut de transcription à tous ceux qui y ont intérêt, sans exiger, comme l'article 3 de la loi du 23 mars 1855, qu'ils aient des

(1) Flandin, II, 853. — Verdier, II, 297 et s. — Grenoble 1er juin 1865, Sirey. 65. 2. 332.

droits sur l'immeuble, et que, par suite du jugement déclaratif de faillite, les créanciers, même simplement chirographaires, passent de la classe des ayants cause dans
celle des tiers, et se trouvent ainsi en situation d'opposer
le défaut de transcription qu'ils ont évidemment intérêt à
faire valoir. Il est vrai encore que l'article 448 annule
dans l'intérêt des créanciers du failli les hypothèques qui
sont restées occultes jusqu'au moment de la faillite ; mais
c'est là une déchéance et il est de principe qu'en matière
de déchéance, on ne peut raisonner par analogie.

Le jugement déclaratif de faillite ne nous semble donc,
pas plus que la saisie, conférer un droit réel, dans le
sens de la loi de 1855 ; la vente antérieure au jugement
est pleinement opposable, quoique non transcrite, aux
créanciers saisissants, et l'acquéreur pourra valablement
transcrire postérieurement à la déclaration de faillite (1).

Mais le pourra-t-il encore après l'inscription prise par
le syndic au nom de la masse ?

Dès lors, les créanciers sont investis d'un vrai droit
réel, en vertu de l'hypothèque, non pas judiciaire, mais
légale, que le Code de commerce accorde aux créanciers
du failli. Tout droit d'hypothèque est un droit réel, par-
ticipant aux avantages de la loi de 1855. A dater de cette
inscription, les créanciers pourront donc invoquer contre
l'acquéreur le défaut de transcription.

— Pour terminer ce qui concerne le conflit entre
l'acquéreur et les créanciers chirographaires, notons que
ceux-ci ne pourront pas opposer à l'acquéreur le défaut
de transcription, bien qu'après le décès du vendeur ils
vient réclamé la séparation des patrimoines, et pris

---

(1) Flandin, II, 854 à 859. — Mourlon, II, 488. — Aubry et Rau,
loc. cit., p. 312, texte et note 93. — *Contra :* Troplong, n°ˢ 148 à
149. Demangeat sur Bravard, *Droit commercial*, t. V, pp. 296 et s.

l'inscription de l'article 2111. En effet, quelle que soit l'opinion que l'on adopte sur la nature du droit, on reconnaît que cette inscription n'a d'effet qu'au regard des créanciers de l'héritier, et que, par suite, elle est étrangère aux rapports des créanciers héréditaires avec les ayants cause du défunt.

4° *Les ayants cause même à titre particulier du vendeur, ceux qui, tout en ayant un droit sur l'immeuble, ne sont pas assujettis pour sa conservation à une formalité de publicité.* — Ainsi en est-il des légataires, puisque le legs n'est point au nombre des actes soumis à la transcription. La loi de brumaire le décidait formellement, en parlant des tiers qui ont *contracté* avec le vendeur ; la loi de 1855, en se servant d'expressions plus générales, a voulu prévoir l'hypothèse d'un droit acquis autrement que par contrat, par exemple une hypothèque légale ou judiciaire.

On peut en dire autant des locataires ou fermiers pour dix-huit ans et au-dessous, dont le titre est postérieur à la vente de l'immeuble loué.

TITRE II

DONATIONS

I. – CODE CIVIL

Les procès-verbaux du Conseil d'État accusent, chez les rédacteurs du Code, l'intention formelle de conserver pour les donations l'un des deux modes de publicité qui étaient en vigueur, l'insinuation ou la transcription, et qui semblaient faire pléonasme. Dans le projet de l'an VIII, la Commission avait proposé de maintenir la nécessité de l'insinuation et de ne rien statuer sur la transcription, sauf à appliquer aux donations ce qu'on appliquerait aux actes translatifs en général. La section de législation du Conseil d'État émit un avis contraire; la transcription lui parut rendre complètement inutile la formalité de l'insinuation, et elle pensa qu'on pouvait, sans rien préjuger sur l'utilité de la transcription, conserver cette formalité pour les donations entre vifs. Cette idée était inexacte; car, en réalité, la transcription et l'insinuation n'étaient pas soumises aux mêmes règles. Pourtant ce système triompha, et les rédacteurs du Code, dans les articles 939 et suivants, consacrèrent la transcription comme seul mode de publicité. Mais comme ils n'avaient pas compris la différence qui existait entre les deux formalités, ils firent de la transcription nouvelle une institution mixte, et l'une des plus grandes difficultés du sujet consiste à distinguer ce que l'on a emprunté à l'insinuation de l'ancien droit et à la transcription de la loi de brumaire.

Les discussions qui ont eu lieu à ce sujet au Conseil d'État ne fournissent point des éléments suffisants pour résoudre la question : aussi est-elle tous les jours l'objet de vives controverses.

La Cour de cassation pense que la transcription doit être interprétée par la loi de Brumaire, et non par l'Ordonnance de 1731 ; c'est à ce parti, nous croyons, qu'il faut s'en tenir. Autrement, il faudrait dire, ce qui évidemment est inadmissible, que le donataire a un délai pour requérir la transcription ; que la transcription faite dans ce délai a un effet rétroactif au jour de la donation ; que la transcription faite après ce délai est sans effet si le donateur est décédé.

§ Iᵉʳ. — Quelles donations doivent être transcrites

L'article 939, reproduisant à peu près la formule de l'article 26 de la loi de brumaire, assujettit à la transcription les donations *de biens susceptibles d'hypothèques*. L'article 2118 les énumère. Ce sont : 1° les biens immobiliers qui sont dans le commerce ; 2° l'usufruit des mêmes biens.

Doit donc être transcrit tout acte entre vifs à titre gratuit translatif de propriété immobilière. Mais les donations entre vifs peuvent être soumises à des règles spéciales, selon la nature du contrat ou la qualité des parties : voyons si la transcription subit aussi l'influence de telles circonstances.

A. DONATION A TERME OU CONDITIONNELLE. — Nous avons déjà étudié au titre des Actes à titre onéreux les effets du terme et de la condition sur les contrats ; les mêmes règles conduisent à décider que la donation à terme ou conditionnelle est comprise parmi les donations que l'article 939 soumet à l'obligation de transcrire.

B. Donation de biens présents. — *a) Par contrat de mariage.* — Telle est, par exemple, la donation actuelle et irrévocable que de futurs époux se font entre eux, ou la donation de biens présents, faite à l'un d'eux par un étranger. Elles auraient fait, aussi bien, l'objet d'un acte séparé ; il n'y a aucune raison d'affranchir ces libéralités de la transcription, puisque, aux termes des articles 1081 et 1092, ces libéralités sont soumises aux règles générales prescrites dans le titre. L'ordonnance de 1731 dispensait, il est vrai, de l'insinuation les donations faites dans les contrats de mariage en ligne directe, mais l'exception n'a pas été reproduite dans le Code. — *b) Entre époux pendant le mariage.* — Y a-t-il lieu à transcription ? La question est controversée, mais nous tenons pour l'affirmation.

On se fonde, dans le système contraire, sur ce que, ces donations étant essentiellement révocables, tous les actes d'aliénation ou de constitution de droits réels doivent, malgré la transcription de la donation, être maintenus comme emportant révocation de cette dernière dans la mesure des droits conférés aux tiers.

Si ce motif est exact, est-ce à dire que la transcription soit complètement sans objet ? Nullement ; elle est utile à l'encontre des créanciers chirographaires, qui pourraient, à défaut de transcription, frapper de saisie les immeubles donnés : ce qu'ils ne sont pas admis à faire lorsque cette formalité a été remplie. D'ailleurs, la transcription ne sera-t-elle pas toujours nécessaire pour empêcher que les héritiers du donateur ne puissent un jour aliéner les

immeubles donnés ou les grever de charges et d'hypothèques?

C. — Institution contractuelle. — L'institution contractuelle est une donation qui n'est ni actuelle, car elle
porte sur les biens à venir, ni irrévocable, car elle enlève
seulement au donateur le droit de disposer, à titre gratuit, des objets compris dans la donation. Est-elle soumise à transcription? La question est controversée.

Premier système. — La transcription est nécessaire.
1° On invoque l'ancien droit, où l'insinuation était exigée. 2° L'article 947, à la section des formes de la donation
entre vifs, prend soin de dire que les quatre articles précédents, 943-946, ne s'appliquent point aux donations
dont est mention aux chapitres VIII et IX du présent titre,
c'est-à-dire à l'institution contractuelle, dont il est parlé
au chapitre VIII; il en résulte, à contrario, que les articles
939 à 942, relatifs à la transcription des donations, sont
applicables à ces sortes de dispositions 3° La donation
de biens à venir est, en définitive, une donation, et ainsi
elle rentre, mot pour mot, dans la disposition générale
de l'article 939 (1).

Deuxième système. — L'article 939 ne régit pas l'institution contractuelle. 1° Écartons d'abord l'argument
tiré de l'ancienne jurisprudence. Aussi bien, les auteurs
étaient déjà partagés sur la question, comme on peut le
voir dans le *Répertoire* de Merlin; il serait donc dangereux de se faire un moyen de décision de l'histoire en
cette matière. 2° L'article 947 n'a pas la portée générale
qu'on veut lui donner de désigner les articles de la section qui sont ou ne sont pas applicables à l'institution
contractuelle; car il en faudrait conclure que la donation

(1) Mourlon, *Transcription*, t. II, n° 1117.

mobilière de biens à venir doit être accompagnée de l'état estimatif exigé par l'article 948, ce qui est impossible. 3° Le législateur enfin s'est toujours franchement opposé à la transcription des mutations par décès; or la donation de biens à venir est une disposition à cause de mort, puisque la translation du domaine ne s'opère qu'au décès du donateur et dans le cas seulement où il n'aurait pas disposé, de son vivant, à titre onéreux des biens compris dans la donation (1).

D. Donation cumulative de biens présents et a venir. — La donation cumulative est faite avec faculté pour le donataire, ou de recueillir tous les biens que le donateur laissera au jour de son décès, ou de s'en tenir aux biens dont il était propriétaire au moment de la donation.

Dans la première hypothèse, les choses se passent comme si la donation était une donation pure et simple de biens à venir; il importe peu que le donataire ait ou non transcrit.

Dans la seconde hypothèse, la donation, quant aux biens dont le donateur était propriétaire au moment où elle a été faite, se transforme en une véritable donation de biens présents. En vue de cette hypothèse, la transcription présente une utilité incontestable ; sans elle, le donataire court le risque de s'enlever le droit d'option pour les biens présents, si des acquéreurs postérieurs ont transcrit dans l'intervalle.

E. Partages d'ascendants. — Il ne saurait y avoir de doute sur l'application de la transcription aux partages d'ascendants faits dans la forme des donations entre vifs. L'article 1076 résout à lui seul toute difficulté ; aux termes

(1) Duranton, VIII, 506. — Troplong, III, 1169. — Pau, 2 janvier 1827. Sirey. 29. 2. 215.

de cet article, un partage entre vifs ne peut avoir pour objet que des biens présents et il doit être fait avec les formalités, conditions et règles prescrites pour les donations entre vifs. L'article 939 exprime l'une de ces formalités ; les partages d'ascendants accomplis par voie de donation sont donc soumis à son empire (1).

F. Donation déguisée sous la forme d'un contrat a titre onéreux. — On sait que la jurisprudence (2) reconnaît la validité des donations déguisées sous les apparences d'un contrat à titre onéreux. La transcription devra être opérée ; seulement, dans le système de la jurisprudence, ce sera, non pas en vertu de l'article 939 du Code civil, mais bien en vertu de l'article de la loi du 23 mars 1855, et ceci offre un intérêt pratique très important ; car le cercle des personnes qui peuvent opposer le défaut de transcription d'une aliénation à titre onéreux est plus restreint que celui des personnes auxquelles l'article 941, relatif aux donations, permet d'exciper de l'inobservation de cette formalité.

§ II. — Quelles personnes peuvent ou doivent requérir la transcription des donations

A. Les articles 940 et 942 répondent a la question. — Le donataire majeur étant lui-même le principal intéressé, peut évidemment requérir la transcription. Lorsque le donataire est une femme mariée, un mineur ou un interdit, elle peut encore être requise par le donataire. L'article

---

(1) Merlin, *Répertoire*, v° *Partage d'ascendant*, n° 13 ; Duranton, t. IX, n°s 624 et 625 ; Troplong, t. IV, n° 2038 ; Demolombe, *Donations entre vifs et Testaments*, t. III, n° 258 ; t. VI; n° 277.

(2) Grenoble, 19 mars 1881, Dalloz. 81. 2. 188.

940 ne parle, il est vrai, que de la femme mariée ; mais l'article 2139, relatif à l'inscription de l'hypothèque, nous fournit un argument d'analogie, et il ne s'agit là, d'ailleurs, que d'une mesure conservatoire pour l'accomplissement de laquelle il n'est besoin d'aucune capacité.

— Le *donateur* lui-même a le droit de requérir la transcription. Il faut, en effet, lui permettre de parfaire sa libéralité, dont le bénéfice n'est assuré d'une façon définitive au donataire que par la transcription.

— L'article 1166, en décidant que les créanciers peuvent exercer tous les droits et actions de leur débiteur, permet, par conséquent, aux *créanciers* du donataire de requérir cette mesure qui sauvegarde leur gage.

Ajoutons encore à la liste de ceux qui ont le droit de requérir la transcription les successeurs universels ou particuliers du donataire, le sous-acquéreur, qui le peut du chef du donataire son auteur, lorsque celui-ci n'a pas transcrit, et, d'après l'article 2139, qui est conçu dans les termes les plus larges, les parents, le procureur de la République, et les amis eux-mêmes, auxquels cet article permet de requérir l'inscription de l'hypothèque légale qui protège les incapables.

Telles sont les personnes auxquelles la loi donne seulement le droit de requérir la transcription ; voyons maintenant quelles sont les personnes auxquelles la loi en impose l'obligation.

B. L'OBLIGATION DE TRANSCRIRE EST IMPOSÉE AUX TUTEURS, CURATEURS OU ADMINISTRATEURS. — Le curateur, qui était cité dans l'ordonnance de 1731, mais qui désignait alors la personne chargée de veiller aux intérêts de l'interdit, est omis dans l'article 942 ; on en a conclu qu'il n'était pas soumis à l'obligation de requérir la transcription. C'est faire trop bon marché de l'article 940 ; cet article est formel et met littéralement le curateur au nombre des personnes auxquelles ce devoir incombe. Si l'article 942, qui énumère les personnes responsables du défaut de transcription, ne le comprend point parmi elles, il ne faut voir là qu'une inadvertance. M. Demolombe ajoute judicieusement que le curateur n'assiste pas le mineur émancipé dans l'acceptation d'une donation, comme le mari assiste sa femme. Car celle-ci est capable par elle-même, et le mineur émancipé ne l'est pas, de sorte que le rôle du curateur ne diffère pas ici sensiblement de celui du tuteur (1).

— Quant au *subrogé-tuteur*, en principe, il n'a aucune responsabilité. Mais s'il était appelé à suppléer le tuteur, si, par exemple, ce dernier était lui-même le donateur, le subrogé-tuteur serait tenu des mêmes obligations que le tuteur.

— On peut poser comme règle générale que le *mari* doit s'occuper de la transcription d'un bien donné à sa femme.

Mais que faut-il décider pour le cas où, le mari ayant refusé son autorisation, la femme a accepté avec l'autorisation de justice? Nous croyons que le mari n'est pas tenu de faire transcrire l'acte, à moins qu'il n'ait pris ultérieurement la gestion du bien donné. C'est ce que Ricard (2) enseignait pour l'insinuation, en disant *que la femme alors ne doit pas s'attendre à son mari*; la même solution doit s'appliquer à la transcription. On comprendrait difficilement que le mari, qui a refusé à la femme l'autorisation d'accepter la donation, fût tenu de s'enquérir du point de savoir si elle l'a régulièrement acceptée en vertu de l'autorisation de justice, et de se faire

(1) Demolombe, XX, 276.
(2) *Des Donations*, part. I, n° 1234.

:délivrer une expédition de l'acte de donation, pour le soumettre à l'acte de la transcription (1).

— Que décider enfin de l'ascendant qui use du pouvoir,
que lui donne l'article 935, d'accepter une donation au
nom d'un incapable ?

D'après l'opinion générale, il est tenu de parfaire
l'œuvre qu'il a entreprise, en requérant la transcription.
Nous croyons cette opinion peu fondée : la sanction de
l'obligation de transcrire est très grave ; or une disposition pénale ne peut être étendue à des personnes qui
n'ont pas été visées directement par le législateur (2).

Quelle est la sanction ? Le Code a-t-il sacrifié l'intérêt
général aux incapables, ou ceux-ci à l'intérêt général ?
Il a pris le dernier parti. Si les personnes obligées de
requérir la transcription négligent de le faire, le donataire, qui souffre de l'inexécution de l'obligation dont
elles étaient tenues envers lui, peut recourir contre elles ;
mais il n'est pas restitué, nonobstant leur insolvabilité,
contre les conséquences qu'entraine le défaut de transcription.

§ III. — Quelles personnes peuvent opposer le défaut de transcription

L'article 27 de l'Ordonnance de 1731 était ainsi conçu :
« Le défaut d'insinuation des donations qui y sont sujettes
à peine de nullité pourra être opposé, tant par les tiers
acquéreurs et créanciers du donataire que par ses héritiers, donataires postérieurs ou légataires, et généralement par tous ceux qui y auront intérêt, autres néanmoins
que le donateur. »

(1) Marcadé, sur l'art. 940 ; Flandin, I, 729. — *Contrà :*
Demolombe, XX, 273.
(2) Aubry et Rau, VII, p. 386, note 16.

L'ordonnance était donc plus large que la loi de brumaire, qui n'accordait ce droit qu'à ceux qui avaient transcrit ou pris une inscription, en vertu d'une convention passée avec le donateur.

Voici maintenant l'article 941 du Code civil : « Le défaut de transcription pourra être opposé par toutes personnes ayant intérêt, excepté toutefois celles qui sont chargées de faire faire la transcription ou leurs ayants cause et le donateur. »

Au premier abord, l'article 941 semble des plus clairs. Néanmoins cette disposition a donné lieu à de nombreuses divergences d'interprétation, et c'est une question difficile que de délimiter le nombre des personnes qui peuvent opposer le défaut de transcription.

Dans certaines hypothèses il n'y a aucun doute. Des deux formalités, l'insinuation et la transcription, celle-ci était exigée sous la sanction la moins énergique. Il est donc certain que la transcription du Code civil doit être requise sous une sanction équivalente ; par conséquent, pourront opposer le défaut de transcription les personnes auxquelles ce droit aurait appartenu en vertu de la loi du 11 brumaire an VII, c'est-à-dire les tiers qui, sans autre formalité que le contrat et avant que le donataire ait transcrit, auront acquis, soit un droit de propriété, soit un droit d'usufruit, d'usage ou d'habitation, ou qui, ayant obtenu une hypothèque, auront pris inscription avant que la transcription soit effectuée par le donataire.

II. *Questions controversées.* — A. Lorsqu'un propriétaire a, par deux actes distincts, donné successivement le même immeuble à deux personnes différentes, et que la seconde donation a été transcrite avant l'autre, le second donataire peut-il opposer au premier donataire la clandestinité de son titre ?

M. KERRAND   17

Premier système. — Entre deux donataires, la préférence se détermine par l'antériorité du titre. 1° Si notre législateur a établi la transcription, c'est pour éviter des pertes aux tiers qui traiteraient avec le donateur dans l'ignorance de la donation. Le second donataire ne sera jamais exposé à une perte ; il sera tout au plus privé d'un bénéfice. Il n'y a donc pas de motif sérieux de lui étendre une protection qui n'est pas établie en sa faveur. 2° Cette opinion est confirmée par le rapport de M. Jaubert : « Le défaut de transcription peut être opposé par toutes personnes ayant intérêt ; il n'y a d'exceptées que celles qui sont chargées de faire faire la transcription, ou leurs ayants-cause et le donateur, ce qui comprend aussi nécessairement *les donataires postérieurs, les cessionnaires et les héritiers* du donateur (1). » 3° D'après l'article 1072, les acquéreurs à titre gratuit du donateur ne peuvent opposer aux appelés le défaut de transcription d'une donation qui comprend une substitution ; ce qui est implicitement proclamer le principe général qu'entre deux donataires successifs du même immeuble, la préférence se règle uniquement par la priorité des titres. Car, s'il en est ainsi, quand la première donation est grevée de restitution, pourquoi en serait-il autrement quand elle est pure et simple (2) ?

Deuxième système. — Le second acquéreur à titre gratuit doit être traité comme un acquéreur à titre onéreux, et la préférence se détermine par l'antériorité de la transcription. 1° Le premier argument est réfuté d'abord par le texte très général de l'article 941 : « *Le défaut de*

(1) Fenet, XII, 597.
(2) Merlin, *Répert.*, v° *Donations*. — Troplong, III, 1176. — Marcadé, sur l'art. 941, n° 4.

transcription par toute personne ayant intérêt... »,
puis par la tradition historique. L'article 27 de l'Ordonnance de 1731 est formel ; sous l'empire de la loi de
brumaire, il était admis qu'un donataire pouvait opposer
le défaut de transcription à un acquéreur à titre onéreux :
à fortiori, pouvait-il l'opposer à un premier donataire.
2° Quant au rapport de M. Jaubert, il ne contient qu'une
opinion individuelle. Comment surtout en tenir compte
lorsqu'on voit le commencement et la fin de la phrase
se détruire l'un par l'autre ? Elle dit même *les cessionnaires;* si donc les ayants-cause à titre gratuit ou à
titre onéreux sont exclus du bénéfice de l'article, qui
donc est appelé à en profiter ? 3° Reste l'argument tiré
de l'article 2072. Deux remarques en atténuent la portée.
D'abord le sens de l'article 2072 n'est pas exactement
déterminé ; d'après une opinion assez plausible, les donataires auxquels l'article refuse le droit d'invoquer le
défaut de transcription, seraient des donataires ayant
traité avec le grevé, non avec le donateur. En outre,
quelle que soit la signification de l'article 1072, il n'est
pas contradictoire avec notre système. Dans l'ancien
droit, en effet, l'ordonnance de 1731 accordait au second
donataire le droit d'invoquer le défaut de transcription ;
à la même époque, l'ordonnance de 1747, art. 34, tit. II,
décidait comme aujourd'hui l'article 1072, que le défaut
d'insinuation de la substitution ne pourrait pas être invoqué par le donataire de celui qui aurait fait la substitution. L'ancien droit consacrant les deux idées l'une
près de l'autre, nous avons la preuve qu'elles n'ont rien
d'incompatible. 4° On a fait une dernière objection : la
seconde donation étant, a-t-on dit, un acte fait en fraude
des droits du premier donataire, celui-ci aura le bénéfice
de l'action Paulienne ; quel avantage aura donc le second

donataire à invoquer le défaut de transcription, puisque, victorieux de ce côté, il serait vaincu par l'action Paulienne? Nous avons déjà répondu à cet argument, à propos du donataire qui oppose le défaut de transcription d'un acte à titre onéreux, et nous avons montré que l'action Paulienne ne pourrait avoir lieu dans une foule de cas (1).

B. — Les créanciers *chirographaires* du donateur ont frappé de saisie l'immeuble donné : leur saisie est-elle valable? En d'autres termes, peuvent-ils opposer le défaut de transcription?

D'après la loi de brumaire, ils ne sont pas du nombre des tiers qui ont acquis des droits sur l'immeuble et les ont conservés conformément à la loi. L'ordonnance de 1731, au contraire, mentionnait les créanciers du donateur parmi les tiers qui pouvaient opposer le défaut d'insinuation. L'article 941 s'est-il référé aux règles de la loi de brumaire an VII? A-t-il suivi l'ancien système de 1731? Le Code civil a maintenu la transcription de la loi de brumaire ; mais nous croyons qu'au point de vue de la sanction, il s'est surtout inspiré des dispositions de l'Ordonnance de 1731 : c'est l'opinion de la jurisprudence. La preuve se tire du rapprochement de l'article 941 du Code civil et de l'article 27 de l'Ordonnance que nous avons déjà rapporté ; l'article 941 dit la même chose *in fine*. Le Code civil a supprimé l'énumération des personnes intéressées faite par l'Ordonnance ; mais, sauf cette suppression, il a conservé le principe que le défaut de publicité de la donation pourra être opposé par toutes personnes ayant intérêt. Puisque l'Ordonnance de 1731 dit que les créanciers chirographaires du donateur pou-

(1) Aubry et Rau, VII, p. 390, texte et note 29. — Flandin, II, 48 et s. — Demolombe, XX, 298 et 299.

vaient invoquer le défaut d'insinuation, nous devons conclure qu'ils peuvent aujourd'hui invoquer le défaut de transcription (1).

C. — Les héritiers du donateur peuvent-ils opposer le défaut de transcription?

Premier système. — Ils le peuvent. 1° On invoque l'article 941, dont les termes sont très généraux : *Toutes personnes ayant intérêt.* L'intérêt est la mesure du droit d'opposition ; or les héritiers du donateur ont intérêt à méconnaître la donation. Donc, en principe, ils pourront invoquer le défaut de transcription. Ce qui le prouve au surplus, c'est que l'article 941 a pris soin d'excepter de la règle *in fine* le donateur lui-même. 2° On fait encore valoir le rapprochement de l'article 941 et de l'ordonnance de 1731. Cette ordonnance permettait aux héritiers du donateur d'invoquer le défaut de transcription ; or l'article 941 reproduit, en les résumant, les dispositions et les termes mêmes de l'ordonnance. Comment croire qu'il leur ait donné un autre sens? Comment comprendre dans l'exception les héritiers du donateur, quand l'article ne parle que du donateur lui-même (2)?

Deuxième système. — Nous ne croyons pas que le Code ait accepté dans son entier et sans modification l'un ou l'autre des deux régimes de publicité, et nous pensons qu'au point de vue des héritiers du donateur, c'est la loi de brumaire qui a inspiré le législateur de 1804. Les arguments du premier système sont sans portée réelle. En effet, 1° on ne peut pas admettre que l'article 941 ait voulu viser parmi les personnes intéres-

(1) Cass., 23 nov. 1859, Sir. 61, I, 85.
(2) Mourlon, *Répet. écrit*, t. II, nᵒˢ 701 et 702, 10ᵉ édition.

sées les héritiers du donateur ; car il y a entre le Code
civil et le système de l'ordonnance deux différences essentielles qui font actuellement aux héritiers du donateur
une situation complètement différente de ce qu'elle était
dans l'ancien droit.

a. Dans l'ancien droit, la conséquence du défaut d'insinuation était la nullité de la donation ; il était donc
naturel que les héritiers du donateur fussent admis à
s'en prévaloir. Mais il ne saurait en être de même du
défaut de transcription, puisque cette dernière formalité,
empruntée à la loi de brumaire an VII, qui l'avait établie
dans le seul intérêt des tiers, n'est pas prescrite à peine
de nullité.

b. Dans l'ancien droit, l'insinuation devait être effectuée dans un délai de quatre mois ; passé lequel, le défaut
d'insinuation pouvait être opposé par les héritiers du
donateur. Aujourd'hui, la transcription peut être faite à
quelque époque que ce soit. Si donc on disait que les
héritiers peuvent opposer le défaut de transcription, on
arriverait à cette conséquence, que, dès que le donateur
serait mort, la donation serait caduque. Il est impossible
qu'on ait voulu subordonner l'existence de la donation
à la condition que le donateur survive au moment de la
transcription.

2° A ne consulter que les principes généraux, notre
solution n'est pas douteuse. L'argument à contrario tiré
du texte de l'article 941, est inadmissible puisqu'il tend
à établir une dérogation au principe de la transmission
des engagements aux héritiers ou successeurs universels. Aussi l'opinion que nous défendons est-elle aujour-
d'hui adoptée par la grande majorité des auteurs et par
la jurisprudence (1).

(1) Civ. Cass., 23 août 1814, Sirey. 15. I. 23 ; Besançon, 6 juin 1834
Sirey. 34. II. 724 ; Req., 1er août 1878, Dalloz. 79. 1. 167.

D. Le légataire particulier peut-il opposer le défaut de transcription : — Pour rester logiques, nous donnons la même solution que pour le second donataire. On objecte que le donataire est tout au moins un créancier du donateur, à raison de l'obligation de garantie dont celui-ci est tenu envers lui, lorsque par son fait il a porté lui-même atteinte à la donation; partant, qu'en cette seule qualité il doit passer avant le légataire (1). Nous nions ce droit à garantie. Contre qui, en effet, serait-il exercé? Contre l'héritier? Mais il a le droit d'opposer le défaut de transcription, c'est-à-dire de méconnaître la donation. Contre le légataire? Mais il n'a pas succédé aux obligations du défunt. Telle était, d'ailleurs, la solution donnée sous l'empire de l'Ordonnance. Nous supposons, bien entendu, que la donation est antérieure à la date du testament; si elle était postérieure, il est clair qu'elle révoquerait le legs.

En résumé, on doit ranger dans la classe des tiers intéressés tous ceux qui, n'étant pas tenus des engagements du donateur, ont intérêt, en raison des droits qu'ils tiennent de lui ou qui leur compètent contre lui, à soutenir, ou que la propriété des biens donnés n'a pas cessé de résider sur sa tête, ou qu'elle n'a été transmise au donataire que du jour de la transcription.

§ IV. — **Quelles personnes ne peuvent pas opposer le défaut de transcription, malgré leur intérêt.**

La première exception comprend le donateur, qui est formellement exclu par le Code, et ses héritiers univer-

(1) Demolombe, *Donations*, III, n° 310.

sels ou à titre universel, dont nous venons de motiver l'exclusion.

La seconde exception comprend les personnes chargées de requérir la transcription, par exemple, le tuteur ou le mari. Ces personnes ne sont jamais admises à se prévaloir du défaut d'accomplissement de cette formalité, lors même qu'elles se trouveraient dans la classe des tiers intéressés dont il a été précédemment question. Elles sont en faute de ne l'avoir pas fait ; elles ne doivent donc pas en profiter au détriment de celles qu'elles étaient chargées de protéger.

Il en est également ainsi de leurs héritiers ou successeurs universels, peu importe que la donation émane de l'une de ces personnes, ou qu'elle émane d'un tiers ; pour justifier l'exception, il suffit de citer la maxime : *Quem de evictione tenet actio eumdem agentem repellit exceptio.*

Mais comment concevoir l'exception pour les ayants cause particuliers des personnes tenues de faire transcrire ? — Supposons que le tuteur du donataire, chargé de faire transcrire, néglige de remplir cette formalité, puis qu'il achète du donateur l'immeuble précédemment donné, qu'il transcrive et qu'il donne ou vende le même immeuble à un tiers qui fait aussi transcrire. Le tuteur, s'il eût conservé l'immeuble, n'aurait pu opposer le défaut de transcription à son mineur. Mais son acheteur, donataire, créancier hypothécaire, pourra-t-il opposer le défaut de transcription ? L'aliénation, faite au profit du mineur est restée clandestine à leur égard. Ils ont intérêt à opposer le défaut de transcription. Ils n'ont point succédé à l'obligation d'indemniser le donataire ; car les ayants-cause à titre particulier ne sont pas tenus des obligations de leur auteur. Quelle différence peut-on faire raisonnablement entre celui qui acquiert d'un étran-

ger et celui qui acquiert d'une personne soumise à l'obligation de transcrire ou non d'un incapable ? Quoi qu'il en
soit, le texte est formel et exclut toute distinction entre
les ayants cause universels ou les ayants cause à titre
particulier. La preuve que le mot *ayants cause* désigne
les ayants cause à titre particulier de notre législation
rapprochée de l'Ordonnance de 1731. L'article 944 reproduit deux dispositions de cette Ordonnance, les articles
30 et 31, qui s'interprétaient en ce sens qu'ils défendaient d'opposer le défaut d'insinuation aux ayants cause
à titre particulier du mari ou du tuteur (1). Pourquoi
leurs ayants cause à titre particulier ne peuvent-ils pas
invoquer le défaut de transcription ? Dans l'ancien droit,
Pothier disait : quand le mari ou tuteur ne fait pas transcrire, il est pécuniairement responsable du défaut de
transcription. Cette responsabilité est garantie par une
hypothèque légale grevant tous ses biens. Donc, disait
Pothier, si le mari ou tuteur acquiert plus tard le bien
donné, le jour où cet immeuble entrera dans son patrimoine, il sera grevé de cette hypothèque légale même
au regard des ayants cause à titre particulier du mari ou
tuteur. Si ces ayants cause opposaient à la femme ou au
pupille le défaut d'insinuation, on leur opposerait l'hypothèque légale.

Ce raisonnement de Pothier n'est pas décisif. Il arrive
souvent que la femme ou le pupille ne peuvent pas opposer leur hypothèque légale aux ayants cause à titre
particulier du mari ou du tuteur. La seule raison plausible est celle-ci : le législateur, en instituant la transcription, a voulu protéger uniquement ceux qui traitent
avec le donateur. Mais il n'a pas entendu étendre sa pro-

(1) Pothier, *Introduction au titre XV de la Coutume d'Orléans*, n. 60 ; la
Pergole, sur l'art. 30 de l'Ordonnance. L'article 944 n'...

tection à d'autres que ces ayants-cause, notamment aux ayants-cause du tuteur et du curateur.

II. — Loi du 23 mars 1855

Il nous reste à examiner si la loi du 23 mars 1855 n'a eu aucune influence sur la transcription des actes à titre gratuit.

La loi nouvelle porte, dans son article 11, dernier paragraphe, « qu'il n'est point dérogé aux dispositions du Code Napoléon relatives à la transcription des actes portant donation ou contenant des dispositions à charge de rendre ; elles continueront à recevoir leur exécution. »

Ainsi la loi de 1855, en soumettant à transcription les actes entre vifs translatifs de droits réels immobiliers, a trouvé un système de publicité tout organisé pour les donations et les substitutions, et elle l'a conservé ; il est incontestable que la pensée du législateur a été de maintenir dans leur intégrité les articles du Code civil relatifs à la transcription des actes à titre gratuit.

Mais si nous pénétrons au fond de cette pensée, des doutes s'élèvent immédiatement : on se demande si la disposition de l'article 11 est aussi absolue qu'elle semble vouloir l'être, et si, malgré lui, le législateur n'a pas modifié les principes du Code.

La loi de 1855 est une loi générale ; elle a rétabli la nécessité de la transcription, non seulement pour les actes susceptibles d'hypothèque, mais pour tous les actes créant des droits qui, sans être susceptibles d'hypothèque, peuvent diminuer la valeur d'un immeuble considéré comme gage hypothécaire. L'article 11 ne dit pas que la loi de 1855 ne s'appliquera point là où le Code civil n'exigeait pas la transcription. L'article 11 dit : là où le

Code civil exige la transcription, je n'innove pas ; mais
dans les hypothèses qu'il n'a pas prévues, je rétablis la
transcription. On donnerait donc au texte précité une
interprétation contraire à l'esprit général de la législation nouvelle si l'on voulait en conclure que les donations sont encore aujourd'hui exclusivement régies par le
Code civil et que la loi de 1855 leur reste complètement
étrangère.

En se pénétrant du but dans lequel cette loi a été portée, on est, au contraire, amené à reconnaître que ses
dispositions, en tant qu'elles sont ampliatives de celles
des articles 939 à 941, doivent être simultanément appliquées avec ces dernières.

Ainsi supposons deux acquéreurs d'un même immeuble,
l'un à titre gratuit, l'autre à titre onéreux. D'après le
Code, le conflit eût été vidé eu égard à la date certaine
du titre de l'acquéreur à titre onéreux et à la date de la
transcription de la donation. Depuis la loi de 1855, il
devra l'être d'après l'antériorité des dates des deux
transcriptions.

Si un jugement prononce la résolution, nullité ou rescision d'une donation, il devra aujourd'hui être rendu
public, au même titre que celui qui constaterait la résolution d'un acte à titre onéreux.

Les donations de servitude, d'usage et d'habitation
sont, sous l'empire de la loi nouvelle, assujettis à la transcription. Elles ne l'étaient pas sous l'empire du Code ;
malgré les grands efforts faits par M. Mourlon pour prouver le contraire, son opinion n'est pas soutenable en
présence de l'article 939 qui ne régit que les biens susceptibles d'hypothèque. Voici le raisonnement qu'il tient :
les droits d'usage, d'habitation, de servitude ne sont point
sans doute susceptibles d'hypothèque, quand on les con-

sidère séparément de la propriété. Mais ces droits, entre les mains du donateur, peuvent être hypothéqués ; quand on hypothèque un immeuble, on hypothèque en même temps toutes les prérogatives du droit de propriété. Donc, quand un propriétaire fait donation de l'un de ces droits, il détache de son immeuble un démembrement qui, par rapport à lui, était susceptible d'hypothèque (1).

C'est là certes un raisonnement fort ingénieux. Mais le législateur parle le langage de tout le monde ; et il s'exposerait fort à ne pas être compris s'il usait de pareils détours pour exprimer sa pensée. Mais, dit-on, pourquoi distinguer ? L'intérêt des tiers n'est-il pas le même dans tous les cas ? Et l'esprit de la loi de brumaire, répondrai-je, n'était-il pas aussi de protéger les tiers qui traiteraient avec l'aliénateur ? Et cependant peut-on nier que cette loi distinguât entre les aliénations de biens susceptibles d'hypothèque et celles portant sur des biens qui ne l'étaient pas ? Personne n'oserait, nous croyons, aller jusque-là. Bornons-nous à constater les anomalies qui se rencontrent dans la législation ; ne les supprimons pas : autrement c'est faire la loi et non l'interpréter (2).

La coexistence de deux formalités distinctes, ayant chacune ses règles spéciales, est une singularité que le législateur de 1855 eût bien fait de supprimer. Quoi qu'il en soit, la distinction existe ; il ne nous appartient pas de refaire l'œuvre de la loi. Du maintien de la transcription établie par le Code civil pour la publicité des donations et des substitutions, il résulte qu'elle continue à être accomplie, sous l'empire de la loi nouvelle, dans les cas mêmes où elle ne serait pas exigée par les dispositions

(1) Mourlon, I, 110-113.

(2) Demolombe, *Donation entre vifs et testaments*, III, p. 308 ; Aubry et Rau, t. VI, p. 91.

de cette loi. Il en résulte également, et c'est là le grand intérêt de la question, que les tiers intéressés admis par le Code à opposer le défaut de transcription, sont encore reçus à l'invoquer, quoiqu'ils ne se trouvent pas dans la classe des personnes que la loi nouvelle indique comme pouvant se prévaloir du non-accomplissement de cette formalité. C'est ainsi que les créanciers chirographaires du donateur peuvent opposer le défaut de transcription, d'après les termes de l'article 941, tandis que les créanciers chirographaires de tout autre aliénateur ne peuvent exciper de l'omission de cette formalité, d'après les termes de l'article 3 de la loi de 1855 (1).

(1) Lesenne, *De la transcription*, n° 166 ; Demolombe, *loc. cit.* p. 303.

CONCLUSION

Nous venons de parcourir d'époque en époque les différentes législations qui se sont succédé sur la transmission entre vifs de la propriété foncière, espérant ainsi faire ressortir avec netteté les avantages et les inconvénients des systèmes divers en présence desquels nous nous sommes trouvé. A Rome et en France, nous avons observé une lutte commune aux deux pays, la lutte du spiritualisme contre le symbolisme des premiers âges, sur lequel il essaye de faire prévaloir les droits de la volonté. Dans le vieux droit romain, l'organisation de la propriété donnait lieu à des formes multiples et et compliquées de transmission, la *mancipatio*, la *cessio in jure*. Peu à peu la pratique s'en débarrassa ; elle leur substitua le principe plus durable et plus rationnel de la tradition : puisque le droit s'appliquait à une chose, il fallait qu'il intervînt dans la transmission du droit un acte matériel qui mît l'homme en rapport avec la chose. En fait, ce principe était singulièrement atténué par l'usage des traditions feintes ; la pratique se rapprocha de la transmission *solo consensu*. Mais le monde romain disparut, et, avec lui, les premières notions du principe spiritualiste, sans avoir reçu la consécration que lui réservaient les progrès de la science. Le droit français devait parcourir les phases déjà traversées par le droit romain. L'époque germanique, le moyen âge, nous offrent de nouveau le cortège des solennités sacramentelles et des rites scrupuleux, mais tout cela aussi disparaît, et le principe de la tradition pénètre dans le droit coutumier. La volonté est impuissante par elle seule à créer un droit réel ; le contrat ne peut produire que des engagements personnels, et ce n'est que la tradition, conséquence du contrat, qui peut transférer la propriété. Mais bientôt ce principe lui-même, affaibli par les tendances de la pratique, perd peu à peu sa portée et finit par n'être qu'une vaine abstraction ; une simple clause de dessaisine-saisine tient lieu de tradition réelle. Le Code civil enfin la sous-entend, il assure à l'accord des volontés une entière efficacité.

Dès l'ancien droit, une autre lutte se révèle, celle du principe de publicité contre le principe de clandestinité. Il fallait tenir compte des exigences légitimes du crédit, il fallait protéger les tiers contre des aliénations, des démembrements restés occultes. Les pays de nantissement comprirent l'excellence du principe de publicité ; « Il faut considérer la publicité, disait le Parlement de Flandre en 1771, comme le chef-d'œuvre de la sagesse, comme le sceau, l'appui et la sûreté de la propriété. » Nous avons vu les tentatives infructueuses de la royauté pour généraliser cette règle salutaire. L'idée du crédit et de la publicité des conventions trouva sa consécration dans la loi de brumaire an VII. Admise en partie et rejetée en général par le Code, cette grande institution ne pouvait manquer de triompher. Après s'être imposée pendant de longues années à tous les projets de réforme, elle a enfin pris place dans notre législation avec la loi du 23 mars 1855. Tel est le point où nous sommes arrivé.

La loi de brumaire, en exigeant la transcription pour consolider la propriété immobilière, arrivait à cette conséquence que la propriété transmise d'une façon définitive par la convention entre les parties et plusieurs de leurs ayants-cause, ne l'était que par la formalité exigée à l'égard d'autres ayants cause désignés sous le nom de tiers.

Dans la suite, cette distinction a toujours été maintenue par le législateur. Elle apparaît dans le Code et dans les lois civiles postérieures avec la plus grande énergie. Comment expliquer que la propriété ait ainsi un caractère tantôt absolu, tantôt relatif? Cette distinction a été critiquée : ou un droit est absolu, dit-on, et c'est un droit réel; ou il est relatif, et c'est un droit de créance. Entre les parties, il est indifférent qu'on pose la question de propriété ou de créance. Car, au point de vue de la mise en possession, des dommages-intérêts si la chose a disparu, ou de la responsabilité, il importe peu que le vendeur soit ou non resté propriétaire après le contrat de vente. N'être pas propriétaire vis-à-vis des tiers, ou n'être pas du tout propriétaire, sont deux choses identiques. Subordonner à leur égard l'acquisition de la propriété à la formalité de la transcription, c'est donc faire un pas en arrière, abroger l'article 1138 et le principe de la transmission de propriété par le seul consentement (1).

Cette critique repose tout entière sur une équivoque. Sans doute un droit réel est absolu, en ce sens que, en principe, il existe à l'égard de tous. Mais le droit le plus absolu en lui-même peut cependant, à raison de circonstances particulières, ne pas être opposable à tout le monde. Quoi de plus absolu que l'état de famille? Cependant, il est possible que l'état de filiation d'un individu varie selon les personnes, à la suite d'un procès sur la même question, successivement perdu et gagné contre des adversaires différents. De même, en ce qui

(1) Bonnier, *Revue de législation*, 1837, p. 131.

touche la propriété, elle existe en principe *erga omnes*.
Cependant l'intérêt social exige qu'elle ne puisse être
opposée aux tiers qu'après l'accomplissement de certaines formalités. Jusque-là, elle n'en sera pas moins
douée de son caractère absolu, mais, pour ainsi dire, à
l'état virtuel. Mais laissons de côté le point de vue philosophique de la distinction, qu'il est difficile peut-être
de justifier en théorie. Si nous considérons avant tout le
point de vue plus modeste, mais plus utile, du droit positif, nous n'en voudrons pas au législateur d'avoir sacrifié à des raisons d'utilité la rigueur de la théorie.

La loi de 1855 a essuyé sur des points de détail des
reproches plus mérités. Elle a laissé subsister des la-
cunes dans le système de la publicité qu'elle inaugurait;
elle n'a pas suffisamment prévu et tranché les difficultés
que fait naître sa combinaison avec les principes du
Code, elle a ouvert enfin par le laconisme et la généra-
lité de ses formules un vaste champ à la controverse et
à l'arbitraire des décisions individuelles. Quoi qu'il en
soit, elle a réalisé un bienfait incontestable en complé-
tant la loi de brumaire, en maintenant les principes du
Code, en associant dans une heureuse combinaison un
principe rationnel, celui de la transmission de propriété
par le seul consentement, et un principe économique,
celui de la consolidation du crédit par la publicité.

LÉGISLATIONS ÉTRANGÈRES

Deux systèmes de publicité se partagent les législations dont nous allons nous occuper : le système allemand et le système français. Dans le système allemand, la publicité a un effet beaucoup plus considérable que chez nous. Elle n'est pas seulement un moyen de porter les mutations à la connaissance des tiers ; aucun droit réel ne peut exister en dehors de cette publicité. C'est cette formalité substantielle qui fait le propriétaire, et celui-là seul peut être réputé propriétaire qui est inscrit sur les registres fonciers. A l'inverse celui qui est inscrit sur ces registres doit être considéré comme légalement investi, l'acquéreur n'aurait-il reçu de son auteur qu'un droit imparfait ou inexistant. Les tiers peuvent contracter en toute sécurité avec lui ; cependant si une personne se prétend propriétaire légitime d'un immeuble inscrit sous le nom d'un autre, elle peut encore réclamer et faire elle-même *prénoter* sa prétention sur les registres. Si cette prétention est déclarée fondée, elle devra respecter tous les droits réels acquis par des tiers sur l'immeuble et inscrits avant la prénotation.

La formalité consiste dans une simple inscription sur le *Grundbuch*. Les registres sont, *en général*, tenus par désignation d'immeubles ; chaque immeuble y a un compte ouvert.

Ce système fonctionne notamment en Prusse ; c'est principalement là que nous l'étudierons (1).

(1) *Bulletin de la société de législation comparée;* EXPOSÉ DU PROJET DE LOI SUR LES DROITS IMMOBILIERS EN PRUSSE, par M. Gérardin, séance du 18 janvier 1870.—*Bulletin de la société de Législation comparée*, 1876, n° 5. (Communication de M. Orthieb).

PRUSSE

La publicité en Prusse date de 1704 ; bientôt supprimée, elle fut rétablie en 1722, et définitivement organisée par le Code prussien de 1794. La tradition était le mode de transfert *inter partes;* l'inscription sur les registres n'était nécessaire qu'à l'égard des tiers : ces tiers étaient ceux auxquels le vendeur aurait pu constituer des droits qui ne demandaient pas pour leur création l'accomplissement de la tradition, c'est-à-dire les créanciers hypothécaires. Le Code prussien réservait d'ailleurs la question de mauvaise foi.

Ce système n'est plus en vigueur depuis les lois du 5 mai 1872. La propriété ne passe plus sur la tête de l'acquéreur que par le fait de l'inscription sur le registre ; la vente ne vaut que comme *contrat* et la transmission est subordonnée à la formalité de l'inscription. Cette formalité ne s'accomplit qu'après l'examen préalable de la validité intrinsèque de l'acte. Le juge est le conservateur du livre foncier, magistrat pris parmi les membres du tribunal devant lequel les parties viennent déclarer, l'une consentir à l'acquisition du nouvel acquéreur, l'autre requérir l'inscription. Les réclamations sont portées devant la Cour d'appel, qui juge souverainement.

La tenue traditionnelle des registres hypothécaires en Prusse était la tenue par parcelles. La loi nouvelle a créé à côté de ceux-ci des registres qui sont tenus par noms de propriétaires ; cette modification a été nécessitée par le morcellement croissant de la propriété (1).

(1) Lehr, *Éléments de droit civil germanique*, Paris, Plon, 1875, in-8, p. 86 et suiv. — *Annuaire de législation étrangère*, 1873.

Dès le XIIIe siècle, la publicité était connue en Bohême et en Moravie; elle consistait dans l'insertion de la mutation sur les tables locales appelées *Landtafeln*. Ce n'est toutefois qu'au XVe siècle que ces tables fonctionnèrent comme registres de publicité; cette institution y est donc remarquable par son ancienneté. Elle fut successivement étendue aux autres provinces; mais elle ne fonctionna jamais d'une manière uniforme.

Le Code civil autrichien de 1815 précisa et détermina les règles de transmission de la propriété. L'inscription ou *intabulation*, est indispensable. S'agit-il de biens ruraux : les parties doivent comparaître en personne ; s'agit-il de tous autres biens : on dresse un acte de vente signé des parties contractantes et de deux témoins. Celui d ont le titre n'est pas assez parfait pour être inscrit, peut obtenir une prénotation qui lui conserve le droit de préférence à partir de sa date.

Une loi du 27 juillet 1871, votée par le Reichsrath des pays Cisleithans, pose en cette matière des principes nouveaux ; elle réglemente à la fois la tenue des registres fonciers et précise les conséquences du défaut d'inscription. Lorsqu'un acte est présenté à l'inscription, il en est gardé une copie certifiée conforme. L'ensemble de ces copies forme un recueil de documents authentiques : elles sont inscrites sur un registre spécial appelé *Registre des documents*.

La loi nouvelle décide que les actes sous seing privé, présentés pour être inscrits, ne seront admis qu'autant que les signatures auront été légalisées par un juge ou un notaire. D'après l'article 4, toute acquisition, transmission ou rescision de droits réels ne s'opère que par l'inscription au grand-livre (1).

ESPAGNE

Le consentement ne suffit pas pour transférer la propriété même dans les rapports des parties ; il faut que l'aliénation soit suivie de tradition : on y applique d'ailleurs le droit romain, constitut possessoire, tradition symbolique, etc. Ces règles sont écrites dans les *Partidas*, compilation qui remonte au règne d'Alphonse le Sage au xiiie siècle ; les *Partidas* sont encore en vigueur, faute d'un Code civil national.

Une loi du 8 février 1861, devenue exécutoire après plusieurs remaniements successifs, à partir du 1er janvier 1871, établit, comme fondement du crédit, la publicité des mutations de la propriété foncière. Ce n'est pas une transcription comme en France, mais une inscription sur le registre de la propriété. Tant que l'inscription n'a pas eu lieu, l'acquéreur est bien propriétaire au regard de son auteur ; mais son droit n'est pas opposable aux tiers. La loi soumet à l'inscription tous les actes constitutifs de droits réels, aussi bien les transmissions par décès que les mutations entre-vifs. Les actes qui présentent un caractère d'authenticité sont seuls admis à l'inscription ; la loi exige un acte public, ou un jugement émanant de l'autorité judiciaire ou de ses agents en la forme prescrite par ses règlements. Il existe un conservateur

(1) De Saint-Joseph : *Concordance entre les lois hypothécaires étrangères et françaises.* — *Revue de droit international et de législation*, 1873, pp. 175 et s. — *Annuaire de législation étrangère*, 1873, pp. 347 et s.; 1875, pp. 232 et s; 1876, p. 487. — *Bulletin de la société de législation comparée*, 1876, n° 5.

ou *registrador* dans chaque arrondissement ou *partido*.

Indirectement la loi rend la transcription obligatoire, en décidant, dans son article 20, qu'on ne recevra à la transcription que les titres émanant d'une personne dont l'acquisition aura été publiée toutes les fois qu'il ne sera pas prouvé que l'acquisition de cette personne est antérieure à 1863. C'est stipuler que le propriétaire, dont le titre est publié, pourra seul, dans la plupart des cas, aliéner valablement son immeuble (1).

SUÈDE

Les lois qui régissent actuellement le système hypothécaire en Suède ont été promulguées en 1875 au nombre de dix ; la première seule concerne la publicité des mutations de propriété. Autrefois les mutations avaient lieu devant le tribunal, qui délivrait l'investiture après trois proclamations successives à des époques déterminées. La loi nouvelle consacre ce mode de transfert en se bornant à y ajouter quelques modifications utiles.

L'article 1er soumet à l'investiture tous les actes translatifs *sans exception*. Le tribunal compétent est celui de la situation de l'immeuble ; il est juge de la validité du titre et n'accorde l'investiture qu'après examen préalable. Celui qui demande l'investiture est obligé de prouver que son auteur avait pris lui-même investiture, preuve souvent très difficile à faire. L'article 16 établit une publicité réelle qui fait suite à la publicité légale, et qui offre une grande analogie avec les bannies de notre ancienne Bretagne. A la fin de chaque session, le juge dans les campagnes, et le tribunal dans les villes dressent un

(1) Ernest Lehr, *Éléments de droit civil espagnol*, Paris, Larose et Forcel, 1880, in-8, pp. 216 à 218 ; pp. 306 à 343.

tableau des investitures accordées, avec indication du titre d'acquisition et du prix de vente. Le préfet fait imprimer et publier sans retard ledit tableau suivant le mode en usage pour la publication des actes de l'autorité ; à la campagne, le juge doit en outre, dans le même délai, faire parvenir un tableau semblable au bailli royal ou au gouverneur pour être publié dans les églises du ressort.

Nous venons de voir que l'investiture n'est accordée d'après la loi de 1875 qu'à la condition que la propriété soit suffisamment établie ; c'était rendre impossible l'enregistrement de beaucoup de mutations.

Pour remédier à cet état de choses, une loi de 1881 a modifié les articles 8 et 9 : si l'un des obstacles mentionnés à l'article 7 s'oppose à l'investiture, le tribunal peut délivrer un avis qui sera inséré par les soins du demandeur dans les journaux généraux, et s'il s'agit d'un immeuble rural, lu dans les églises du ressort trois fois à un mois au moins d'intervalle entre les publications. Après dix ans de possession continue et d'inscription au rôle de la contribution foncière, sans qu'il soit survenu aucune raison de croire qu'un tiers ait plus de titre à la propriété de l'immeuble, le défaut de justification de la propriété ne fera plus obstacle à l'investiture.

Notons, en terminant, que la transmission s'effectue, comme autrefois, par le seul effet du consentement ; l'investiture n'est destinée qu'à lui donner son plein effet vis-à-vis des tiers (1).

(1) *Annuaire de législation étrangère*, 1876, pp. 805 et s. — *Ibid.*, 1882, p. 653.

BELGIQUE ET HOLLANDE

Les principes du Code civil pénétrèrent en Belgique et en Hollande à la suite de la domination française.

En Hollande, la loi de 1834 décida que la propriété ne se transfère que par la transcription.

Ce fut seulement en 1854 que la Belgique, par la loi du 16 décembre, modifia la législation française.

L'article 1ᵉʳ est ainsi conçu : « Tous actes translatifs à titre gratuit ou onéreux, translatifs ou déclaratifs de droits réels immobiliers autres que les privilèges et hypothèques seront transcrits en entier sur les registres à ce destinés au bureau de la Conservation des hypothèques, dans l'arrondissement duquel les biens sont situés. Jusque-là ils ne pourront être opposés aux tiers qui auraient contracté sans fraude.. » Sont encore soumis à la transcription les baux de plus de neuf ans, les jugements qui les constatent et les renonciations dont ils peuvent être l'objet.

La loi belge exige, comme la nôtre, la copie entière de l'acte ; mais, s'il y a un mandataire, elle exige de plus que nous la transcription de la procuration.

La transcription des actes sous seing privé n'est admise que lorsqu'ils ont été reconnus en justice ou par devant notaire. Dans ce dernier cas même on exige que l'acte de reconnaissance contienne la copie *in extenso* de l'acte sous seing privé, il ne suffirait pas d'une simple analyse.

La loi belge admet la transcription des actes déclaratifs, par conséquent des partages ; mais, comme nous, elle rejette la transcription des transmissions par décès.

Chez nous, les créanciers chirographaires ne peuvent opposer le défaut de transcription en matière d'actes à titre onéreux. En Belgique, il en est tout autrement. La publicité est établie, non seulement en faveur des ayants cause du vendeur qui auraient acquis des droits soumis à la publicité, mais encore en faveur des créanciers chirographaires. La loi ne spécifie pas quels sont les créanciers qui peuvent opposer le défaut de transcription. Or, dit M. Laurent, il ne faut pas distinguer là où la loi ne l'a pas fait. » C'est ce qu'a décidé la Cour de cassation belge (1).

ITALIE

Avant la promulgation du nouveau Code civil, la publicité existait en Lombardie, en Sardaigne et dans les Etats du Saint-Siège.

Le nouveau Code du 15 juin 1865 élargit le principe et va plus loin que notre loi de 1855 en exigeant la transcription des actes résolutoires et révocatoires des droits soumis à transcription.

Sont soumis à la transcription les actes entre-vifs à titre onéreux ou à titre gratuit, même les actes sous seing privé, mais à la condition d'avoir été authentiqués par notaire ou certifiés judiciairement.

Comme chez nous, la transcription est inutile dans les rapports des parties entre elles, c'est elle seule qui désinvestit le vendeur au regard des tiers auxquels il consentirait des droits (1).

---

(1) Laurent, *Principes de droit civil*, t. XXIX, n° 199 et s.
(1) Le nouveau Code italien, *Étude de législation comparée*, M. Huc, Paris, 1868. — *Revue historique de dr. français et étranger*, 1866, M. Gide, p. 420.

GRANDE-BRETAGNE

Le *deed of grant* qui est le mode actuel de translation d'un immeuble confère à l'acquéreur directement, sans détour ni fiction juridique, la propriété plus ou moins absolue des biens-fonds auxquels ils se rapportent. Il ne faut plus ni investiture solennelle ni bail préalable fictif :

A. Le vendeur *doth by the presents grant unto B. and his heirs*, l'acquéreur et ses héritiers, tels et tels immeubles, et cette cession en bonne forme suffit.

Dans les comtés de Middlesex, York ou Kingston-upon-Hull, trois actes de la reine Anne prescrivirent l'insinuation sur des registres publics de tous actes translatifs de propriété, soit entre vifs, soit testamentaires, ou grevant de droits réels les immeubles situés dans les comtés.

La loi du 14 août 1875, qui régit aujourd'hui la matière, n'a pas touché à cette législation locale.

La nouvelle loi, de crainte de troubler la possession des propriétaires fonciers, n'a pas été rendue obligatoire ; elle ne fait que créer une faculté avantageuse à ceux qui sauront et voudront en profiter. Le bureau du *registrar* devient un véritable tribunal statuant en premier ressort sur la validité des titres de propriété. L'inscription peut être requise par toute personne qui a fait un contrat pour acheter un *estate in fee simple*, ou qui a droit, *at law* ou *in equity*, à un semblable *estate*, ou qui est capable de le vendre à son bénéfice, sauf, dans le premier de ces trois cas, le consentement préalable du vendeur. Elle peut s'appliquer : 1° aux titres translatifs de propriété pleine et entière, 2° aux tenures à bail, 3° aux constitutions d'hypothèque.

En principe le propriétaire inscrit a seul le droit de transférer ou de grever la terre par voie d'enregistrement ; mais toute personne ayant un titre suffisant peut constituer des droits sur cette même terre, comme s'il n'y avait pas eu d'enregistrement de la part du propriétaire, et les garantir contre tout acte émanant même de ce dernier, en faisant inscrire sur le registre telle notice, défense ou restriction que de raison. D'autre part, toute personne ayant ou prétendant des droits sur une terre non encore enregistrée peut faire au *registrar* une défense aux fins qu'elle entend réserver, et nulle inscription ne doit ensuite être effectuée qu'après qu'elle a été entendue par le juge compétent (1).

(1) Ernest Lehr, *Éléments de droit civil anglais*, Paris, Larose et Forcel, 1885, in-8, pp. 257 et s.

QUESTIONS CONTROVERSÉES

***

HISTOIRE DU DROIT

I. — Dans la tradition franque, la mise en possession de l'acquéreur précède la dépossession de l'aliénateur, p. 89.

II. — La tradition franque n'est pas, comme la *cessio in jure*, un procès fictif, p. 80

DROIT CIVIL

I. — La promesse synallagmatique de vente produit tous les effets de la vente, p. 193.

II. — Le remploi effectué dans les conditions prescrites par l'article 1435 s'analyse, non point en une *datio in solutum*, mais en une véritable gestion d'affaires, p. 216.

III. — Celui qui acquiert un immeuble d'une personne qui a négligé de faire transcrire doit faire transcrire, non seulement son propre titre, mais encore celui de son auteur, p. 231.

IV. — La vente non transcrite, mais ayant date certaine, peut être opposée au créancier saisissant qui a fait transcrire, p. 241.

V. — L'institution contractuelle n'est pas soumise à transcription, p. 251.

VI. — Un donataire peut invoquer le défaut de transcription contre un second acquéreur même à titre gratuit, p. 257.

VII. — La vente consentie par un héritier apparent est nulle.

VIII. — L'effet de la transaction est purement déclaratif.

IX. — Le mari ne peut, même avec le consentement de la femme, faire les donations qui lui sont interdites par l'article 1422.

X. — La séparation des patrimoines est un privilège.

DROIT ADMINISTRATIF

I. — Les ventes administratives sont soumises à transcription.

II. — L'article 17 de la loi du 3 mai 1841 sur l'expropriation pour cause d'utilité publique n'est pas abrogé par la loi du 23 mars 1855.

DROIT COMMERCIAL

I. — Le consentement du mari pour habiliter la femme à faire le commerce peut, tout au moins dans certaines hypothèses, être suppléé par l'autorisation de justice.

II. — L'article 638, premier alinéa, n'est pas applicable aux billets souscrits par un mineur commerçant.

Vu pour le droit romain :
Le Professeur,
PLANIOL.

Vu pour le droit français :
Le Professeur,
EM. CHÉNON.

Vu :
Le Doyen,
ED. BODIN.

Vu et permis d'imprimer :
Le Recteur,
J. JARRY.

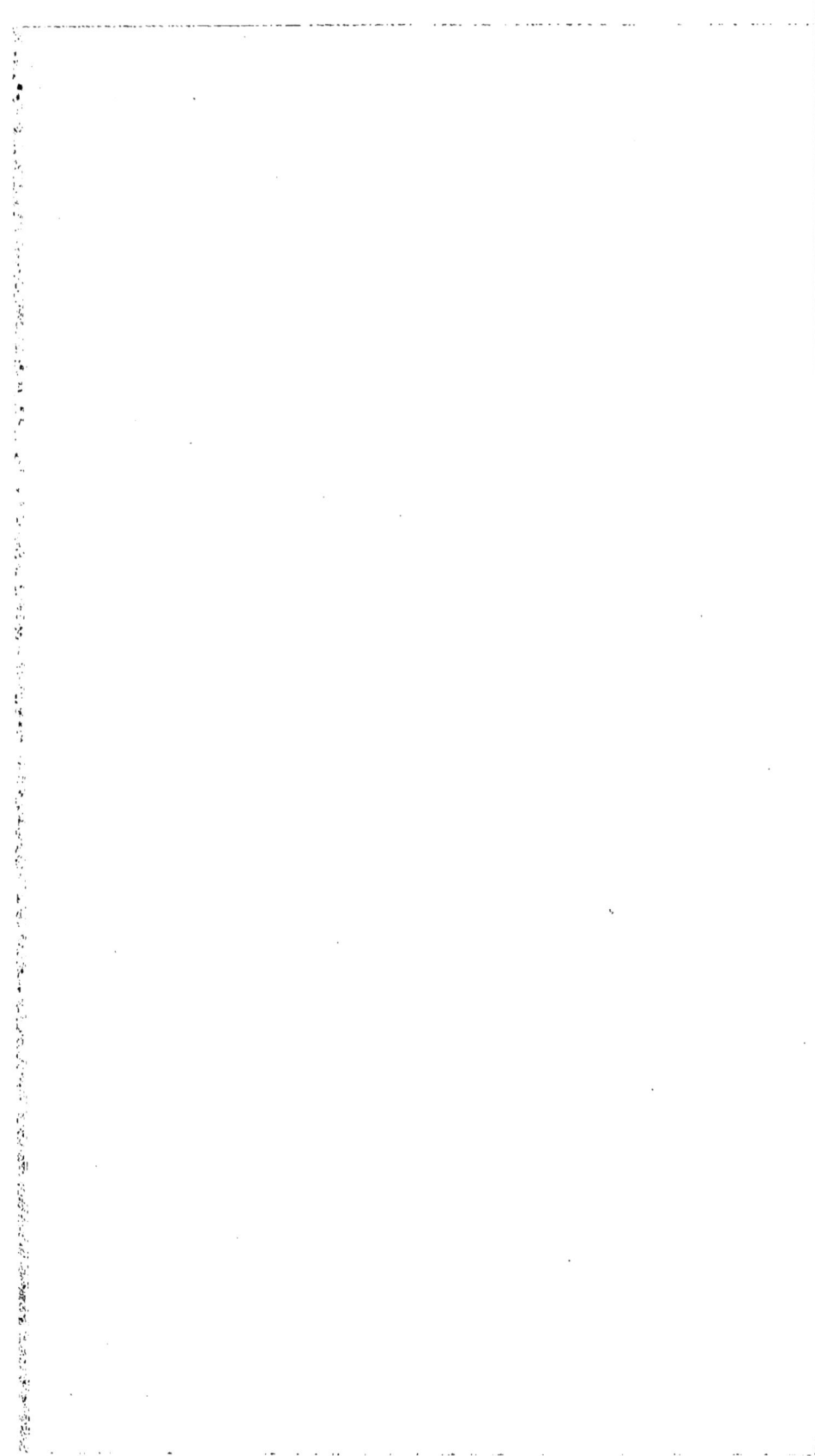

TABLE DES MATIÈRES

TITRE II. — DONATIONS

11917. — Tours, imp. Rouillé-Ladevèze, rue Chaude, 6.

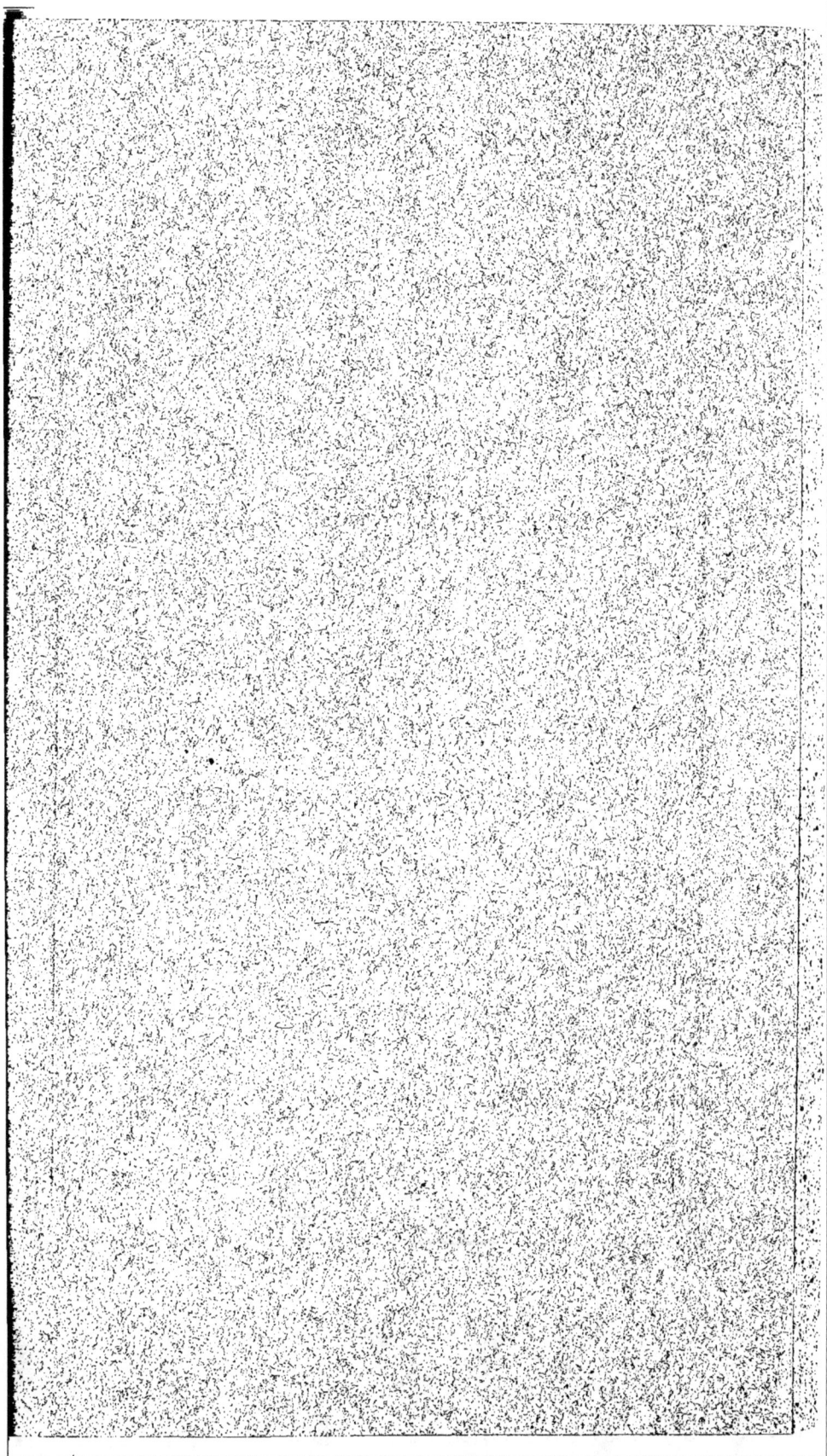

www.ingramcontent.com/pod-product-compliance
Lightning Source LLC
Chambersburg PA
CBHW070237200326
41518CB00010B/1594